WHITE EAGLE: Das große Astrologie-Buch

WHITE EAGLE

Das große Astrologie-Buch

Aquamarin Verlag

Titel der englischen Ausgabe:
WISDOM IN THE STARS
ASTROLOGY – THE SACRED SCIENCE
© The White Eagle Publishing Trust,
New Lands, Liss, Hampshire GU 33 7HY, England
WHITE EAGLE CENTRE DEUTSCHLAND
Annemarie Libera
Friedenstraße 23a, D- 8034 Germering

Deutsche Übersetzung: Karl Friedrich Hörner

Titelbild: Alfons Yogeshwara Bauernfeind
nach einem Entwurf von Petra Michel

2. Auflage 1990
© Aquamarin Verlag
Voglherd 1 · D-8018 Grafing

Druck: Wiener Verlag · Himberg
Herstellung: P & P Lichtsatz GmbH · Grafing
ISBN 3-922936-68-7

Inhalt

Vorwort 7
Verzeichnis der Tabellen und Diagramme 8
Einführung 9
SYMBOLE UND ZYKLEN 15
DER MENSCHLICHE KÖRPER
UND DIE ELEMENTE 25
DER MENSCHLICHE KÖRPER
UND DER HIMMEL 33
    Die Sonne-Mond/Saturn-Polarität 35
    Die Merkur/Jupiter-Polarität 40
    Die Mars/Venus-Polarität 47
    Der Weg der geistigen Entfaltung nach
    der Erhöhung der Planeten 52
DIE DREI WELTEN DES MENSCHEN 59
DIE SEELEN-LEKTION DER ELEMENTE 65
    Das Element Wasser 68
        Sonne im Krebs 69
        Sonne im Skorpion 71
        Sonne in den Fischen 74
    Das Element Luft 76
        Sonne in den Zwillingen 77
        Sonne in der Waage 80
        Sonne im Wassermann 84
    Das Element Feuer 87
        Sonne im Widder 89
        Sonne im Löwen 91

  Sonne im Schützen 94
  Das Element Erde 96
   Sonne im Stier 98
   Sonne in der Jungfrau 101
   Sonne im Steinbock 105

DIE SIEBEN STRAHLEN DER ENTFALTUNG 109
 Die Sonne und die sieben Strahlen 119
 Der Mond und die sieben Strahlen 131
 Merkur und die sieben Strahlen 138
 Venus und die sieben Strahlen 147
 Mars und die sieben Strahlen 156
 Jupiter und die sieben Strahlen 162
 Saturn und die sieben Strahlen 174
 Die Planeten jenseits von Saturn 184
  Uranus 187
  Neptun 192
  Pluto 198

DAS BILD DES KOSMOS 205
 Das Jungfrau-Zeitalter 209
 Das Löwe-Zeitalter 211
 Das Krebs-Zeitalter 213
 Das Zwillinge-Zeitalter 215
 Das Stier-Zeitalter 218
 Das Widder-Zeitalter 221
 Das Fische-Zeitalter 222
 Das Wassermann-Zeitalter 224
 Das Steinbock-Zeitalter 228
 Das Schütze-Zeitalter 230
 Das Skorpion-Zeitalter 231
 Das Waage-Zeitalter 232

VORWORT

Dieses Buch entstand aus jahrelanger Erfahrung in der astrologischen Praxis, verbunden mit geistiger Heilung und Lebensberatung. Vor allem aber wurde es inspiriert durch die Worte des geistigen Lehrers White Eagle, der durch Grace Cooke über mehr als vierzig Jahre hinweg die grundsätzliche Wahrheit der Astrologie bestätigte sowie unser Verständnis des kosmischen Planes erweiterte und vertiefte, so wie er sich aus der Astrologie erschließen läßt. Weiterführende Erläuterungen White Eagles werden dem Leser im laufenden Text genannt.

Ein oder zwei Klassiker der esoterischen Astrologie zählen ebenfalls zu den Grundlagen von Joan Hodgons Werk. Zu nennen sind Alan Leo: *Esoterische Astrologie*, Bessie Leo: *Planeteneinflüsse*, Manly Hall: *Man, the Grand Symbol of the Mysteries*, und Vera Reid: *Towards Aquarius*. Die durch Edgar Cayce vermittelten und in den Büchern von Gina Cerminara *(Erregende Zeugnisse von Karma und Wiedergeburt; The World Within)* sowie in den von seinem Sohn Hugh Lynn Cayce herausgegebenen Werken so klar ausgearbeiteten Lehren seien an dieser Stelle ebenfalls dankbar erwähnt. Dem Leser sei jedes dieser Werke empfohlen.

Folgende Verlage gaben die freundliche Erlaubnis, aus von ihnen publizierten Büchern zu zitieren: L. N. Fowler & Co. Ltd.: Abschnitte aus den oben genannten Büchern von Alan und Bessie Leo; Dr. Manly P. Hall: einen Abschnitt aus *Man, the Grand Symbol of the Mysteries;* Pelman Books Ltd.: ein Abschnitt aus *Yoga over Forty* von Michael Volin und Nancy Phelan.

TABELLEN UND DIAGRAMME

Seite (22):   Die Konstellationen mit ihren Häusern, herrschenden Planeten, Elementen und Eigenschaften.
Seite (29):   Die Planeten und Zeichen als Herrscher der verschiedenen Körperteile.
Seite (33):   Die zweifache Beherrschung von Zeichen durch Planeten.
Seite (34):   Die beiden sechszackigen Sterne von Zeichen und Planeten, geordnet nach Elementen und Polaritäten.
Seite (68):   Die Seelen-Lektionen der Sonnenzeichen.
Seite (208): Die beiden Tierkreise mit dem Frühlingspunkt und den Fixsternen Amphelos und Spica.
Seite (220): Die beiden Tierkreise mit 1) dem Frühlingspunkt am Beginn des platonischen Jahres, und 2) dem Frühlingspunkt nach der Hälfte des platonischen Jahres.

EINFÜHRUNG

Esoterische Astrologie bedeutet im Grunde die Beschäftigung mit dem geistigen Gesetz. Indem sie die tiefgreifenden Einflüsse der Planeten auf das menschliche Leben beschreibt, erklärt sie zugleich, daß dieser Einfluß nicht auf eine wie auch immer geartete physikalische Ausstrahlung zurückzuführen ist, sondern auf die Engels-Hierarchien, die mit den Planeten verbunden und die Vermittler der kosmischen Energien sind. Diese planetaren Wesenheiten sind die Schicksalsengel, und sie beherrschen nicht nur die Geschehnisse im materiellen Leben, sondern sind auch die Baumeister der Seelenwelt: jener ewigen Welt, aus der wir in die körperliche Inkarnation treten, und in die wir uns zurückbegeben, wenn wir beim Tode unseren fleischlichen Körper verlassen.

Viele, die sich mit der geistigen Philosophie beschäftigen, werden mit den sieben verschiedenen Bewußtseinsebenen in der unsichtbaren Welt vertraut sein, die sich von der physisch-materiellen und unteren astralen bis hin zur himmlischen Ebene erstrecken. Sie sind ausführlich beschrieben in *The Return of Arthur Conan Doyle, Teil II,* hrsg. von Ivan Cooke *). Diese Bewußtseinsebenen sind nicht nur Aktivitätssphären für die Seele, die sich gerade von einem stofflichen Körper gelöst hat, sondern sie bilden auch einen Teil von jedermanns Seelenleben; während wir aber innerhalb der Begrenztheiten unseres materiellen Gehirns arbeiten, sind wir ihrer nicht gewahr (bis wir lernen, durch geistiges Streben und Meditation Wissen von der inneren Welt zu erlangen). Wir alle tragen nicht nur einen physischen Körper, sondern sind auch in feinere Leiber gekleidet, die jeder dieser verschiedenen Bewußtseinsebenen entsprechen.

Wenn der Mensch sich also stark gedanklich beschäftigt, befindet er sich nach wie vor in der Hülle seines physischen Körpers, arbeitet aber in seinem Mentalkörper. Nach seinem Tode oder wenn er schläft, wirkt seine Seele auf den mentalen Ebenen, wenngleich mit weitaus mehr Freiheit als unter der Begrenzung durch das irdische Gehirn. Diese sieben verschiedenen Körperhüllen sind dem normalen Auge unsichtbar (weil sie eine höhere Schwingungsrate besitzen als grobstoffliche Materie), können aber von einem entsprechend geübten Hellsichtigen als farbiges Licht wahrgenommen werden, das

---

*) White Eagle Publishing Trust 1963

aus dem Innern des Menschen zu strahlen scheint und eine Art Schale oder Aura um ihn bildet. Im Falle hochentwickelter Seelen kann diese Ausstrahlung außerordentlich schön sein und sich recht weit über die physische Körperoberfläche hinausdehnen. Bei einem durchschnittlichen Menschen jedoch, der sich kaum für anderes als sein körperliches Leben interessiert, ist die Aura-Hülle viel kleiner und weniger leuchtend; sie überragt den Körper vielleicht nur um einige Zentimeter.

Die höheren, feineren Körper des Menschen sind durch das ätherische Doppel mit dem physischen Leben verbunden; hierbei handelt es sich um ein genaues Gegenstück des materiellen Körpers, das diesen durchdringt. Es wird aus einer etwas feineren Substanz gebildet, die in enger Verbindung steht mit der Nervenflüssigkeit in der Wirbelsäule und dem ganzen Nervensystem des Körpers. Das ätherische Doppel ist der Körper, der sich beim Tode des materiellen Leibes von diesem trennt. Ein Teil des ätherischen Doppels ist unsterblich und wird zum Lichtkörper, in dem die Seele sich nach dem Tode auf höheren Ebenen aufhält, wohingegen der niedere Aspekt, der sterbliche Teil, sich auflöst wie der materielle Körper auch. Dieser niedere Aspekt der Ätherhülle ist zuweilen als „Gespenst" zu sehen.

In der esoterischen Astrologie lernen wir, daß die verschiedenen Bewußtseinsebenen und die unsichtbaren Körperaspekte des Menschen auch in Harmonie mit den verschiedenen Planeten schwingen. Der Schutzengel eines jeden Menschen, der Engel seines Schicksals, ist ein planetares Wesen und verantwortlich dafür, ihm zu helfen, den einen oder anderen dieser feinstofflichen Körper im Laufe seiner Inkarnationen weiter auszubilden.

Der Mensch ist ein Gott im Entwicklungsprozeß. Er kommt viele, viele Male in einen physischen Körper, ein 'Kleid von Fleisch'. Durch im materiellen Leben gewonnene Erfahrung wird er allmählich alle seine feineren Körper entwickeln, entfalten und vervollkommnen, bis er schließlich – immer noch auf der Erde – auch in der Lage sein wird, im vollen Bewußtsein der himmlischen Welt zu leben, jener Welt des Lichtes, die die physische durchdringt.

Bevor ihm das möglich ist, muß er lernen, die Elemente und planetaren Kräfte in seinem eigenen Wesen zu beherrschen. Die Sonne am Himmel ist die Quelle allen Lebens in der Natur und das Zentrum, um das die Planeten sich bewegen. So wohnt auch in jedem menschlichen Herzen das Licht Gottes, das man wie ein Saatkorn der geistigen Sonne ansehen kann. In jeder Seele gibt es psychische Zentren oder Kraftwirbel, die allmählich zur Aktivität unter der Kontrolle der inneren Sonne geführt werden müssen, die das höchste Selbst des Menschen darstellt, seinen Geist. Die psychischen Zentren – in der Yoga-Lehre Chakras genannt – stehen mit je einem Planeten in

Zusammenhang. Sie befinden sich im Ätherleib und sind eng verbunden mit den endokrinen Drüsen und den wichtigen Nervenzentren des physischen Körpers. Jedes korrespondiert mit einem der feinstofflichen Körper, die durch menschliche Erfahrung und unter der Anleitung eines speziellen planetaren Engels entfaltet werden.

Die Astrologie basiert auf dem Gesetz der Entsprechungen, das in antiker Zeit weitaus klarer verstanden wurde als heutzutage. Dieses Gesetz – das „Wie oben, so unten; wie unten, so oben" – besagt, daß der Makrokosmos auch in den Mikrokosmos strahlt, und daß das Gesetz des Makrokosmos, des Alls, auch das Gesetz ist, das das menschliche Leben regiert. Erst wenn sein höheres Bewußtsein allmählich erwacht, erkennt der Mensch die Bedeutung dieses Gesetzes. Wenn er langsam gewahr wird, wie geistdurchdrungen die Materie ist, fängt er an zu verstehen, wie jede Zelle seines physischen Körpers, jene Äußerung seines Empfindens, Fühlens und Denkens im astralen, mentalen und himmlischen Körper in Harmonie mit dem ganzen Universum schwingen. Obschon jeder Mensch eine individuelle Einheit mit unendlichen Entwicklungsmöglichkeiten bildet, ist er zugleich doch eins mit dem ganzen kosmischen Plan, so wie die Zellen eines Lebewesens individuelle Einheiten und doch Teile des Ganzen sind. Paulus schrieb: *„Denn gleichwie ein Leib ist, und hat doch viele Glieder, alle Glieder aber eines Leibes, wiewohl ihrer viele sind, sind sie doch ein Leib, also auch Christus."* Die gleiche Vorstellung findet sich natürlich auch im Symbol des Großen Himmelsmenschen, das uns aus den Schriften von Astrologen und Mystikern des Mittelalters vertraut ist. White Eagle sagt, daß dieses geistige Universum im Innern des Menschen sich gemäß fünf wichtiger Gesetze entwickelt und entfaltet, die das Leben auf Erden regieren.

1.) *Das Gesetz der Entsprechungen,* das bereits erwähnt wurde.

2.) *Das Gesetz der Reinkarnation,* das die Seele viele Male zur Inkarnation in einen physischen Körper zieht, bis sie jede Lektion gelernt hat, die das Erdenleben vermitteln kann. Mit anderen Worten: Sie zieht eine fleischliche Hülle an, um die Kräfte des Geistes bis in die physische Manifestation hereinzubringen. Am Ende der gewährten Erdenzeit zieht sie sich wieder in die inneren Bereiche des Daseins zurück, in die Welt des Lichtes, wo sie sich ausruht und erquickt. Dann, nach einer Phase in der Halle des Wartens, von wo aus sie das ganze Bild ihres Lebens und ihren derzeitigen Entwicklungsstand überblicken kann, kehrt sie wieder ins physische Leben zurück, um weitere Arbeit zu leisten und Erfahrung zu sammeln.

3.) *Das Gesetz vom Karma* oder *Ursache und Wirkung:* Dieses Gesetz regiert unser gesamtes irdisches Erleben. Aufgrund seines Wirkens erkennt der Mensch allmählich, daß jeder seiner Gedanken und Taten seine Mitmenschen und die Welt um ihn ebenso betrifft wie ihn selbst. Gedanken und Taten tragen Früchte genau so, wie auch die in die Erde gelegte Saat aufgeht. Die Erlebnisse, die in einem Erdenleben zusammenkommen, sind die Früchte von in der Vergangenheit gelegter Saat, und der Mensch soll Weisheit aus ihnen gewinnen. White Eagle lehrt, daß wir in Gruppen inkarnieren, gemeinsam mit jenen, die wir geliebt und denen wir geholfen haben, aber auch mit jenen, die wir mißbraucht und denen wir Unrecht zugeführt haben. Alle Schulden müssen bezahlt, und aller Haß und Groll müssen in wahre Vergebung und Liebe verwandelt werden.

4.) *Das Gesetz der Gelegenheit:* Es stellt sicher, daß die Seele in die Umgebung und Gruppe anderer Seelen hinein geboren wird, die die geeignetste Gelegenheit bieten, jene Gaben des Gemüts und des Geistes zu entfalten, die zu erwerben sie gekommen ist. Edgar Cayce nannte dieses Gesetz das Gnadengesetz, das dafür sorgt, daß eine Seele selbst in der tragischsten und schwierigsten Situation himmlische Kraft und Trost finden kann, die es ihr ermöglichen, die große Liebe Gottes umfassender zu erkennen. Durch das Wirken dieses Gesetzes kann der Mensch das ewige „Mysterium der göttlichen Tröstung allmählich erfassen, des „Consola mentum" der Albigenser. Wenn er lernt, sich um Hilfe, Kraft und Inspiration mehr und mehr an den Großen Geist zu wenden, spürt er selbst immer stärker wachsende Liebe zu seinen Mitmenschen. Seine Aura fängt an, Licht und Frieden auszustrahlen und bringt Heilung und Trost in seine Umgebung. Das ist die Ausstrahlung, die häufig auf alten Bildern als Heiligenschein zu sehen ist.

5.) *Das Gesetz der Ausgewogenheit:* Es sorgt dafür, daß alles Leben sich nach seinem eigenen Rhythmus entwickelt. Der ganze Kosmos wird in einem Zustand vollkommener Ausgewogenheit gehalten, einer Ausgeglichenheit, die zeitlebens durch die Polarität der Gegensätze aufrechterhalten wird. In der Astrologie begegnen wir diesem Gesetz in den positiven und negativen Zeichen des Tierkreises ebenso wie in der Polarität der Planeten, die gegenüberliegende Zeichen beherrschen. Es zeigt sich weiter in den positiven und negativen Kräften im menschlichen Wesen, die den Yoga-Schülern bekannt sind: Kräfte, die, wenn sie sich in vollkommener Harmonie befinden, das Bewußtsein erleuchten und den Menschen in den göttlichen Seinszustand erheben. Schon die antike Weisheit lehrte, daß der Mensch ein „Gott im Werden" sei, der in sich den Samen eines ganzen Universums trägt. Selbst jetzt, in unserem gewöhnlichen Leben, bilden wir die Mitte eines kleinen Universums: unseres Zuhauses, unseres Freundes- und Bekanntenkreises und unserer Umwelt. Der Kreis unserer Lebensumgebung zeigt sich deutlich im Geburtshoroskop jedes einzelnen. Die Konstellation des Himmels zum Zeitpunkt unserer Geburt ist die Blaupause für die Entfaltung unseres Lebens und kann vom Astrologen gedeutet werden.

Der Materialist wird natürlich fragen, wie Sterne oder Konstellationen, die Millionen von Lichtjahren entfernt sind, überhaupt eine Wirkung auf die Menschheit haben könnten. Er argumentiert aus seinem im physischen Gehirn gefangenen Bewußtseins; er ist gebunden durch die Begrenzung von Zeit und Raum, die er spürt. Er hat noch keine Offenheit entwickelt für jene innere Welt der Seele, wo es Zeit und Raum nicht gibt. Ja, es ist für jeden von uns, die wir in einen fleischlichen Körper gehüllt sind, schwierig, sich einen Zustand außerhalb von Zeit und Raum vorzustellen. Wenn wir aber einen Augenblick an die unsichtbaren Lichtwellen denken, die auf unseren Fernsehschirm praktisch gleichzeitige Bilder von Geschehnissen am anderen Ende der Erde zaubern, und wenn wir diese Vorstellung einen Schritt weiter verfolgen, dann können wir vielleicht gar eine Ahnung erhaschen von den noch viel feineren und komplexeren Kommunikationswegen, die den ganzen Kosmos durchziehen. Sie gleichen dem Nervensystem in einem gesunden menschlichen Körper, das sicherstellt, daß selbst der winzigste Schmerz im kleinen Zeh sofort im Gehirn registriert wird.

Niemand weiß zu sagen, woher der Mensch das Wissen von den Konstellationen, den Tierkreiszeichen und den planetaren Einflüssen auf das menschliche Leben erhielt. Die Astrologie war seit prähistorischer Zeit Teil seiner Weltanschauung. Inschriften auf uralten steinernen Monumenten und selbst die Anordnung zerfallener Tempelanlagen wie jener von Stonehenge zeigen, daß der Mensch schon lange vor seiner aufgezeichneten Geschichte ein Wissen von den Sternen und ihrer Wirkung auf sein Leben besaß. White Eagle lehrt, daß dieses Wissen ursprünglich von Gottmenschen auf die Erde gebracht wurde, von Lehrern, die aus dem All kamen und deren Aufgabe darin bestand, für die kleinkindliche Menschheit zu sorgen und sie großzuziehen.

Weite Teile der Bibel lassen sich im Lichte astrologischen Wissens und astrologischer Symbolik besser und tiefer verstehen. Mit dieser Einsicht und erwachendem geistigen Verständnis erkennen wir, daß viele der biblischen Geschichten Allegorien des Kosmos sind und eine tiefe Bedeutung bergen, wenn man sie im Hinblick auf die Symbolik von Planeten und Zeichen des Zodiak interpretiert. Ebenso stellen wir fest, daß die alten Mythen, Sagen und Legenden der Völker, so gesehen, die gleiche geistige Wahrheit darstellen und das Wirken derselben geistigen Gesetze offenbaren.

Das Studium der antiken Mythen vieler Länder und ihre Interpretation mit Hilfe astrologischer Symbolik kann einen gemeinsamen Nenner enthüllen – wir könnten auch von einer universalen Religion sprechen –, der vielen weitgehend unterschiedlichen Formen der Religiosität zugrundeliegt. Dieser grundlegenden geistigen Wahrheit nachzuspüren, ist eine faszinierende Beschäftigung. Astrologie ist weit mehr als ein Mittel zur Vorhersage oder gar der Charakteranalyse, denn sie rührt an die tiefsten Quellen des Daseins. Zweck dieses Buches ist der Versuch, etwas von dem wunderbaren Plan zur Entfaltung der menschlichen Seele zu vermitteln, der sich durch die Astrologie zeigt, und dem Leser zu helfen, einen Schimmer zu erahnen von der herrlichen Ordnungskraft, die hinter den Szenen des physischen Lebens wirkt: einer Kraft, die langsam, sicher und ewig am Wirken ist, um den Menschen zur Vollendung zu führen.

SYMBOLE UND ZYKLEN

Geistige Wahrheit wurde dem Menschen immer in Symbolen anvertraut. Uns ist selbst kaum klar, wie sehr wir uns bei der Vermittlung von Gedanken und Vorstellungen an andere auf Symbole stützen. Was ist das Schreiben anderes als ein Aneinanderreihen von Symbolen? Je internationaler unsere moderne Gesellschaft wird, desto weitere Verbreitung finden bildliche Symbole in Gestalt von Verkehrszeichen und anderen Hinweistafeln, um die sprachlichen Barrieren zu überwinden. Wissenschaftler mit dem Ziel, eine Kommunikation mit Bewohnern des Weltalls herzustellen, schicken Signale von Symbolen in den Raum hinaus, die von Intelligenzen ähnlicher Bildung und Kultur gedeutet werden könnten.

Die Astrologie vermöchte man wohl als eine Wissenschaft der Symbole zu bezeichnen, von Symbolen, die dem begrenzten irdischen Denken die universalen Wahrheiten des Himmels vermitteln können. Je mehr das innere Verständnis des Menschen erwacht, desto mehr Bedeutung wird er in den astrologischen Symbolen entdecken, die ihm helfen werden, geistige Gesetze zu begreifen und die inneren Mysterien aller großer Weltreligionen zu enthüllen.

Das vielleicht älteste und verbreitetste dieser Symbole ist der Punkt im Kreis, das als Zeichen für die Sonne verwendet wird. Der Punkt steht für die Quelle allen Lebens, das Zentrum des Lichtes, der Wärme und Energie. Der Kreis stellt den täglichen und jährlichen Lauf der Sonne um den Himmelskreis dar (oder jenen der Erde um die Sonne) oder, vereinfacht ausgedrückt, den Kosmos. Das ist die schlichteste, praktischste Bedeutung des Symbols; jenen, die geistiges Wissen und Einsicht besitzen, birgt es noch viel mehr. Es zeugt vom Anbeginn des Lebens, vom Licht, das ins Herz der Materie scheint, von jener göttlichen Kraft und Intelligenz, die zunehmend das Dunkel der unerschaffenen Form durchdringt und eine Myriade verschiedener Ausdrucksformen des Denkens Gottes zur Manifestation bringt, eine Myriade verschiedenartiger Minerale, Pflanzen und Tiere, gipfelnd im Menschen, dem Kinde Gottes, dem das schöpferische Potential gegeben ist.

Die physische Sonne, Quelle alles irdischen Lebens, wurde von dieser allmächtigen, allwissenden schöpferischen Kraft ins Dasein gerufen, die alle Sterne und Universen überstrahlt, die keinen Anfang und kein Ende hat: das Wort, der schöpferische Gedanke Gottes. Der Punkt im Kreis steht nicht nur für die physische Sonne, sondern auch für jene zentrale, unsichtbare Sonne aller Sonnen, von der alles Leben seinen Ursprung nimmt, und zu der es nach Äonen wieder zurückkehrt, das Alpha und Omega, Anfang und Ende. Er steht auch für die Wahrheit, daß manifestiertes Leben in Zyklen kommt und geht, im Zusammenhang mit dem Sonnensystem und der Bewegung der Sonne durch die zwölf großen Himmelshäuser.

Die mechanistische Künstlichkeit der modernen Gesellschaft (besonders in Großstädten) läßt uns oft die Tatsache aus dem Sinn verlieren, daß alles Leben auf der Erde seine Grundlage in den zyklischen Rhythmen des Sonnensystems besitzt. Vom Atom über das Sonnensystem bis hin zum Kosmos: über alles regiert das Gesetz der rhythmischen Zyklen.

Wir brauchen nur wenige Augenblicke nachzudenken, um zu erkennen, wie sehr unser eigenes Leben dem Lauf der Sonne folgt. Die Dämmerung oder den Sonnenuntergang zu beobachten, ist immer ein feierliches, unwiederbringliches Erlebnis, das uns eine gewisse Unausweichlichkeit spürbar werden läßt – die Unausweichlichkeit des dauernden Beginnens und Endens, das unser menschliches Erfahren bestimmt.

Jeder Sonnenaufgang bringt ein Gefühl der Hoffnung mit sich, des neuen Anfangs, einer neu zu beschreibenden, unberührten Seite unserer Lebensgeschichte, einer Gelegenheit, es besser zu machen. Jeder Abend ist verbunden mit den gemischten Gefühlen von Befriedigung und Bedauern, wenn wir ruhig die Erlebnisse des zu Ende gehenden Tages Revue passieren lassen, bevor wir uns in die Welt des Schlafes zurückziehen. Mittag und Mitternacht markieren die Gipfelpunkte von Aktivität und Ruhe.

Der Zyklus des Jahres ist ähnlich: Der Frühling bringt, wie die Morgendämmerung, Hoffnung und Verheißung einer neuen und besseren Zeit, während der Herbst das Einsammeln der Ernte bedeutet, das Trennen des Korns von der Spreu und die Begutachtung des Jahresertrages. Der Herbst vermittelt uns das gleiche Gefühl der Unausweichlichkeit wie ein Sonnenuntergang. Wir bringen die Ernte dessen ein, das wir gesät haben, und nichts kann daran etwas ändern – doch zur gleichen Zeit fangen wir auch an, Pläne zu schmieden, wie wir den nächsten Zyklus besser gestalten wollen. Der Winter ist – wie die Mitternacht – die Phase der Stille, der Einkehr, des Ausspannens und Erholens; der Sommer – wie der Mittag – der Höhepunkt der Aktivität in der physischen Welt.

Der Zyklus des Mondes markiert ähnliche Abschnitte im Laufe des Sonnenjahres; er ist wie ein Sonnenzyklus im kleinen. Die vier Phasen des Mondes sind die Grundlage unserer 7-Tage-Woche. Auch wenn sie in ihrer Auswirkung weniger deutlich spürbar sind, gliedern sie den Mondzyklus auf die gleiche Weise wie Sonnenwenden und Tagundnachtgleichen das Jahr und Sonnenaufgang, Mittag, Sonnenuntergang und Mitternacht den Tag.

Die Umdrehung der Erde um ihre eigene Achse halten wir für selbstverständlich; sie schenkt uns den 24-stündigen Rhythmus von Licht und Dunkel, deren Phasen je nach Ort und Jahreszeit variieren. Wir wissen, daß die Umdrehung der Erde um die Sonne zusammen mit der Neigung der Erdachse den Zyklus der Jahreszeiten verursacht; wenn wir aber nicht gerade mit der Planung eines Termins beschäftigt sind, zu dem wir Mondschein oder stockdunkle Nacht benötigen, sind wir uns kaum des 28-tägigen Mondzyklus' bewußt, der durch das Kreisen des Mondes um die Erde entsteht. Doch es gibt viele Dinge in der Natur – der Kreislauf von Wachsen und Vergehen, das Steigen und Sinken der Pflanzensäfte, das Ausdehnen und Zusammenziehen der lebenden Zellen, aber auch die Gezeiten von Ebbe und Flut des Meeres –, die vom Zyklus des Mondes bestimmt werden.

Diese Gezeiten des Lebens wiederum wurden von den Mystikern des Mittelalters studiert und für selbstverständlich gehalten. Das Wissen aber, das sich einige jener alten Weisen im Laufe langer Jahre der Beobachtung und des Experimentierens angeeignet haben, ist heute weitgehend in Vergessenheit geraten oder wird als abergläubischer Unsinn abgetan, obwohl einige moderne Wissenschaftler darangehen, im Experiment nachzuvollziehen und zu entdecken, wie eng das Leben in der Natur mit den Phasen des Mondes verbunden ist*). Zweifellos werden noch weitere Entdeckungen folgen, und eines Tages werden vielleicht sogar die Meister des Mittelalters wieder zu ihrer rechtmäßigen Geltung gelangen.

Ein noch viel größeres Geheimnis ist für die meisten Menschen der Zyklus von 25920 Jahren, auch das platonische Jahr genannt. Wie unser gewöhnliches Sonnenjahr, so hat auch das platonische Jahr seine Monate und Jahreszeiten. Hier jedoch scheint es nicht so sehr um Wachsen und Entwicklung der physischen Form zu gehen als um die Evolution des menschlichen Seelenlebens, des Lebens und Bewußtseins, das sich im Laufe wiederholter Inkarnationen allmählich entfaltet. Von dem Zyklus dieses platonischen Jahres handeln anscheinend weitgehend Symbolik und Mysterien aller Weltreligionen. Wie jede Stunde des Tages und jeden Monat des Jahres die Sonne von einem anderen Abschnitt des Himmels zu strahlen oder ihn zu vitalisieren scheint (in astrologischer Terminologie sind dies verschiedene Häuser und Zeichen), so gliedert sich auch das platonische Jahr in zwölf Zeitalter von je ungefähr

---

*) siehe z. B. Lyall Watson: *Supernature* (1973)

2160 Jahren. Jedes dieser Zeitalter ist dem Einfluß einer anderen Konstellation unterworfen, der ihm seinen eigenen Charakter verleiht.

Das universale Symbol des Kreuzes im Kreis steht für die vier Jahreszeiten, die vier großen Gezeiten im Leben des Kosmos, die Phasen des göttlichen Atems, der auf allen Daseinsebenen Leben zur Manifestation bringt.

Die vier Spitzen dieses großen Kreuzes im Kreise, die die Anfangspunkte jeder Jahreszeit markieren, sind als Kardinalpunkte bekannt – Osten und Westen, Norden und Süden. An diesen Punkten tritt die Sonne in die Kardinalzeichen Widder und Waage (zur Zeit der Tagundnachtgleiche) sowie Krebs und Steinbock (zur Zeit der Sonnenwende) ein. Die Kardinalzeichen sind Zeichen der Aktion, aktive Zeichen, in denen eine neue Jahreszeit rasch hervortritt und sich entwickelt. Darauf folgen die vier festen Zeichen – Stier, Löwe, Skorpion und Wassermann –, in deren Verlauf sich der Charakter der jeweiligen Jahreszeit voll ausgeprägt und man das Gefühl hat, daß sich nie mehr etwas ändert. Diese festen Zeichen stehen für die etablierte Ordnung. Auch sie bilden ein Kreuz im Kreise, und ihre Symbole – der Stier, der Löwe, der Adler (Skorpion) und der Mensch – sind den Christen als die Kennzeichen der vier Evangelisten bekannt.

Das bewegliche Kreuz, das nun folgt – mit den Zeichen Zwillinge, Jungfrau, Schütze und Fische –, bringt wieder Veränderung. In diesen Phasen beginnt die feste Ordnung sich aufzulösen und bereitet den Weg für die neue Jahreszeit, deren erste Anzeichen schon zu ahnen sind. Die beweglichen Zeichen haben etwas von den Eigenschaften sowohl der kardinalen als auch der festen Zeichen, und in ihren Auswirkungen scheinen sie zwischen den beiden anderen Kategorien hin und herzuschwingen.

Die vier Punkte jedes Kreuzes sind weiterhin verbunden mit den vier Elementen Feuer, Erde, Luft und Wasser. Damit manifestiert sich jedes Element in drei Phasen, die auch als Qualitäten oder Modalitäten bekannt sind: kardinal, fest und beweglich. Zeichen des gleichen Elements bilden ein gleichseitiges Dreieck im Himmelskreis, und die Spitzen des Dreiecks tragen kardinale, feste und bewegliche Eigenschaften.

Das Dreieck ist natürlich ein universales Symbol der Trinität von Liebe, Weisheit und Macht, den Attributen Gottes. Es ist weiter ein Symbol der Harmonie und vollkommenen Ausgewogenheit. Unter den Elementen sind Feuer und Luft positiv, Erde und Wasser dagegen negativ. Sie stehen für die positiven und negativen Ströme des Lebens, die sich in der ganzen Schöpfung offenbaren. Die übereinandergelegten Dreiecke der (positiven) Feuer- und Luft-Zeichen und der (negativen) Wasser- und Erde-Zeichen bilden den

sechszackigen Stern, das Hexagramm, ein uraltes Symbol des menschlichen Geistes.
Jenen, die noch nicht mit der Reihenfolge der Tierkreiszeichen vertraut sind, seien sie hier noch einmal in jahreszeitlichen Gruppen vor Augen geführt:
  Widder, Stier, Zwillinge,
  Krebs, Löwe, Jungfrau,
  Waage, Skorpion, Schütze,
  Steinbock, Wassermann, Fische.
Es ist recht einfach, jedem Zeichen seine Eigenschaft und sein Element zuzuordnen, denn diese folgen ebenfalls einer genauen Ordnung: kardinal – fest – beweglich, und: Feuer – Erde – Luft – Wasser.
Zuweilen gibt es etwas Verwirrung hinsichtlich des Unterschiedes zwischen den Konstellationen, den Tierkreiszeichen und den Häusern oder Feldern. Das ist nicht überraschend, denn diese Begriffe sind schon manches Mal recht freizügig verwendet und auch ausgetauscht worden. *)

DER TIERKREIS DER STERNBILDER

Die Konstellationen des Tierkreises sind jene Gestirnsgruppen, die den scheinbaren Weg der Sonne um den Himmelskreis markieren. Wir sagen deshalb 'scheinbar', weil es natürlich die Bewegung der Erde ist, die um die Sonne kreist. Im Laufe dieses jährlichen Weges scheint die Sonne jeden Monat vor dem Hintergrund eines anderen Tierkreiszeichens zu stehen. Ja, auch der Mond und alle Planeten scheinen die Erde auf weitgehend dem gleichen Wege zu umkreisen, der auch die Ebene der Ekliptik genannt wird. Stellt man sich eine fast flache, unsichtbare Scheibe vor, die durch die Erdmitte geht und sich weit in den Raum hinaus erstreckt, dann würden unsere Sonne und die Planeten alle den Eindruck vermitteln, als drehten sie sich am Rande dieser Scheibe im Gegenuhrzeigersinn um die Erde, den Mittelpunkt. Diese Scheibe, die Ekliptikebene, 'halbiert' die Erde nicht genau auf der Äquatorlinie, sondern ist leicht geneigt, da auch die Erdachse nicht senkrecht auf der Ekliptikebene steht.

---

*) Weitere Informationen zu den folgenden Punkten finden sich in Jeff Mayo: *The Astrologer's Astronomical Handbook*, 1965

DIE ZEICHEN DES EKLIPTISCHEN ODER TROPISCHEN ZODIAKS

Dieser Kreis der Ekliptik – die Straße am Himmel – ist in zwölf gleiche Abschnitte eingeteilt, die als die Zeichen des Tierkreises bekannt sind. Ihren Namen erhielten sie nach den Sternbildern, die in ihrem Bereich zu entdecken sind.
Die eigentlichen Sternbilder oder Konstellationen scheinen unterschiedlich groß zu sein; die Tierkreisabschnitte messen aber ausnahmslos 30°, also ein Zwölftel des Kreisumfanges. Die Sonne braucht rund einen Monat, um ein Zeichen zu durchlaufen. Die übrigen Planeten folgen alle mit unterschiedlichen Geschwindigkeiten dem gleichen Wege, wobei jeder ebenfalls die zwölf Himmelskreisabschnitte passiert, je nach seinem eigenen Bewegungsrhythmus. Im Verlauf ihrer Reise bilden sie ein in ständiger Veränderung begriffenes Muster auf der Ekliptikebene am Himmel, ein Muster, das sich auf geheimnisvolle Weise im Leben der Menschen auf der Erde widerspiegelt.

DIE HÄUSER

Neben dem jährlichen Muster am Himmel gibt es auch ein tägliches Muster aufgrund der gegen den Uhrzeigersinn gerichteten Drehung der Erde: Im Laufe von 24 Stunden scheinen Sonne, Mond und Planetenbahnen sowie die Tierkreiszeichen und Sternbilder eine dem Uhrzeigersinn folgende Bewegung über den Himmel durchzuführen; sie gehen im Osten auf, haben ihren Höhepunkt im Süden und gehen im Westen unter. Die Aufzeichnung dieses täglichen Bewegungsmusters schafft uns die zwölf Häuser des Horoskops, und damit eine Information darüber, in welchem Teil des Himmels alle Himmelskörper sich zu einem gegebenen Zeitpunkt befinden, und wo sie den stärksten Einfluß auf das Leben des einzelnen zeigen. Das Muster am Himmel zur Zeit der Geburt ist wie eine Blaupause des gerade beginnenden Lebens mit seinen Gegebenheiten.
Diese zwölf Häuser des Horoskops, diese Abschnitte des *täglichen* Himmelsbildes, sind, wie man aus langer Erfahrung gelernt hat, eng verbunden mit den Sternbildern, nach denen sie benannt wurden. So scheint zum Beispiel eine spontane und starke Sympathie zu bestehen zwischen dem Sternbild Widder, dem Tierkreiszeichen Widder, und dem ersten Hause, das am östlichen Horizont des Horoskopes beginnt. Gleiches gilt entsprechend für das Sternbild Stier, das Tierkreiszeichen Stier und das zweite Haus im Horoskop

und für alle anderen Sternbilder, Tierkreiszeichen und dazugehörigen Häuser. Wir könnten sie mit drei gewaltigen Rädern vergleichen, die sich in verschiedene Richtungen drehen und sehr selten zusammentreffen; aber es gibt eine enge Verwandtschaft zwischen zusammengehörenden Sternbildern, Tierkreiszeichen und Häusern, als ob sie alle mit der gleichen Wellenlänge schwingen würden.

Sonne, Mond und Planeten haben je ihre eigenen, unterschiedlichen Sympathien und Antipathien auf dem Wege um die Ekliptik. In gewissen Zeichen scheinen sie stark zu sein, als ob sie rhythmisch vibrierten, während sie in den gegenüberliegenden Zeichen wie abgeschlagen erscheinen. Das gleiche gilt für den Tageszyklus: es gibt Zeiten am Tage – also Häuser im Horoskop –, in denen jeder Planet starken oder schwachen Einfluß ausübt. Deshalb sagt man, daß Planeten die Zeichen und Häuser beherrschen, daß sie sich im *Domizil* befinden, wo sie harmonisch schwingen, und daß sie im *Exil* sind, wenn sie die gegenüberliegende Seite des Zyklus erreichen. Es gibt noch eine weitere Gruppe von Zeichen und Häusern, in denen die Planeten auf besondere Weise harmonisch wirken und vielleicht ihre besten und subtilsten Kräfte offenbaren. In diesen Zeichen und Häusern befinden sie sich in der *Erhöhung,* in den gegenüberliegenden im *Fall.* Diese Positionen sind bei der Deutung eines Horoskopes erfahrungsgemäß äußerst wichtig, besonders in bezug auf die Seelen-Lektion, die in einer Inkarnation zu lernen ist. Die Konstellationen, Zeichen und Häuser mit ihren traditionellen Planeten-Herrschern sind auf der folgenden Seite aufgelistet:

Sonne, Mond und Planeten bewegen sich scheinbar im Gegenuhrzeigersinn durch die Tierkreiszeichen, alle mit unterschiedlicher Geschwindigkeit und Rhythmus, während im Laufe von 24 Stunden alle Sternbilder, Tierkreiszeichen und Planeten im Uhrzeigersinn durch die zwölf Häuser des Himmels zu gehen scheinen. Es gibt also dauernd Abwechslung, ein sich ständig veränderndes Muster von Sternen und Konstellationen, die alle ihrem eigenen Weg folgen, und dies in vollkommenem Rhythmus und Ordnung: Tages-Zyklen, Monats-Zyklen, Jahres-Zyklen, Zeitalter-Zyklen – jeder mit seiner spezifischen Eigenschaft und Bestimmung – Zyklen der Expansion und der Kontraktion, des Wachsens und Vergehens, des Lebens und Todes – ein Einatmen und ein Ausatmen des Lebens Gottes.

Sternbild und Zeichen	Haus	herrschender Planet	Element	Qualität
Widder	1	Mars	Feuer	kardinal
Stier	2	Venus	Erde	fest
Zwillinge	3	Merkur	Luft	beweglich
Krebs	4	Mond	Wasser	kardinal
Löwe	5	Sonne	Feuer	fest
Jungfrau	6	Merkur	Erde	beweglich
Waage	7	Venus	Luft	kardinal
Skorpion	8	Mars	Wasser	fest
Schütze	9	Jupiter	Feuer	beweglich
Steinbock	10	Saturn	Erde	kardinal
Wassermann	11	Saturn	Luft	fest
Fische	12	Jupiter	Wasser	beweglich

Der tropische Zodiak, der sich allmählich durch den Kreis der Sternbilder bewegt, scheint die Sphäre des menschlichen Bewußtseins darzustellen, eine eigene innere Welt, gekennzeichnet durch die Tagundnachtgleichen und Sonnenwenden, die den Zyklus der Jahreszeiten verursachen, durch Sonnenaufgänge und -untergänge, die den Rhythmus des täglichen Lebens bestimmen.

Das erste Zeichen, der feurige Widder, beherrscht traditionsgemäß den Kopf und das physische Gehirn. Der erste Grad dieses Zeichens, der Punkt 0° Widder, entspricht dem Punkt des Sonnenaufgangs und dem Grad des Tierkreises am östlichen Horizont des individuellen Geburtshoroskopes, das das Muster der Mentalität und die Erfahrungswelt der vorliegenden Inkarnation bestimmt. Man sagt, daß die Sonne in Widder erhöht sei, und bei jeder menschlichen Geburt wird das Licht, der lebenspendende Geist in den Zodiak, den Kreis der Tiere, wiedergeboren. Der unsterbliche Geist nimmt die Begrenzung des Fleisches auf sich, die Grenzen des menschlichen Gehirns mit seinen Sinneswahrnehmungsmöglichkeiten im Reich von Zeit und Raum allein. Das ganze Ziel jeder Inkarnation ist es, daß der Geist, das Licht, im Laufe der Zeit die Herrschaft über die mächtigen tierischen Energien gewinnt, indem es das kleine, sterbliche Denken mit Helligkeit überflutet, bis er die der Seele innewohnenden göttlichen Kräfte bewußt einsetzen kann, um die physischen Atome aus ihrer Endlichkeit in die Unsterblichkeit zu erheben.

Dieser symbolische Sonnenaufgangspunkt, 0° Widder, ist die Position der Sonne zur Zeit der Frühlings-Tagundnachtgleiche, die man auch *Frühlingspunkt* nennt. Dieser Punkt, der das Bewußtsein des Menschen repräsentiert, ja sogar das Bewußtsein der ganzen Menschheit, bewegt sich allmählich durch den Sternbilder-Tierkreis im Uhrzeigersinn und vollendet einen Umlauf nach 25920 Jahren.

Es heißt: „Gott arbeitet mit der Geometrie", und dieses ständige rhythmische Zusammenfinden und Auflösen von Mustern am Himmel, die materielle Form annehmen, ist gewiß eine Manifestation göttlichen Denkens, das eine unendliche Vielfalt von Formen auf allen Daseinsebenen schafft und von neuem erschafft.

Die Astrologie handelt von der Deutung dieser Zyklen und Muster, denn alle sind von Bedeutung; alle haben sie ihren Platz in der Evolution der Menschheit vom tierischen zum göttlichen Bewußtsein. Der Mensch, geschaffen nach dem Bilde Gottes, der Mikrokosmos im Makrokosmos, kann auch lernen, göttlichen Atem zu atmen, mit Gedanken zu schaffen und das heilige Wort auszusprechen, das Universen ins Dasein ruft. Tief im Innern des Menschen – wie der Punkt in der Mitte des Kreises – strahlt der Stern der göttlichen Intelligenz, Kreativität und Liebe, der einen Seelentempel erbaut, einen Tierkreis schafft in seinem eigenen Wesen und sich in seinen Zeichen Ausdruck gibt.

Das Symbol des vollkommenen Menschen, des christus-bewußten Menschen, war immer schon der sechszackige Stern, der das Mysterium der zwölf Zeichen birgt, die jedes mit seinem polaren Gegensatz ausgeglichen sind. Wenn der Mensch lernt, sich ganz nach den Gesetzen des Universums auszurichten, nach den Zyklen der Sterne, rührt er an jenes Zentrum der Kraft und Beherrschung tief in seinem Innern, das ihm die Herrschaft über die Materie in all ihren Formen bringen wird, die Kontrolle über die Elemente. Dann ist er Herr über die Atome seines eigenen Wesens und damit nicht länger begrenzt durch Zeit und Raum, auch nicht mehr dem physischen Tode unterworfen. Alle Gottmenschen aller Zeiten haben diese Kräfte unter Beweis gestellt und den Weg gewiesen und gezeigt, dem alle zu folgen haben, um solche Kräfte zu entwickeln.

Diese ewige Wahrheit zeigt sich in der Sphinx, in der geflügelten Scheibe und ähnlichen Symbolen, die, in Stein geritzt und geschnitten, überall auf der Erde an Monumenten und den Ruinen alter Sonnentempel zu finden sind, als Erinnerungen an die ewige Religion der Unsterblichkeit der Sonne im Menschen, die hinter allen zeitlich-endlichen Glaubensvorstellungen lebt.

DER MENSCHLICHE KÖRPER
UND DIE ELEMENTE

Philosophen und Alchemisten früherer Jahrhunderte haben die menschliche Anatomie eingehend studiert: nicht so sehr in materieller Hinsicht, sondern vielmehr, um das geistige Geheimnis des menschlichen Daseins und seiner Beziehung zum Universum besser zu verstehen. Ihr Streben galt immer der Entdeckung des Geheimnisses menschlicher Unsterblichkeit und der planetaren Engel, die seine Inkarnation leiteten, seine Reinkarnation und die Art und Weise, wie das Gesetz von Ursache und Wirkung sich in der Seele auswirkte.
Kein Aspekt der Astrologie ist faszinierender als die Beschäftigung mit der Beziehung zwischen Himmel und menschlichem Körper. *„Die Himmel erzählen die Ehre Gottes, und die Feste verkündigt seiner Hände Werk";* das gleiche gilt auch für den Körper, den Tempel von Gott im Menschen, und jeder seiner Teile besitzt seine Beziehung zu Sternen und Planeten. Der Mensch ist in der Tat ein Universum im kleinen, erleuchtet von der Sonne in seinem Herzen, die Teil von und immer eins mit dem Geist der Sonne unseres Universums ist, aber auch eins mit dem Polarstern, der den Mittelpunkt des sichtbaren Himmels anzeigt. Um diese Sonne bewegen sich der Reihe nach die Engel der sieben planetaren Strahlen, die das menschliche Leben regieren und alles, was in der inneren und der äußeren Welt mit ihm zusammenhängt.
Nur durch den physischen Körper, seine Sinneswahrnehmungen, seine Fähigkeiten und Grenzen kann die Seele des Menschen allmählich wachsen, sich entfalten und reifen. Dieser Prozeß ist lebenslang, denn es gilt nicht nur, den grobstofflichen Körper unter die vollständige Kontrolle des Geistes zu bringen, sondern auch – durch das Zusammenwirken von Geist und Materie, Leben und Form – die feineren Körper, die zunächst nur in embryonaler Form vorhanden sind, zu entfalten und zu aktivieren. Durch ständiges Erleben von Vergnügen und Pein, Wohlsein und Not, muß der Mensch seine Gefühle, seinen Emotionalkörper entwickeln, bis sein Mitgefühl, Liebe und tiefes Verständnis alles Leben umfassen. Denken und Nervensystem müssen abgestimmt werden, bis der Mensch sein Denken und Atmen so kontrollieren kann, daß er bei vollem Bewußtsein auf allen sieben verschiedenen Daseinsebenen tätig zu sein vermag, während er sich noch in einem physischen Körper aufhält. Durch die verschiedenartigen Erfahrungen und Wahrnehmungen

von Schmerz und Lust begreift er allmählich, vernünftig zu denken und dann seine Willenskraft einzusetzen. Damit lernt er, die Ausrichtung seines Denkens und Tuns selbst zu bestimmen, die ihn zum wahren Glück führen wird, statt nur von seinen Instinkten und Emotionen angetrieben zu sein. Der Wille, ein unabhängiges Wesen zu werden, der ihn zur Inkarnation geführt hat, wird verwandelt in den Willen, Gottes Willen zu wollen.

Es heißt, daß Meister und Adepten die physischen Atome so beeinflussen können, daß es ihnen möglich ist, ihren Körper unsichtbar zu machen und ihn über große Entfernungen zu transportieren. An mehreren Stellen im „Wassermann-Evangelium" steht, daß Jesus aus der Menschenmenge verschwand. Diese Fähigkeit, den Körper unsichtbar zu machen, stellten auch eine Reihe mittelalterlicher Heiliger und Alchemisten unter Beweis, zum Beispiel Paracelsus, der Mönch Albertus Magnus und später der Graf von Saint-Germain. Berichte über frühe Spiritualismus-Phänomene zeigen, daß Levitation bzw. der augenblickliche Transport des unsichtbar gemachten physischen Körpers von einem Ort zum anderen, keine ungewöhnliche Erscheinung waren. Manchen Geistführern, die ein Medium unter Kontrolle hatten, war es möglich, mit dessen ungeschützten Fingern glühende Kohlen aus dem Feuer zu holen. Nach der Séance waren die Finger des Mediums wohl schwarz vom Kohlenstaub, aber völlig unverletzt. Diese Art von Kunststücken ist natürlich im Osten nichts Besonderes, wo Yogis auf die verschiedensten Weisen die Macht ihres Denkens über die Atome ihres Körpers vorführen.

Große Medien wie Edgar Cayce haben gezeigt, wie das physische Gehirn unter bestimmten Umständen den gedruckten Inhalt eines ganzen Buches absorbieren kann, während der Körper schläft, um ihn nach dem Aufwachen fehlerfrei und vollständig wiederzugeben. Aus irgendeinem besonderen Grund mag es zuweilen vorkommen, daß ein Lehrer oder Guru wünscht, sein Schüler möge eine gewisse Information erlangen; mit Hilfe der Kraft seines eigenen Geistes wird er zu einer Bewußtseinserweiterung seines Schülers beitragen, bis er die Akasha-Chronik*) lesen kann, sei es im Schlaf oder während der Meditation. Aber es ist jedem von uns bestimmt, eines Tages zu lernen, die Fülle der Möglichkeiten unseres physischen Körpers zu entfalten, so daß wir durch ihn umfassender alle Freuden des Lebens erfahren und die Geheimnisse des Kosmos verstehen können. Der physische Körper kann sich zum wunderbarsten und hervorragendsten Instrument entwickeln, und es obliegt dem Menschen, ihn unsterblich werden zu lassen.

---

*) Die Aufzeichnung aller menschlichen Inkarnationen auf ätherischer Ebene

Das wichtigste Thema für den Menschen ist der Mensch selbst, denn in seinem Körper und seiner Seele verborgen liegen die Geheimnisse des Kosmos. Diese Wahrheit erkannten die Weisen zu allen Zeiten, und sie ist Teil jener uralten Sonnen-Religion, die die Grundlage aller Glaubensbekenntnisse bildet. Diese uralte Sonnen-Religion ist auch in der astrologischen Symbolik verborgen, die vom fleißigen Schüler mehr und mehr auf ihren verschiedenen Ebenen zu deuten ist, bis sie die ganze Geschichte offenbart. Man sagt, daß zu jedem Zeichen des Tierkreises ein goldener Schlüssel gehört, der siebenmal umzudrehen ist, bevor er seine Geheimnisse preisgibt; mit anderen Worten: die Seele muß erfahren und lernen, was jedes Zeichen und jeder Planet auf jeder Ebene des Daseins zu lehren hat, bevor sie die Kraft dieses Planeten voll bewußt gebrauchen kann. Dadurch kommt sie in Verbindung mit allen Welten, allen Wesen des Kosmos auf dieser Bewußtseinsebene. Der Mensch ist nur eine winzige Zelle im großen Leib des Kosmos, doch die Sonne scheint in ihm als Kern der Zelle. Wie einem Saatkorn steht es auch ihm offen zu wachsen, um in jeder Hinsicht wie sein Erzeuger zu werden, das große Vater-Mutter-Prinzip, das in allem Leben atmet.

Die Zeichen des Zodiak bilden in ihrer Beziehung zum menschlichen Karma ein ewiges Geheimnis. In seinem Buch *Esoterische Astrologie* schreibt Alan Leo: *„Der Tierkreis ist die Grenzlinie der irdischen Einflußsphäre und die Bildergalerie dessen, was man das astrale Licht nennt, die subtile Form der Existenz am Grunde unseres materiellen Universums. In diesem astralen Licht ist die gesamte Weltgeschichte bildlich dargestellt, vom Anfang bis zum Ende ihres Zyklus', und der Tierkreis ist die Synthese der Substanz der Welt, in der die Aufzeichnung aller Ereignisse von Vergangenheit, Gegenwart und Zukunft bewahrt und erhalten wird als ewige Erinnerung. Das ist das Buch des Lebens am Tage des Gerichts. Der esoterische Tierkreis ist also wie eine empfindliche Fotoplatte, die eine Verbindung darstellt zwischen den subjektiven und objektiven Seiten der Natur, und die Himmel und Erde, Geist und Materie verbindet."* *)

Dieser esoterische Tierkreis ist gewissermaßen die Aura der Erde. Man könnte ihn mit einem riesigen Photo oder Tonband vergleichen, auf dem alle Gedanken und Taten der Menschheit aufgezeichnet sind. Auf ähnliche Weise ist die Aura jedes Menschen der Tierkreis seiner Seele, eine Kopie des himmlischen Tierkreises, wo ebenfalls jeder Gedanke und jede Tat verzeichnet sind. Jede Seele trägt dieses ewige Protokoll der Ereignisse in ihrem eigenen Universum mit sich, einem Universum, das erbaut wird aus jedem Gedanken, jeder Tat und jeder Reaktion. Auf einer gewissen Stufe ihrer geistigen

---

*) *Esoteric Astrology,* 1925

Entwicklung lernt die Seele, diese Akasha-Aufzeichnungen zu lesen, die jedoch im Unterbewußtsein verborgen liegen.

Wenn sie den physischen Körper am Ende einer Inkarnation verläßt, findet sich die Seele allmählich immer weiter in einen erleuchteten Zustand ein, in das Sonnen-Bewußtsein, seine himmlische Heimat. Dort kann sie die Chronik lesen und das ganze Bild ihrer Seelen-Entfaltung überschauen. Sie beginnt zu erkennen, wie die planetaren Engel – durch die Zeichen des Tierkreises – nach den Gesetzen des Karmas wirken, um die inkarnierende Seele mit genau jenen Bedingungen von Denken, Körper und Umgebung in Verbindung zu bringen, die sie verdient hat, und die ihr die besten Möglichkeiten für ihre weitere Entfaltung bieten.

Sobald die Empfängnis stattfindet, beginnt der planetare Engel im seelen-eigenen Universum die verschiedenen Körper aufzubauen. Die Schaffung des Körpers für die hereinkommende Seele, die Zellteilung und die Ordnung der Zellen unter dem Einfluß dieser planetaren Baumeister ist fürwahr ein Wunder und ein Mysterium, das das menschliche Begreifen übersteigt.

Da die planetaren Wesen, die für den wachsenden Embryo verantwortlich sind, Teil des Universums der hereinkommenden Seele sind, werden die karmischen Bedingungen dieser Seele mit den Körperzellen verflochten, während diese im Leib der Mutter wachsen, zu der die Seele aufgrund früherer Erfahrungen hingezogen wurde. Das Kind wird genau in dem Augenblick geboren, wenn die planetaren Bedingungen in der äußeren Welt exakt denen der inneren Welt entsprechen. Somit ist das Geburtshoroskop ein Spiegel der Seele mit ihren vergangenen, gegenwärtigen und zukünftigen Möglichkeiten.

Hier kommt nun die Frage auf, was bei eingeleiteten Geburten oder Entbindungen durch Kaiserschnitt geschieht. Die Untersuchung der Horoskope einer Reihe von Kindern, die unter solchen Umständen geboren wurden, führt zu der Überzeugung, daß der Zeitpunkt der Geburt keinesfalls vom Zufall bestimmt sein kann. Wie drastisch auch das menschliche Eingreifen sich gestaltete, kann doch der planetare Engel, der für dieses Leben vom Augenblick der Empfängnis an verantwortlich war, die menschliche Intervention dirigieren oder zurückhalten, so daß der erste Atemzug gewiß zum richtigen Zeitpunkt erfolgt. Die planetaren Engel stellen sicher, daß jeder einzelne zu den Erfahrungen findet, die er benötigt, auf jeder Ebene seines Daseins.

Die Deutung der Auswirkung der planetaren Prinzipien *auf den verschiedenen Daseinsebenen* ist es, was das Erstellen eines Horoskopes – abgesehen von den oberflächlichen Zusammenhängen – so schwierig gestaltet. Das heißt, wir wissen, daß eine bestimmte Art von Erfahrungen auf die Seele zu-

kommen muß; aber auf welcher Ebene werden sie am tiefsten zu spüren sein? Die Jünger der Astrologie lernen immer deutlicher, wie wenig sie wissen, und sie lernen zu erkennen, wie unendlich winzig ein Menschenwesen im Vergleich zum großen Herrn des Himmels, der Sonne, ist, in dessen geistigem Körper der Mensch nur eine Zelle ausmacht.
Die Beziehung der Zeichen des Tierkreises und der Planeten zum menschlichen Körper ist, wie wir schon sagten, ein interessantes, ein höchst faszinierendes Thema. Zunächst mag es einfach erscheinen, aber es wird immer komplexer, wenn wir entdecken, wie alle körperlichen Funktionen miteinander verbunden sind, wie die eine abhängt von einer anderen, und wie schon winzigste Störungen des Gleichgewichtes in einem Organ im Laufe der Zeit das Funktionieren des ganzen Organismus' beeinträchtigen können. Obwohl jeder Planet und jedes Zeichen generell einen bestimmten Teil des Körpers beherrscht, finden wir doch auch, daß verschiedene Teile oder Funktionen jedes Organs wiederum unter sekundäre Einflüsse anderer Planeten fallen. So regiert Saturn zum Beispiel das knöcherne Gerüst des Körpers, aber jeder Aspekt des Skelettes ist darüber hinaus auch einem anderen Planeten und Zeichen wie folgt zugeordnet:

Mars und Widder: *Gesichts- und Hirnschädelknochen*
Venus und Stier: *Knochen des Halses*
Merkur und Zwillinge: *Schulter, Schlüsselbein, Arm und Hand*
Mond und Krebs: *Brustbein und Rippen*
Sonne und Löwe: *Wirbelsäule (oberer Teil)*
Merkur und Jungfrau: *Wirbelsäule (unterer Teil)*
Venus und Waage: *Knochen des Lendenbereichs*
Mars und Skorpion: *Beckenknochen*
Jupiter und Schütze: *Hüfte und Oberschenkel*
Saturn und Steinbock: *Kniescheibe und -gelenk*
Saturn und Wassermann: *Unterschenkel, Knöchel*
Jupiter und Fische: *Füße*

Diese Unterteilung gibt es in bezug auf jedes Organ und jede Funktion, was die medizinische Astrologie natürlich zu einer höchst komplexen Angelegenheit macht. Doch bei Erkrankung oder Unfall ist es in der Regel für den Astrologen nicht schwierig, die allgemeine Ursache in astrologischen Begriffen festzustellen, und mit einem gewissen Maße an geistigem Wissen sollte er auch fähig sein, etwas von der geistigen Lektion zu verstehen, von der planetaren Lektion, die das Erkranken, das Aus-dem-Gleichmaß-Fallen des betreffenden Körperteils zeigen will. Wie schon gesagt, können geistige Lektionen nur durch das Erfahren im physischen Körper voll und ganz gelernt werden.

Die Phase zwischen den Inkarnationen ist eine Zeit der Ruhe und einer Art Bestandsaufnahme, in der die Seele die Erfahrungen des vergangenen Lebens nicht nur mit dem begrenzten Wissen des physischen Gehirns, sondern mit der gesammelten Weisheit langer Seelenerfahrung überblicken kann, die Teil ihres sonnenhaften Wesens ist, der strahlenden Sonne am Himmel.

Das Studium des menschlichen Körpers führt uns immer deutlicher vor Augen, wie wichtig das Gesetz der Ausgewogenheit, des Gleichgewichtes ist, das zu den fünf großen Gesetzen des Lebens zählt, die schon von den Weisen des Altertums erkannt wurden*). Je mehr wir uns mit dem Leben und Wesen des Menschen beschäftigen, desto mehr Bedeutung und Sicherheit gewinnt für uns dieses Gesetz, das Veränderung mit sich bringt. In der Natur offenbart es sich im Wechsel von Tag und Nacht, Sommer und Winter, Flut und Ebbe, Hitze und Kälte. Im menschlichen Körper offenbart es sich im chemischen Säure-Basen-Gleichgewicht, in Einatmen und Ausatmen und in den positiven und negativen magnetischen Strömungen. Im Wesen des Menschen offenbart es sich als ein fast rhythmisches Schwingen von Empfindungen, Gefühlen, Stimmungen und Meinungen, und damit als die Neigung zu Veränderung und verschiedenartigen Erlebnissen.

Edgar Cayces Lebens-Readings scheinen zu ergeben, daß die Seele die Notwendigkeit spürt, Inkarnationen, in denen sie ein gänzlich extravertiertes Temperament besaß und Menschen und Umgebung dominieren konnte, auszugleichen durch solche Erdenleben, in denen sie eher insichgekehrt, passiv und den Umständen ergeben ist und in einer Welt der Gedanken und Gefühle leben kann. Die Seele braucht auch das Gleichgewicht von Erdenverkörperungen in männlichen und weiblichen Körpern.

In der Astrologie zeigt sich dieses Gesetz der Ausgewogenheit in verschiedener Hinsicht, besonders aber in der abwechselnden Folge von positiven und negativen Zeichen des Tierkreises; die Feuer- und Luft-Zeichen sind positiv, die Erde- und Wasser-Zeichen negativ. Diese Begriffe 'positiv' und 'negativ' dürfen wir nicht mit 'gut' und 'böse' verwechseln. Positiv bedeutet hier aktiv, aus sich herausgehend, ausstrahlend, widerstandsfähig, extravertiert. Negativ bedeutet passiv, insichgekehrt, empfänglich, aufnehmend. Die Sonne steht an der Spitze des positiven Lebensstromes aller Feuer- und Luftzeichen, und der Mond an der Spitze der negativen Wasser- und Erdezeichen. Wir kön-

---

*) siehe Einführung

nen uns die positiven und negativen Lebensströme also auch als die maskulinen und femininen Lebenselemente vorstellen.

Die Sonne im Horoskop bedeutet das Herz-Zentrum, den Sitz des Höheren Selbst, des obersten Herrschers über das Leben, der tief im Inneren wohnt und sich nur dann kundtun kann, wenn das geschäftige Alltagsdenken zur Ruhe gefunden hat. Das Höhere Selbst ist das ewige Selbst, das in der himmlischen Welt lebt, und nur ein kleiner Aspekt kann durch das Mondbewußtsein leuchten, das Gehirn und die Persönlichkeit der derzeitigen Inkarnation. Die Sonne strahlt aus, der Mond jedoch absorbiert und reflektiert die Strahlung in verschiedene Formen. Im Körper beherrscht die Sonne das Herz und die Vitalenergien, während der Mond das Drüsensystem und alle mit der Verdauung und Nahrungsaufnahme betrauten Säfte sowie die Hervorbringung und Ernährung neuen Lebens regiert. In ähnlicher Weise bringt auch der Mond, die große Mutter der Form, eine unendliche Vielfalt an Erlebnissen vor die Seele, die als Nahrung für das Sonnen-Selbst, das Göttliche im Innern, den Christus-Funken, dient. Somit symbolisiert der Mond mit seinen vierwöchentlichen Phasen die ständige Neuschaffung und Zerstörung der Form, die Bildung von neuen Hüllen, die der Geist nach und nach zur Vollendung umzubilden lernt. Das im Kopf verankerte Mondbewußtsein muß all sein Licht von der Sonne, dem eigentlichen Selbst, dem ewigen Lichtwesen in der Tiefe des Herzens, beziehen – deshalb spielen Meditation und Gedankenkontrolle eine so wesentliche Rolle für Glück und Seelenfrieden des Menschen.

Die Mystiker des Mittelalters nahmen oft Bezug auf die drei Welten des Menschen oder die drei Bewußtseinszentren im menschlichen Körper. Das höchste Bewußtseinszentrum sollte seinen Sitz im Herzen haben und von der Sonne regiert sein. Hierdurch ist der Mensch verbunden mit den himmlischen Welten und dem ganzen Kosmos, hierdurch hat er das Wissen von seiner ewigen Existenz. *Der Vater und ich sind eins.* Dieses Bewußtsein ist in der Tiefe verborgen und kann nur durch ständiges, regelmäßiges und unnachgiebiges Bemühen des göttlichen Willens, durch Meditation und Selbstdisziplin erlangt werden. Es ist jenes Selbst, das zu erreichen wir uns in unseren innersten Bestrebungen und Sehnsüchten bemühen – das Selbst, das im Himmel beim Vater wohnt.

Die zweite Welt – so die Mystiker – ist die Welt des Kopfbewußtseins, regiert vom Mond. Sie repräsentiert die gewöhnliche Persönlichkeit des alltäglichen Lebens, den Teil, den die meisten von uns anderen zeigen, und in dem wir unsere Hauptfehler und Grenzen erkennen. Aber das ist nur ein Fragment des größeren Selbst, das durch das Erleben im physischen Körper ausgebildet und entfaltet wird. Das Kopfbewußtsein ist auch eng verbunden mit Mars, dem Herrscher der Zeichen Widder und Skorpion, den Zeichen von Leben und Tod des physischen Körpers.

Das dritte Bewußtseinszentrum ist der Solarplexus; er beherrscht die Welt der Elemente unterhalb des Zwerchfells. Es steht in Verbindung mit dem pneumogastrischen, dem Vagus-Nerv, der in der Yoga-Lehre als das krafterzeugende Zentrum des physischen Organismus gilt. Es ist natürlich auch verbunden mit den Verdauungsvorgängen, die so empfindlich auf nervliche Anspannung reagieren. In der römischen und griechischen Mythologie war Jupiter bzw. Zeus der Herrscher in dieser elementaren Welt, aber eng verbunden mit ihm waren Merkur, das Kind Jupiters, das astrologisch sein genauer Gegenpol ist.

DER MENSCHLICHE KÖRPER UND DER HIMMEL

Das Gesetz der Ausgewogenheit zeigt sich in der Astrologie auch durch die Polarität gegenüberliegender Tierkreiszeichen, die einander ergänzen wie die beiden Seiten einer Münze. Die Herrscher solcher Zeichen haben ein ähnlich wechselseitiges Verhalten, besonders in ihrem Einfluß auf den physischen Körper. Jupiter und das Feuerzeichen Schütze zum Beispiel beziehen sich auf die Leber, doch Charles Carter entdeckte bei seinen Forschungen*), daß Leberprobleme im entgegengesetzten Luftzeichen Zwillinge ebenso häufig vorkommen. Ähnliches gilt für Merkur und Zwillinge, die die Lungen regieren, und Lungenprobleme finden sich ebenso häufig im Zeichen Schütze. Sonne und Löwe beherrschen das Herz, und zu den Symptomen gewisser Herzleiden gehören geschwollene Knöchel – die der Herrschaft des Wassermanns unterstehen. Diese wechselseitigen Zusammenhänge von gegenüberliegenden, einander ergänzenden Zeichen ist praktisch in allen Funktionen des Körpers festzustellen.

Doch noch ein weiteres, eher subtiles Gleichgewicht ist zu erkennen in den planetaren Regenten der Zeichen; es zeigt durch die Elemente eine ständige Interaktion zwischen dem Leben und der Form. Jeder Planet regiert entweder ein Feuer- und ein Wasser-Zeichen oder ein Luft- und ein Erde-Zeichen, wie die folgende Tabelle zeigt:

Löwe (Feuer)	Sonne/Mond	*Krebs (Wasser)*
Jungfrau (Erde)	Merkur	*Zwillinge (Luft)*
Waage (Luft)	Venus	*Stier (Erde)*
Skorpion (Wasser)	Mars	*Widder (Feuer)*
Schütze (Feuer)	Jupiter	*Fische (Wasser)*
Steinbock (Erde)	Saturn	*Wassermann (Luft)*

In dieser Tabelle ist zunächst die linke Spalte von oben nach unten zu lesen und dann die rechte Spalte von unten nach oben, um die korrekte Reihenfolge der Tierkreiszeichen zu erhalten.

Wenn die Zeichen nach ihrer Elemente-Zugehörigkeit geordnet und ihnen

---

*) *Encyclopaedia of Psychological Astrology*, 1937, S. 120

die herrschenden Planeten gegenübergestellt werden, bilden sie zwei sechszackige Sterne – die Symbole des Christus-Menschen.

An der Spitze der Feuer/Wasser-Gruppe haben wir Sonne und Mond, die die positiven bzw. negativen Aspekte des gleichen planetaren Prinzips darstellen. Dazu kommen Jupiter und Mars, die ebenfalls je ein Feuer- und ein Wasser-Zeichen regieren. Feuer und Wasser aber sind magnetische Elemente. Wir sind alle angezogen von der Flamme, dem Feuer, dem Licht, der Wärme; und wir fühlen uns angezogen von einem schönen, klaren, ruhigen See, vom Murmeln eines Gebirgsbaches und von der mächtigen Schönheit der großen Meereswellen. Aus der Wechselbeziehung dieser beiden Elemente entsteht das materielle Leben. Diese Elemente repräsentieren Vitalität, Begeisterung, Sympathie, Freude, Freiheit, Farbe, Kraft. Die Planeten, die die Feuer- und Wasser-Zeichen beherrschen, geben Leib und Seele Energie und Vitalität.

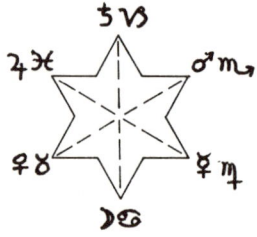

Erde/Wasser-Stern   Feuer/Luft-Stern

Legende:					
☉	Sonne	♃	Jupiter	♊	Zwillinge	♏	Skorpion
☽	Mond	♄	Saturn	♋	Krebs	♐	Schütze
☿	Merkur			♌	Löwe	♑	Steinbock
♀	Venus	♈	Widder	♍	Jungfrau	♒	Wassermann
♂	Mars	♉	Stier	♎	Waage	♓	Fische

Sie erwecken die Gefühle, die Leidenschaften, die Sinneswahrnehmungen und instinktiven Reaktionen zum Leben. Menschen, in deren Horoskop diese Elemente dominieren, sind mehr von Gefühlen, Impulsen und Empfindungen beherrscht als von Vernunft und Verstand.

Feuer und Wasser zusammen bilden Dampf, der, wenn man ihn bezwingt und einfängt, gewaltige Kraft entwickeln kann – oder er löst sich auf in Nebel, Dunst und Wolken. So können auch Menschen unter dem Einfluß dieser Elemente leicht aufbrausen und 'kochen'. Wenn diese emotionale Kraft aber in die richtigen Kanäle geleitet ist, können die gleichen Menschen gute Anführer sein, schöpferische Künstler, die Freude und Farbe in das Leben der anderen bringen. Die Widerspiegelung der Sonne oder des Mondes auf dem Wasser ist immer ein inspirierendes und schönes Bild; die ungezügelte Energie von Feuer und Wasser jedoch kann verheerend sein.

Das Element Erde ist eng verbunden mit dem physischen Körper und der materiellen Daseinsebene. Im Vergleich zu den anderen Elementen ist es schwer, fest, unflexibel und dunkel – aber voller Nährstoffe für Saat und Pflanzen, deren Wurzeln sich tief eingraben müssen, um die Lebenskraft zu finden, die Blüten und Früchte hervorbringen wird. So ist es auch die praktische Erfahrung in einem irdischen, materiellen Körper, die der Seele hilft, zu wachsen und zu reifen.

Luft – verwandt dem Mental-Körper – ist das leichteste und feinste Element. Ohne Luft kann kein Feuer brennen, und ohne ausreichende Durchlüftung von Erde und Wasser kann kein Samenkorn keimen und kein tierisches oder pflanzliches Leben unter Wasser sein. Luft ist verwandt mit Gemüt und Verstand, die der Seele helfen, im Laufe der Zeit die Gesetze der Natur zu verstehen und in Harmonie mit ihnen zu arbeiten; damit steigert sie ihr Wohlbefinden und entwickelt einen Sinn für Schönheit.

An der Spitze der Erde/Luft-Gruppe steht Saturn, der Prüfende; er regiert Wassermann und Steinbock und steht Sonne und Mond genau gegenüber. Saturn ist der Planet, der die Seele unerbittlich aus dem Reich des Lichts in das Gefängnis der Materie herabzieht. Wie Sonne und Mond als die Himmelslichter bekannt sind, so steht Saturn für die Dunkelheit der Materie, die der Geist bearbeiten muß, um seiner Seele einen Tempel zu bauen. Erde und Luft geben Staub, und es ist interessant sich zu erinnern, daß der Schreiber der Schöpfungsgeschichte sagte: *„Und Gott der Herr machte den Menschen aus Staub von der Erde und blies ihm den lebendigen Odem in seine Nase; also ward der Mensch eine lebendige Seele."*

In der Erde/Luft-Gruppe herrschen auch Merkur und Venus, beides Planeten, die dem Menschen helfen, seine gedanklichen Fähigkeiten zu entfalten und Wissen und Geschick zu erwerben, die es ihm dann ermöglichen, die physische Materie zu beherrschen und handzuhaben, um so Schönheit und Harmonie in sein materielles Leben zu bringen und Wohlbefinden in seinen Körper.

DIE SONNE-MOND / SATURN-POLARITÄT

Die Sonne an der Spitze des positiven oder maskulinen Lebensstromes stellt das Gottesprinzip im Wesensinnern des Menschen dar, den Sitz der 'Regierung' für das ganze Leben. In der äußeren Welt steht die Sonne für den Vater, den Gatten und andere Autoritätspersonen im Leben des Horoskopeigners. Die Sonne ist das vitale, aktive Prinzip, freudig und schöpferisch – der Daseinswille mit seiner Verankerung im Herzen. Es ist von Bedeutung, daß eine der ersten sichtbaren Erscheinungen im entstehenden tierischen oder menschlichen Leben das kleine, kräftig pulsierende Herz ist. Aus dem Sonnen-Selbst wird der Lebens- und Lichtstrahl in die Materie herabgezogen durch den göttlichen Willen, und der Zweck jeder Inkarnation besteht darin, jenem Sonnen-Selbst zu helfen, sich immer umfassender im vollendeten Zustand des menschlichen Seins zu offenbaren. Das ist die Bedeutung der Polarität von Sonne und Saturn – dem Regenten des Zeichens Wassermann, des Zeichens der Menschheit. Im Körper regiert die Sonne das Herz, die Wirbelsäule, das rechte Auge beim Mann und das linke Auge bei der Frau.

Der Mond steht an der Spitze des negativen oder femininen Lebensstromes. Er ist der Baumeister der Form, aber auch ihr Zerstörer, und der Erbauer des Seelentempels. Der Mond ist im Leben das Mutterprinzip, das sich um die Ernährung der physischen Körperhülle und um die Aufnahme von Vitalität aus dem solaren Körper kümmert. Der Mond steht für die Mutter, die Gattin, die Frau allgemein, die Familie, für Heim, Heimat und alle damit in Verbindung stehenden Angelegenheiten. Das Mond-Selbst ist hauptsächlich im Gehirn verankert, jenem Aspekt unserer Seele, den wir anderen Menschen zeigen, also eigentlich die Persönlichkeit. Im Körper unterstehen dem Mond das Gehirn, der Magen, die Brust, das linke Auge beim Manne und das rechte Auge bei der Frau.

Saturn, der Mond und Sonne gegenübersteht, verkörpert das Prinzip der Begrenzung, der Kristallisation, der Kälte. Er lehrt uns, das Licht durch den Willen zu konzentrieren und erklärt dem sich individualisierenden Wesen die Gesetze der Brüderschaft. Das Saturn-Prinzip enthüllt dem Menschen seine Verpflichtung und Verantwortung gegenüber allen anderen Seelen, seiner Umwelt und sich selbst. Saturn vertritt das universale Gesetz des Lebens und ist der Hauptfaktor im menschlichen Karma. Das Saturn-Prinzip im Menschen wirkt als dessen Chronik-Engel und wägt seine Taten nach ihrem Maß an wahrer Bruderschaft. Jeder Mensch weiß tief in seinem Herzen, ob er sich seinem Nächsten gegenüber brüderlich oder anders verhalten hat; jeder weiß, wann er das Gesetz der Liebe gebrochen hat.

Der erste Mond-Monat der Schwangerschaft fällt unter den Einfluß von Saturn, und in dieser Zeit werden die Fundamente für den ganzen werdenden Organismus gelegt.

Saturn regiert das knöcherne Gerüst, das Größe und Proportion des Körpers bestimmt, auch die Haut, die äußere Begrenzung des physischen Leibes. Früher glaubte man, daß die menschliche Haut das Himmelszelt symbolisiere, an dem die Sterne nach bestimmten Mustern geordnet seien. Wer die Zeichen zu deuten verstand, konnte aus Punkten oder Flecken an verschiedenen Stellen des Leibes die Geschichte der in ihm verkörperten Seele lesen. Das ist die Grundlage der Handlesekunst, und sie zeigt, wie Saturn, der Schiedsrichter nach göttlichem Gesetz, seine Prägung am Körper vollzieht. Er beherrscht auch die Milz, jenes psychische Zentrum, das der Einlaßpunkt für die Vitalität ist. Mit höchster Präzision mißt er dem materiellen Körper Vitalität und Sonnenkraft zu, die die Seele durch ihr Karma aus der Vergangenheit und ihr Bemühen im gegenwärtigen Leben verdient hat.

Während die Sonne den Herzschlag und Kreislauf regiert, beherrscht der Mond die Kraft des werdenden Lebens, Nahrung aus dem Blutstrom der Mutter aufzunehmen. Wir können sehen, wie das Licht aus dem Sonnen-Selbst, das in den physischen Körper herabfließt, vom Mond-Selbst aufgenommen wird, während die Engel von Mond und Saturn dazu beitragen, das Fundament des neuen physischen Körpers zu legen.

Die Wirbelsäule, die astrologisch sowohl mit der Sonne als auch mit Saturn verbunden ist, wurde von den Mystikern im Mittelalter häufig als Baum des Lebens bezeichnet. Die von Saturn regierte Wirbelsäule bildet einen Kanal für die Vitalkraft, deren positiver Lebensstrom mit der Sonne und dem Feuer-Element verbunden ist, der negative Strom hingegen mit dem Mond und dem Element Wasser. In antiker Symbolik taucht der Baum auch als Sinnbild der göttlichen Mutter, des Mondes, auf, der Matrix der physischen und irdischen Persönlichkeit, durch die die Seele sich offenbart. Laubbäume sind ein geeignetes Symbol für das Reinkarnationsprinzip; das Abfallen ihres Laubwerks zeigt den zyklischen Rückzug der Vitalkräfte aus dem physischen Leib.

In der esoterischen Astrologie sind auch die einzelnen Abschnitte und Teile der Wirbelsäule von Bedeutung. Die sieben Halswirbel werden mit den sieben alten Planeten assoziiert: der oberste wird regiert von Saturn, der zweite von Jupiter und die weiteren der Reihe nach von Mars, der Sonne, Venus, Merkur und dem Mond. Dieser Teil der Wirbelsäule, auf dem der Kopf ruht, hat mit dem Gebrauch zu tun, den die Seele von den planetaren Strahlen macht. Das kann wohl der Grund sein, warum der Nacken und die Halswirbelsäule so häufig der Sitz von Spannung und Verkrampfung ist.

Die zwölf Brustwirbel werden mit den zwölf Zeichen des Tierkreises in Verbindung gebracht, die am ersten, obersten Brustwirbel mit Widder beginnen. Diese Wirbel halten die Rippen, die das Herz umfassen und schützen. Die antike esoterische Philosophie zeigt uns das Bild des obersten Herrschers des Lebens, der im Herz-Zentrum regiert und umgeben ist von den zwölf Engeln des Zodiaks, den Engeln um den Thron Gottes im Menschen. Doch bevor die Seele nicht ein gewisses Maß an Kontrolle über die Elementarkräfte in ihrem Wesen erlangt hat, ist das Herz-Zentrum eher wie ein Stall, in dem die tierischen Leidenschaften im Zaume gehalten werden.

Die fünf Lendenwirbel stehen in Verbindung mit den fünf Elementen Feuer, Erde, Luft, Wasser und Äther; dieses letzte Element durchzieht alle anderen. Unter den Lendenwirbeln folgen fünf Kreuzbein-Wirbel und vier Steißbein-Wirbel. Diese neun Knochen sind verbunden mit den unteren Regionen in der Erde, mit der Unterwelt. Hier ist das Sonnenfeuer verschlossen, bis die Seele durch geduldige Disziplin und Erfahrung in der Kontrolle über die Elemente in ihrem eigenen Wesen allmählich gelernt hat, diese Sonnenkraft zu wecken und zu gebrauchen, das Kundalini-Feuer, das dann an der Wirbelsäule entlang aufsteigt und alle Chakras belebt und durchleuchtet, bis es zum Kopf aufsteigt, wo das Gehirn, das begrenzte Mondbewußtsein, die volle Erleuchtung von der geistigen Sonne erfährt.

Solange eine Seele nicht anfängt, auf geistiges Wissen anzusprechen, ist sie völlig von der elementaren Zusammensetzung ihres Körpers bestimmt. Das Bewußtsein steckt ganz in den Stimmungen, Leidenschaften und Wahrnehmungen der Elemente Feuer und Wasser oder im Staub der Erde der Erde/Luft-Zeichen, aus denen erste Anfänge von Denken und Verstand kommen. Während die Seele zunächst ihre eigene Individualität entdeckt, lebt sie ganz für sich selbst und spricht nur auf die Kraft jener widerstreitenden Elemente ihres niederen Wesens an. Sie muß ihre Lektionen durch den Wechsel von Aktion und Reaktion karmischer Erlebnisse lernen. Sie lebt fast gänzlich in der sinnlichen Welt von Lust und Schmerz, die mit dem Wohlgefühl des physischen Körpers und der Erhaltung der Art verbunden sind.

In der Regel ist es intensives Leid oder ein gebrochenes Herz, was dazu führt, daß die Seele sich dem Licht zuwendet. Dann helfen ihr Willen, Bestimmtheit und Zielstrebigkeit aus der Mond/Saturn-Polarität auf ihrer langen Reise zum vollen Sonnenbewußtsein, zur Vollendung des menschlichen Lebens durch die Christuskraft. Diese beiden, der Mond an der Spitze des Wasser-Elements und Saturn an der Spitze des Erde-Elements, sind vergleichbar mit den Maria- und Joseph-Aspekten in jeder Seele: Maria als der zärtliche, sanfte Mutterinstinkt, der Mitgefühl und Mitleid mit anderen Leidenden hat sowie die Sehnsucht, zu heilen und zu trösten, und Joseph, der Zimmermann mit seinem Handwerkszeug, der im praktischen Dienst am Leben sein Bestes gibt. Diese beiden bringen die Seele an den Beginn ihrer Reise in die Herzenshöhle, in der das Christuslicht geboren wird.

Krebs und Steinbock, regiert von Mond bzw. Saturn, waren früher bekannt als die Pforten zum Abstieg der Seele in die Materie (Krebs) und ihrer Neugeburt in das himmlische Bewußtsein (Steinbock). Wenn das Christuslicht in der Seele erwacht, beginnt sie bewußt, sich Mühe zu geben, die geistige Lektion zu lernen, die das mit dem Sonnenzeichen im Horoskop verbundene Element mitsichbringt, auch wenn ihr die astrologischen Zusammenhänge nicht bekannt sind.

Probleme zwischen Saturn und Sonne oder Mond im Horoskop ziehen häufig Schwierigkeiten in familiären Beziehungen nach sich oder viel innere Einsamkeit, weil man sich nach Liebe in der Familie sehnt und sie nicht erfährt. Bei Sonne/Saturn- und Löwe/Wassermann-Aspekten kann der Kummer auch von den eigenen Kindern verursacht sein (auch durch das Fehlen derselben) oder durch das Herzeleid einer unglücklichen Liebesbeziehung oder den Verlust einer Freundschaft, durch die Verleugnung eines innigen Wunsches also, der die Seele zwingt, sich nach einer Kraftquelle außerhalb ihrer selbst nach Hilfe umzusehen.

Wenn Mond und Krebs, Saturn und Steinbock in einem Horoskop stark vertreten sind, bedeutet dies in der Regel einen Hinweis auf tiefgreifende Lektionen, die durch Verantwortung im familiären Rahmen zu lernen sind. Je nach dem in der Vergangenheit erworbenen Karma kann solche Verantwortung freudig und lohnend sein oder schwer und lästig; in jedem Falle aber ist sie mit Geduld und liebevoller Freundlichkeit anzunehmen. Solcher Verantwortung auszuweichen und zu versuchen, ihr zu entkommen, kann zu sehr großer Einsamkeit in einem späteren Leben führen, in dem die Seele sich dann nach der Sicherheit und Geborgenheit familiären Lebens sehnt, dessen Pflicht- und Verantwortungsaspekte sich zuvor als zu lästig erwiesen.

Alle diese Zeichen und Planeten lehren die Seele die Lektion der Liebe und das Gesetz wahrer Brüderschaft. In ihrer Gesamtheit umfassen sie das ganze Gesetz und die Propheten, wie Jesus es zusammenfaßte: *Du sollst lieben Gott, deinen Herrn* (das Licht oben und die Sonne im Innern) *von ganzem Herzen, von ganzer Seele* (Mond), *und von ganzem Gemüte* (Saturn) *und mit ganzer Kraft* (durch diese drei wird die Wissenskraft angedeutet) ... *Du sollst deinen Nächsten lieben als dich selbst* (Wassermann, das Gesetz der wahren Brüderschaft, das vom vollendeten Menschen zu verwirklichen ist).

Körperliche Beschwerden unter dem Einfluß dieses Zeichens betreffen Herz und Kreislauf, auch Probleme mit der Wirbelsäule (Löwe/Wassermann). Schwierige Aspekte zwischen Saturn und einem der Lichter (Sonne oder

Mond) verursachen oft Augenprobleme und verdeutlichen die Notwendigkeit, daß die Seele nach Licht strebt und so eine klarere geistige Sicht erlangt. Krebs/Steinbock-Probleme führen häufig zu Schwierigkeiten mit Magen, Brust oder Knien. Saturn regiert Knie, Unterschenkel- und Fußgelenks-Knochen, was gewiß darauf hindeutet, daß der Mensch an einen Punkt gelangen muß, an dem er alle mentale Arroganz ablegt und demütig auf die Knie fällt, um dankbar den „Großen Weißen Geist" anzubeten. Saturn regiert das Alter, jenen Abschnitt des Lebens, in dem sich die Seele ihrer Gefangenschaft in der Materie immer bewußter wird und sich demütig der Schwachheit des Fleisches ergeben muß, wenn das Körper-Elemental stärker wird und die Schwächen des niederen Wesens sich zu kristallisieren neigen. Die rheumatischen Beschwerden, Arthritis und Gelenksteifigkeit, die mit Saturn assoziiert werden, zeigen die Notwendigkeit ständiger und regelmäßiger Einstimmung auf das Licht. Das bedeutet: die Notwendigkeit eines Abstandnehmens von den Sorgen und Kümmernissen des Alltagsdenkens und die Notwendigkeit der Einkehr in die Seelenwelt voll Frieden und Stille, die jenen Zustand völliger Entspannung von Gemüt und Körper schenkt, in dem die Heilungsengel ihre Arbeit verrichten können.

Eine der gewaltigsten Lektionen, die die Seele aus der Kraft des Saturn lernen kann, ist die Überwindung der Angst. Saturn ist der Planet des Egoismus und der Angst par excellence, und die einzige Methode, diese Angst – die so viele Krankheiten verursacht – zu überwinden, besteht in der Kräftigung des Kontaktes mit dem Licht im Herzen, mit der Sonne, dem Herrn über das ganze Leben. Wenn dies wirklich eintritt, wird die Seele von göttlicher Liebe überflutet, die alle Angst hinwegspült. Wenn solche Liebe das Herz überströmt, geschehen offensichtliche Heilungswunder, denn die Seele verwandelt ihr Karma. Bei einer solchen Verwandlung ermöglicht die Gnade Gottes es der Seele, über Kummer, Sorge, Konflikt, Schmerz, Groll oder Begrenzung emporzusteigen, die die Folge früherer Fehler sind, und vollkommenes Glück und Frieden zu finden.

DIE MERKUR / JUPITER-POLARITÄT

Als nächste ist die Planeten-Polarität von Jupiter und Merkur zu besprechen. Jupiter regiert das Feuer-Zeichen Schütze und das Wasser-Zeichen Fische; Merkur regiert das Luft-Zeichen Zwillinge und das Wasser-Zeichen Jungfrau. Interessanterweise steht der zweite Schwangerschaftsmonat unter dem Einfluß Jupiters. Während dieser Phase wächst der Embryo rasch, und die ersten Ansätze von Händen und Füßen erscheinen. Die Knochen werden knorpelig angelegt, die Muskeln erscheinen, und am Ende der achten Woche ist der Sympathicus-Nerv erkennbar. Jupiter und Merkur sind auf besondere Weise Regenten über Hände und Füße sowie über das ganze Nervensystem. Da diese beiden Planeten alle Arten von Reise, Fortbewegung und Kommunikation beherrschen, ist besonders interessant anzumerken, daß sie auch die beiden großen Kreislaufsysteme des Organismus kontrollieren, das heißt den Blutstrom und das Nervensystem. Über den Blutstrom gelangen in jeden Teil des Körpers die notwendigen Nährstoffe, und über das Nervensystem gelangen in jeden Teil des Organismus Bewußtsein, Fühlen und Empfinden. In der äußeren Welt regieren Jupiter und Merkur Erziehung, Bildung und den Wissenserwerb durch Korrespondenz, Veröffentlichungen, Bibliotheken, Schulen, Universitäten, Informationsbüros und Agenturen. Jupiter, der Planet des höheren Denkens, beschäftigt sich mit Philosophie, Metaphysik, Religion und Wissenschaft. Merkur gibt dem Menschen die Fähigkeit, über seine Erlebnisse verständig nachzudenken, zu studieren und Wissen aufzunehmen, aber auch, seine Gedanken in Worten auszudrücken.

Da Jupiter die impulsiven, emotionalen, einfühlenden, höherstrebenden, vorstellungsbegabten Feuer- und Wasser-Zeichen Schütze und Fische regiert, überrascht es nicht, daß dieser Planet, dessen Hauptprinzip Ausdehnung und Wachstum heißt, den Vitalkörper beherrscht, den permanenten Seelenkörper, den Tempel, der im Himmel im Laufe der Zeit aus der Erfahrung vieler Leben gebaut wird. Ein starker Jupiter wird der Seele ein tief religiöses Empfinden geben, Gefühle der Anbetung für den Schöpfer und ein intuitives Gewahren von Wahrheiten, die die Möglichkeiten des physischen Gehirns überschreiten. Jupiter erweitert das Bewußtsein. Er ist erhöht im Wasser-Zeichen Krebs und daher eng verbunden mit dem Mond. Sein Einfluß hilft der Seele, über die Grenzen des irdischen Bewußtseins in die Seelenwelt emporzusteigen. Weil er Herrscher eines Wasserzeichens und zugleich in einem Wasserzeichen erhöht ist, kann man Jupiter vielleicht eher als einen Wasser- denn als einen Feuer-Planeten betrachten. Er zeigt zudem eine starke Verbundenheit mit Neptun, dem Beherrscher des Meeres, und so erscheint es eher signifikant als ein Zufall zu sein, daß die Zusammensetzung des Blutes in mancher Hinsicht der des Meerwassers ähnlich ist, das so stark mit dem großen Mutterprinzip des Lebens verbunden ist.

Jupiter ist besonders auf die Erhaltung, das Wachstum und den Schutz des physischen Körpers bedacht. Er regiert die Leber, den Speicher von Nährstoffen, die der Blutstrom dem ganzen Körper weiter zuträgt, und auch das wichtige Solarplexus-Zentrum, den Pneumogastricus-Nerv, der einem Kraftwerk im menschlichen Körper gleicht. Manche Quellen nennen Merkur als den Regenten dieses wichtigen Nervenzentrums, aber, wie wir schon weiter oben sagten, scheinen Planeten, die einander gegenüberstehen, zuweilen in ihrem Zuständigkeitsbereich austauschbar zu sein. Mit Gewißheit ist dieses Zentrum unter dem Einfluß der Jungfrau/Fische-Polarität.

Über das Solarplexus-Zentrum fühlen wir die Zustände in der ätherischen Welt, in der Seelenwelt unserer Umgebung. In diesem Zentrum werden alle psychischen Eindrücke registriert, ob sie unser Denken akzeptiert oder nicht. Durch die Kontrolle des göttlichen Geistes – des wahren Herrschers über das Leben in der Tiefe des Herzens – über dieses Zentrum lernt die Seele allmählich, von den Elementarkräften im Inneren Kraft zu beziehen, statt ihnen nur ausgeliefert zu sein. Diese Elemente stellen das Rohmaterial für den Bau des permanenten Seelentempels zur Verfügung. Das Solarplexus-Zentrum verbindet uns sehr stark mit der Astralwelt – mit jenem großen Ozean psychischer Kraft, die uns mächtige, emotionale Triebe bewußt macht – nicht unbedingt unsere eigenen, sondern jene der Menschen um uns, insbesondere Emotionen wie Angst, Selbsterhaltung, Verletztheit, gehobene Stimmung und Erregung.

Jupiter beherrscht nicht nur diese Unterwelt der Elemente, sondern formt im Laufe der Zeit aus dem Material derselben den permanenten Lichtkörper, den die Seele baut und der zuweilen auch als Aura-Ei bezeichnet wird. Jupiter ist auch verbunden mit der Urzelle, jenem Kern, aus dem der physische Körper für eine erneute Inkarnation gebaut wird.

Dies scheint vielleicht etwas verwirrend, wenn uns gesagt ist, daß der Befehl für die Schaffung eines neuen physischen Körpers vom Sonnen-Zentrum des menschlichen Wesens ausgeht. Die Sonne, das Gott-Selbst, weiß, wann wir zu inkarnieren haben; sie weiß, welche planetaren Strahlen uns die Lektionen der neuen Inkarnation bringen müssen. Das Licht scheint in die Finsternis. Sonne und Saturn bilden eine Polarität. Das Saturn-Element in der Natur konzentriert die Christuskraft, die Sonnenkraft, hinab in die Tiefen der Erde, wo es die Elemente der Schöpfung erleuchtet und bearbeitet. Sobald die Weisung hinausgegangen ist und die Fundamente gelegt sind, sorgt Jupiter, der Herrscher über den höheren Ätherleib, dafür, daß alle Arbeiten weitergehen.

Jupiter regiert die innere oder ätherische Welt der Elemente und ist König der planetaren Baumeister, die den Körper schaffen. Die Engel Jupiters beziehen aus dem universalen Meer des Lebens die zum Aufbau der neuen Form um das permanente Atom notwendigen Elemente. Durch die Erweiterung seines Bewußtseins in die universale Seelenwelt – die durch die Engel Jupiters kommt – kann der Mensch anfangen, seine Einheit mit dem Christus zu sehen, die sich hinter dem okkulten Begriff des großen Himmelsmenschen verbirgt. Durch die Hilfe der Engel Jupiters können wir jene Einblicke in die himmlische Welt erhaschen, die uns in Augenblicken echter Einheit zuteilwerden, in der Meditation zum Beispiel, wenn das niedere Selbst absolut still ist. Jupiter und Merkur beherrschen alle beweglichen Zeichen. Drei von ihnen sind dualen Wesens, und alle beweglichen Zeichen sind charakterisiert durch ein Hin und Her, ein Auf und Ab des Erlebens und Bewußtseins zwischen höheren und tieferen Zuständen, zwischen Himmel und Hölle. Jupiter und Merkur repräsentieren also das Weisheitsprinzip im Menschen, jenen Teil von uns, der immer lernt, fragt und versucht, zwischen Erlebnissen der Lust und der Pein zu sortieren, zu unterscheiden, und ihre Ursachen zu finden. Mit dem Bewußtsein, der Weisheit und dem Verständnis, das uns diese beiden Planeten bringen, beginnen wir zu erkennen, wie die Karma-Gesetze sich im menschlichen Körper auswirken und wie jedes Erlebnis dazu bestimmt ist, uns Wissen zu vermitteln, Wissen, das uns helfen wird, die Herrschaft über das irdische Selbst zu gewinnen und jenen Seelentempel zur Vollendung zu bringen, jenes Universum im Kleinen, das wir alle aufbauen.

Merkur regiert durch sein negatives Zeichen Jungfrau die Därme und Verdauungsorgane. Das gilt auch im übertragenen Sinne, denn durch die merkurische Gedankenkraft denken, arbeiten, 'verdauen' wir die Erfahrungen voll Freude und Leid, Lust und Schmerz, die uns das Nervensystem vermittelt, und wir überdenken die seelischen Erlebnisse, die uns durch unsere instinktiv-emotionalen Reaktionen begegnen.

Über das positive Zeichen Zwillinge regiert Merkur die Lungen, die Atemwege und das ganze Nervensystem. Sein Caduceus, der Merkurstab, ist Symbol für das Rückenmark, die zentrale Achse des Nervensystems. Für das Rückenmark wird häufig auch das Symbol Baum in den Geheimlehren der verschiedenen Weltreligionen verwendet. In der Genesis lesen wir von zwei heiligen Bäumen im Garten Eden, und Manly Hall schreibt: *„Das arterielle System mit seinen zahlreichen Verzweigungen ist ganz gewiß ein 'Baum des Lebens', und das Nervensystem mit seinen unendlich vielen Verästelungen und seinen Wurzeln im Gehirn ist mit gleicher Gewißheit der 'Baum der Erkenntnis des Guten und Bösen'. Nach einer Untersuchung der menschlichen Wirbelsäule fällt es nicht schwer, die Ähnlichkeit mit dem in der Bhagavad-Gita vorkommenden Weltenbaum zu erkennen: 'Man sagt, der unvergängliche Ashvat-*

tha ist mit den Wurzeln nach oben und den Zweigen nach unten, und heilige Lieder seien die Blätter. Wer es weiß, ist ein Kenner des Wissens.'" *)

In der biblischen Geschichte erlag Eva – die Seele, der Mutteraspekt des menschlichen Wesens – der Verführung durch die Schlange (dem Verlangen nach Weisheit) und aß von der Frucht vom Baume des Wissens, die sie auch Adam reichte. So erlangten sie potentiell die Kontrolle über ihr Denken und Nervensystem, was ihnen am Ende die Gewalt über die Naturkräfte gebracht hätte, aber Gott verbannte das ungehorsame Paar, bevor es noch vom Baume des Lebens essen konnte.

„Und Gott der Herr sprach: Siehe, der Mensch ist geworden wie unsereiner und weiß, was gut und böse ist. Nun aber, daß er nicht ausstrecke seine Hand und breche auch von dem Baum des Lebens und esse und lebe ewiglich! Da wies ihn Gott der Herr aus dem Garten Eden, daß er das Feld baute, davon er genommen ist."

Jupiter regiert den Kreislauf, aber manche Quellen sagen, daß Merkur selbst den Blutstrom beherrscht und Jupiter die Blutgefäße und Kapillaren. Da die beiden Planeten durch ihre Polarität so eng miteinander verbunden sind, braucht uns das nicht zu bekümmern. Die Sonne, das Licht, das Leben regiert das Herz. Aus dem Herzen nehmen die Blutgefäße die magische Lebenskraft, um jede Zelle zu nähren. In den (von Merkur regierten) Lungen wird das Blut gereinigt und durch den Atem mit neuer Lebenskraft geladen. Der Baum des Lebens, Symbol des Blutstromes, hat seine Wurzeln im Herzen, und tief im Herzen wird auch das Geheimnis der Unsterblichkeit zu finden sein. Die Geschichte des menschlichen Suchens nach diesem Geheimnis erzählen Mythen, Sagen und Fabeln auf der ganzen Welt, so beispielsweise die Geschichte von Jason und dem goldenen Vlies oder solche von einem Schatz, der auf, in oder unter einem Baum versteckt ist, bewacht von einem schrecklichen Untier, das erst besiegt werden muß.

In den Readings von Edgar Cayce **) findet sich der interessante Fall eines Mannes, der seit früher Kindheit unter Blutarmut litt; man könnte diese Krankheit auch als einen Kampf zwischen weißen und roten Blutzellen im Gefäßsystem bezeichnen. Das Cayce-Reading stellt fest, daß der Kranke in der Vergangenheit rücksichtslos die Gewalt über das Land an sich gerissen und viel Blutvergießen und Elend verursacht hatte. Aber er kam nicht ungestraft davon. Tief in seinem Herzen, in seinem Gewissen war die Erinnerung an seine Verletzung des Bruderschafts-Gesetzes, und so entstand in seinem

---

*) *Man, the Grand Symbol of the Mysteries,* Los Angeles 1937, S. 280
**) zitiert in Gina Cerminara: *Erregende Zeugnisse von Karma und Wiedergeburt*

Körper, in seinem Baum des Lebens, in seinem Blutstrom ein Kampf zwischen den roten und den weißen Zellen, und dieser Kampf zehrte an seinem Leben, wie er das Leben anderer vergeudet hatte.

Merkur regiert die Hände und Arme, Jupiter die Schenkel und Füße. Diese Körperteile geben Bewegungsfreiheit und erlauben uns, Geschicklichkeit zu entwickeln, mit der wir zur Mehrung von Schönheit und Harmonie des Lebens, zum Trost und zur Heilung unseres Nächsten beitragen können. Wenn diese Glieder im Sinne ihres Schöpfers gebraucht werden, dann werden sie – so Edgar Cayce – mit jeder Inkarnation stärker, schöner und fähiger. Wenn sie aber mißbraucht oder mutwillig zerstört werden, scheint die Seele irgendwann aus eigenem Willen den Entschluß zu fassen, die Lebenskraft aus jenem Körperteil abzuziehen, das Leid verursacht hat. Wenn die Füße beispielsweise gebraucht wurden, um vor Verantwortung oder dem Dienst am Nächsten davonzulaufen, werden sie vielleicht eines Tages unbrauchbar sein und nicht mehr davonlaufen können. Solche Bewegungs- oder Tätigkeitseinschränkungen müssen jedoch nicht zwangsläufig ein Karma-Ausgleichen sein. Wie ein Pianist vielleicht den besonderen Wunsch hat, seine linke Hand zu kräftigen und speziell zu üben, wobei er die Rechte eine Zeitlang nicht trainiert, kann eine Einschränkung der Entfaltung größerer Geschicklichkeit dienen oder es der Seele ermöglichen, Mut oder Geduld von besonderer Qualität zu entwickeln. Durch diese Einschränkung der Kraft einzelner Glieder entdeckt die Seele demütig und dankbar, wie sehr wir alle von dem freundlichen Dienst unserer Brüder abhängen, wie wir alle miteinander verbunden sind – besonders mit den Angehörigen unseres Familienkreises. Recht häufig leiden Menschen, bei denen die Schütze/Zwillinge- oder Fische/Jungfrau-Polarität im Horoskop auffällig vertreten ist, unter Beschwerden, die ihre Bewegungs- oder Aktionsfreiheit behindern. Das mag auch dazu dienen, sie an Umstände zu ketten, aus denen sie entfliehen würden, wenn sie es könnten ... denen sie vielleicht in der Vergangenheit entflohen sind.

Die Lektion des Dienens mit Händen und Füßen ist nicht ausschließlich durch schmerzhafte, verkrüppelnde Behinderung zu lernen. Häufig bietet sich die Gelegenheit, anderen einfache, unauffällige Dienste zu erweisen, zum Beispiel durch Tätigkeiten wie Pflege, Unterricht, Schreibarbeit, Transport oder Arbeiten, die handwerkliches Können und manuelle Geschicklichkeit verlangen; sie alle können unserem Nächsten von Hilfe sein.

Vielleicht die interessanteste Funktion von Merkur und Jupiter ist ihre Herrschaft über die Lungen und den Atem, über das Wunder der Atmung und deren Auswirkung im ganzen Körper. Jedesmal, wenn wir frische Luft in die

Lungen einatmen, findet im Blut eine bemerkenswerte Art von Alchemie statt. Stofflich betrachtet, wird das Blut von allen Verunreinigungen gesäubert, die es auf seinem Weg durch den Organismus eingesammelt hat. Psychisch gesehen, wird es erneuert und neu belebt, um wieder ausgeschickt zu werden, jede Nerven- und andere Zelle mit göttlichem Leben zu versorgen.
Es gibt einen Bestandteil des Blutes, einen Vitalitätsträger, der der ätherischen Welt sehr nahesteht und die Lebenskraft über das ätherische Doppel in den physischen Leib zieht. Wenn das Blut die Lungen passiert, wird es durch den Atem mit neuer Vitalität erfüllt; es nimmt Prana, die Lebenskraft, aus der Luft auf. Merkur regiert die Lungen und die Atmung, auch das Gedankenleben. Es ist also nicht schwierig zu erkennen, wie die Gedanken sehr bald ihre Auswirkung auf den Blutstrom haben können, wie eng also die beiden Planeten in der Entwicklung des höheren menschlichen Bewußtseins miteinander verbunden sind.
Es heißt, daß der Blutstrom das gesammelte Wissen aus der Vergangenheit trägt – nicht nur die Ahnengeschichte des Menschen, sondern auch die Prägungen der individuellen Vorinkarnationen einer Seele. Diese Seelenchronik zirkuliert wie ein laufender Filmstreifen ununterbrochen mit dem Blut durch den ganzen Körper, und das Blut baut Gewebe auf und andere ab und gestaltet den physischen Körper nach dem Vorbild des Gedankenlebens und dem Willen der Seele. Der Blutstrom nährt die Drüsen, und wenn wir verstehen lernen, wie die mentale und physische Gesundheit von den Ausschüttungen der Drüsen beeinflußt wird, erkennen wir langsam, wie wichtig die Gedankenkontrolle und das Streben nach Höherem sind, wie wichtig es ist, sich im Einatmen göttlichen Odems zu üben.
Das Atmen untersteht einer autonomen Funktion im Gehirn, und trotzdem können wir lernen, es in gewissem Rahmen zu steuern, um mehr Nutzen daraus zu ziehen. Noch wichtiger aber ist, daß sich das Atmen mit Gedankenkontrolle und geistigem Bestreben verbinden läßt. Merkur ist der Planet von Gemüt und Verstand. Mit der merkurischen Kraft in unserer Seele können wir lernen, den göttlichen Odem einzuatmen, der das Blut mit neuem Leben erfüllt, was der Seele hilft, ihre Flügel zu finden und sich bei vollem Bewußtsein auf himmlische Ebenen aufzuschwingen, während sie noch im physischen Körper inkarniert ist.
Aus Sagen und Mythen ist Merkur, der Sohn Jupiters, als der geflügelte Götterbote bekannt; er entspricht dem griechischen Gotte Hermes, dem Sohn des Lichtes. Er lehrt uns, einen lichten Pfad zu öffnen, eine Kommunikationsverbindung zwischen dem größeren Selbst und der begrenzten Persönlichkeit dieses Lebens. Durch diesen geistigen Kontakt und indem wir ler-

nen, die göttliche Lebenskraft in den Körper herabzuziehen, entheben wir den Körper allmählich seiner Sterblichkeit des Fleisches. Merkur ist in Jungfrau erhöht, und Jungfrau ist das Erde-Zeichen der Unterscheidung und Reinheit. Jupiter ist in Krebs erhöht, dem Wasser-Zeichen der göttlichen Mutter. Christus – das Christus-Bewußtsein im Menschen – ist von der Jungfrau geboren, geboren in der Seele, die so rein und frei wurde von egoistischen Gedanken, daß sie einfach und bescheiden ein Leben für den Willen Gottes führt. Wenn der Mensch durch Wissen, Selbstdisziplin, geistiges Bestreben und ständiges Einatmen des Odems Gottes lernt, dauernd in Seiner Gegenwart zu leben, wird er die Erleuchtung finden, die Geburt des Christus im Herzen, die Merkur, der Götterbote, bringen kann. Dann werden seiner Seele Flügel wachsen, die sie ins Licht der Sonne hinauftragen, wo sie frei ist von allen Begrenzungen.

DIE MARS / VENUS-POLARITÄT

Eine besonders enge und wichtige Beziehung besteht zwischen Sonne und Mond einerseits und Mars und Venus auf der anderen Seite. Dies wird umso deutlicher, als die Sonne in Widder (Mars) erhöht ist und der Mond in Stier (Venus). Umgekehrt ist die Sonne im Fall in Waage (Venus) und der Mond in Skorpion (Mars). Mars und Venus haben mit dem schöpferischen Feuer in der Materie zu tun und mit Geburt und Tod der äußeren Form. Gemeinsam symbolisieren sie die menschliche Liebe, vom fleischlichsten Trieb über die Leidenschaft bis hin zu göttlicher, selbstlos dienender Liebe. Auch wenn ihre Manifestation im physischen Leben völlig unterschiedlich ist, bilden sie die gegenüberliegenden Pole desselben Prinzips.
Mars ist vor allem anderen Vertreter des Elementes Feuer. Er regiert Widder, das erste Zeichen des Tierkreises, das Zeichen des Soldaten, des Erforschers, des Pioniers. Er beherrscht auch das erste Haus des Horoskopes, das heißt jenes Haus, das die physischen Charakteristika und die äußere Persönlichkeit des Horoskopeigners in seiner derzeitigen Inkarnation bestimmt. Während die Position der Sonne im Horoskop das Herz symbolisiert (den Brennpunkt des Höheren Selbst, manchmal auch Individualität genannt), zeigt der Aszendent, der hauptsächlich von Mars beherrscht ist, das Gehirndenken, die Züge des physischen Körpers (den Kanal, durch den das solare Feuer sich manifestiert und in den die Lebensenergien gerichtet sind). Dieses niedere oder Gehirndenken des Menschen kann dominierend, stur und aggressiv sein. Es ist wie der Widder, der mit seinem harten Schädel gegen alles an-

rennt. Widder regiert den Kopf, besonders das Gesicht und den Teil des Gehirns, der mit den Dingen des Alltags beschäftigt ist. Wir erkennen die Menschen an ihrem Gesicht, dem individuellsten Teil des Körpers, und Mars ist besonders der Planet der Individualisierung, des freien Willens, der Freiheit in Denken und Tun. Getrieben von der marsischen Energie geht der Mensch aus, um alle Freuden und kummervollen Erfahrungen des irdischen Daseins zu erleben, und indem er das tut, entwickelt er das notwendige Geschick, Weisheit und Kraft, die dem Sonnenselbst die Manifestation ermöglichen. Ein durch und durch gesunder, aktiver, harmonischer physischer Körper, voll Energie und Freude an jedem Aspekt des Lebens, ist wesentlich für einen umfassenden Ausdruck des Geistes. Der Mensch muß dies allmählich verstehen und seine körperlichen, mentalen und emotionalen Kräfte soweit wie möglich entfalten. Das Ziel seiner vielen Inkarnationen in einem physischen Körper, einem tierischen Körper, besteht darin, daß er diesen Körper in einen vollkommenen Tempel für das Sonnenselbst transformiert. Er muß die Fähigkeiten entwickeln, das physische Leben als Ganzes zu genießen. Im vervollkommneten Zustand wird das Leben der Sonne, des Geistes, durch jede Zelle seines physischen Körpers leuchten, so daß sein Körper erleuchtet erscheint.

Da die Sonne in Widder erhöht ist, repräsentieren Mars, Widder und das erste Haus des Horoskops ICH BIN – Gott –, nicht nur die universale Kraft, sondern die Personifizierung dieser Kraft. Sie symbolisieren den nach Gottes Bild geschaffenen Menschen, den Sohn Gottes. Obwohl diese Vorstellung von Gott als dem Widder und dem Sohn Gottes als dem Lamm allzu leicht mit dem Widder-Zeitalter in Verbindung zu bringen wäre, handelt es sich dabei doch um ein ewiges Symbol in der Evolutionsspirale als Ganzem, zur Darstellung des sich in die Materie inkarnierenden Gottes. Jesus, der am Ende des Widder-Zeitalters und am Beginn des Fische-Zeitalters geboren wurde, war der Prototyp des vollendeten Menschen. Durch die Christuskraft in sich meisterte der Mensch Jesus die Materie, bis das göttliche Licht mit voller Kraft durch jedes seiner Chakras strahlte. Er konnte nach eigenem Willen und bewußt in jeder Sphäre aktiv sein – von der dunkelsten Astralebene bis hinauf in die himmlischen und höheren Bereiche.

Dieser Punkt des bewußten Verstehens und Beherrschens ist so wichtig, wenn wir den Einfluß von Mars und Widder in der Menschenseele betrachten, denn sie betreffen die gottgleiche Kraft des Menschen, schöpferisch zu denken, und darin liegt sein freier Wille. Schöpferisches Feuer, das Gemüt und Seele anregt, ist ein wesentlicher Faktor für Menschen, die aktiv in Künsten oder Wissenschaften tätig sind. Es ist so wichtig für den Künstler und

Musiker wie für den Ingenieur und Erfinder, denn es gibt ihren Ideen Leben. Es bedeutet Freude, Vitalität, Begeisterung, Mut – so einfach wie Feuer, aber auch so gefährlich, wenn es außer Kontrolle gerät.

Mars ist allgemein als der Kriegsgott bekannt. Dieser Einfluß verursacht sowohl im einzelnen als auch im Leben der Völker Spannung, Streit und Kampf, wenn der Mensch versucht, seinen Willen anderen oder gar der Natur aufzuzwingen. In den früheren Stadien der Evolution ist der Eigenwille nämlich zügellos, und das Verlangen nach Macht und persönlicher Überlegenheit nimmt überhand. Stolz und Eigendünkel sind ein wichtiger Teil der Ich-Entwicklung. Venus, die Gegenspielerin des Mars, repräsentiert das Prinzip Harmonie in der ganzen Natur, und über ihr negatives, festes Erde-Zeichen Stier steht sie in enger Verbindung mit den kreativen Kräften der Erde selbst. Dieses Zeichen ist im Horoskop von Landwirten, Gartenbaukünstlern und Menschen, die ihren Garten lieben, oft stark besetzt. Die Natur hat ihre eigenen Gesetze, und sie ist ökonomisch. Gehorsam gegenüber ihren Gesetzen belohnt sie mit Gesundheit für den Boden, und Lebenskraft fließt in die Pflanzen und Vegetation des Landes und bringt den Menschen und Tieren, die dieses nährt, die Fülle des Lebens. Die Weisheit der Alten sagte schon, daß gegen jede Krankheit von Mensch und Tier ein Kraut zur Heilung gewachsen ist.

Mars und Venus sind besonders für den irdischen Körper mit allen seinen Bedürfnissen und Wünschen zuständig, für seine fünf Sinne und alle Lust und Freude, die diese ihm vermitteln können. Außer dem Tastsinn, dessen Rezeptoren über den ganzen Körper verteilt sind, befinden sich alle Sinne im Kopf, der grundsätzlich der Regentschaft des Mars unterstellt ist; verschiedene Aspekte des Kopfes – wie schon bei der Wirbelsäule – fallen jedoch auch unter den Einfluß anderer Planeten. Venus regiert die Wangen und bringt – wenn sie in einem Horoskop hervorragend plaziert ist – dem Gesichtsausdruck Schönheit und Milde. Über das Zeichen Stier beherrscht sie auch die Kehle und spielt in der Regel im Horoskop von Sängern eine wichtige Rolle. Die Sonne (erhöht in Widder) und der Mond (erhöht in Stier) regieren je ein Auge. Durch die Augen scheint das Licht der Seele, und aus dem Augen fließen die Tränen. Somit sind Venus und Mars zusammen Anzeiger von Freude und Leid im Leben. Sie bringen der Seele das ganze Spektrum emotionaler Erfahrungen, alle Freude und alles Leid in Gemüt und Gefühlen, die der Mensch erleben kann. Auf der Suche nach Freude, Vergnügen und Befriedigung läßt sich die Seele bald auf egoistische Wege verleiten, wo sie der Lust der Sinne frönt, ohne die Bedürfnisse anderer zu achten. Ein starker Mars wird dafür sorgen, daß der Charakter herrschsüchtig, halsstarrig, leidenschaftlich, rebellisch und machtvoll wird. Eine starke Venus dagegen vermittelt ein Bedürfnis nach Frieden, Vergnügen, Behaglichkeit, Harmonie und Sicherheit und um diese Dinge zu erlangen, gibt die Seele zu leicht stärkeren Charakteren nach, sie kann sogar träge und nachlässig, ja zu einem Schmarotzer-Typ werden.

Widder (dem ersten Haus) und Stier (dem zweiten Haus) stehen im Horoskop Waage (das siebte Haus) und Skorpion (das achte Haus) gegenüber; hierbei handelt es sich um die Zeichen beziehungsweise Häuser von Ehe und Partnerschaft sowie von Sexualleben, Tod und nachtodlichen Zuständen. Über diese Zeichen und Häuser beherrschen Mars und Venus die Geschlechts- und Ausscheidungsorgane. Durch ihre Zuständigkeit für die Nieren (Waage) hat Venus viel mit der Erhaltung des Flüssigkeitsgleichgewichtes im Organismus zu tun. Das Element Wasser steht symbolisch für die Emotionen, und die Waagschalen des Zeichens Waage verdeutlichen das kosmische Gesetz, das der Mensch schließlich in seinem eigenen Wesen fühlen muß: Freude und Leid müssen einander die Waage halten. Durch jeden seiner Gedanken und durch jede seiner Taten schafft der Mensch sich seine Zukunft – Freude oder Leid. Aber schließlich lernt er aus Freude und Leid, daß dem Ausdruck seiner Individualität und Kreativität immer ein Gewahrsein der Bedürfnisse anderer die Waage halten muß.

Waage, das Zeichen, das Widder gegenübersteht, handelt von Partnerschaft und Ehe, aber auch von offener Feindschaft und Konflikt. Man achte wiederum auf die Wechselbeziehung des Kriegsgottes Mars und der Friedensbringerin Venus, die das Zeichen Waage, das siebte Haus, zum Haus der Partnerschaft *und* der Feindschaft, des Konfliktes macht. Im Bereich der Partnerschaft – sei es die Ehe oder eine andere enge Beziehung – werden viele der tiefsten und intensivsten Seelenkämpfe ausgefochten. In jedem Leben bringen die Herren des Karma die Seele wieder in die Gesellschaft jener, denen sie noch Liebe und Dankbarkeit schuldig ist, aber auch derer, an die sie aus Haß gebunden ist. Oft sind solche tiefen Konflikte im Unterbewußtsein verankert, und das Bewußtsein merkt kaum, welche Kämpfe es Zeit seines Lebens ausficht. Solche dauernden Konflikte schleifen die groben Kanten und harten Ecken des Charakters allmählich ab.

Im Kummer lernt die Seele, sich um Hilfe nach oben zu wenden, und dann beginnt die Gnade Gottes (symbolisiert durch die Schönheit von Venus) die Beziehung zu durchlichten, bis Abneigung zu Toleranz gewandelt ist, Reizbarkeit zu Geduld und Milde; dann beginnt am Kreuz von Bitterkeit und Zank Liebe zu erblühen. Mars und Venus gemeinsam nämlich stehen für das Kreuz der Materie, an das Seele und Geist des Menschen gebunden sind, an das große Rad der Wiedergeburt.

Soviel Freude und Leid entsteht dem Menschen aus der Partnerschaft, aus Rivalität (Venus und Waage), und aus der Trauer über den Verlust eines lieben Menschen oder persönlichen Besitzes (Skorpion, achtes Haus).

Bezeichnenderweise regiert Mars, der Krieger, sowohl das Zeichen des neuen Lebens (Widder), als auch das des Todes (Skorpion). Skorpion ist verbunden mit dem Zeugungs-Zentrum, in dem die schöpferische Kraft Gottes gespeichert ist, der Mutter, der Kraft, die äußere Form zu schaffen, die Art zu erhalten, die sich in der ganzen Natur offenbart. Skorpion ist das Zeichen intensiver emotionaler Erlebnisse, die aus Schaffen und Zerstören der Form erwachsen. Hier geht es nicht nur um Leben und Tod, sondern auch um Erlebnisse in den inneren Bereichen jenseits des Todes. Menschen mit einem stark besetzten Zeichen Skorpion oder achten Haus stellen gewöhnlich fest, daß ihr Leben sie mit Dingen zusammenführt, die mit dem Tode und dem Leben danach zu tun haben. Das kann ganz praktisch bedeuten, daß sie den Beruf eines Leichenbestatters ausüben oder in einem Krematorium arbeiten; vielleicht sind sie auch in einem juristischen Beruf tätig, in dem sie mit Testamenten zu tun haben. Vielleicht sind sie Ärzte oder Chirurgen, die mit dem Tode kämpfen, oder sie haben im Zusammenhang mit dem Ableben eines geliebten Menschen sehr viel Kummer zu ertragen, oder – wie im Falle wohlbekannter Medien wie Grace Cooke oder Edgar Cayce (die beide stark besetzte achte Häuser hatten!) – sie erlangen die Fähigkeit, bei vollem Bewußtsein in die inneren Bereiche des Lebens jenseits des Todes vorzudringen, in jene Bereiche, die die antiken Griechen und Römer als Unterwelt bezeichneten.

Der Mond – er steht für die Seele des Menschen – erlebt seinen Fall im Zeichen Skorpion, weil die Seele durch die Zeugungsorgane wieder ins Gefängnis der Materie hinabgezogen wird – in eine weitere Phase der Schlacht gegen die Elemente ihres eigenen Wesens.

Die marsische Kraft, die durch das negative Wasser-Zeichen Skorpion wirkt, ist viel schwieriger zu verstehen und handzuhaben, als wenn sie sich im einfachen Feuer-Zeichen Widder äußert, denn sie reicht weit über die physischen Sinne in die Welt jenseits des Todes hinaus. Sie berührt die tiefsten Geheimnisse der Schöpfung, die der Mensch schließlich zu gebrauchen lernen muß – nicht nur im Bau eines vollendeten Körpers, sondern auch im Erreichen der Unsterblichkeit für denselben. Denn das höchste Geheimnis des Zeichens Skorpion ist die Meisterschaft über den Tod. Das zeigte die Kreuzigung Jesu, sein Herabsteigen in die Tiefe und danach die Neubelebung, die Durchlichtung und Erneuerung aller Zellen des gekreuzigten Körpers, bis dieser gänzlich neu geschaffen war – ein vergöttlichter menschlicher Körper.

DER WEG DER GEISTIGEN ENTFALTUNG NACH DER ERHÖHUNG DER PLANETEN

Wenn wir uns Mars, den Herrscher über Widder und Skorpion, als den jungen, begeisterten Sohn Gottes vorstellen, als den sagenhaften Helden, der hervorgetreten ist, um die Materie zu bekämpfen und zu erobern, um schließlich auch den Tod zu überwinden, dann können wir sehen, wie die Erhöhung der Planeten deutlich die verschiedenen Stadien der Schlacht zeigt.
Die Sonne – sowohl Symbol Gottes, des Großen Geistes, als auch des Sohnes, Christi – regiert das Herz-Zentrum des Menschen und findet Ausdruck in der Macht des schöpferischen Denkens. Die Sonne ist erhöht im Zeichen Widder, das den Kopf, das Gehirn und das Gesicht regiert, was anzeigt, daß für Gott die menschliche Persönlichkeit eine Bedeutung besitzt, und das menschliche Gemüt vom göttlichen, universalen Bewußtsein erleuchtet werden kann. Darin liegt der freie Wille des Menschen, denn kraft des Gedankens, des schöpferischen wie des zerstörenden, ist jeder Schmied seines eigenen Schicksals.
Die Sonnenkraft ist auch im Genital-Zentrum am Ende der Wirbelsäule eingeschlossen, das vom Wasser-Zeichen Skorpion beherrscht wird, von Mars in seinem negativen Aspekt. Wie schon gesagt, erlebt der Mond seinen Fall in Skorpion, denn durch die Geschlechtskraft wird die Seele erneut an einen physischen Körper gekettet, um die Begrenzungen, die Prüfungen und Umstände der physischen Inkarnation zu erdulden. Dieses im Genital-Zentrum eingeschlossene Sonnenfeuer ist der Sitz emotionaler Gewalt, und in den früheren Phasen der seelischen Entwicklung manifestiert sich diese als egoistische Emotionen aller Art. Mars ist von Natur aus anmaßend und aggressiv. Er bringt die natürlichen Instinkte Selbsterhaltung, Stolz, Aggressionen, Sex – den Drang, andere zu beherrschen, sei es durch körperliche, mentale oder gar geistige Überlegenheit. Dieser negative Aspekt des Sonnenfeuers fand in Legenden und Gleichnissen immer wieder Ausdruck in Gestalt des Ungeheuers, das den Baum des Lebens bewachte und von der Seele zu unterwerfen und zu zähmen war. Mars ist der Baumeister des Astralkörpers aus Gefühlen, Wahrnehmungen und persönlichem Stolz, und dieser Körper braucht von allen menschlichen Hüllen vielleicht am meisten Verständnis und Disziplin. Im Astralkörper liegt die unbeherrschte Kraft der Elemente, die unge-

heure Gewalt des Meeres, eines Steppenfeuers, eines Erdrutsches oder eines Wirbelsturmes.

Jede Seele muß lernen, ihren Begierde-Aspekt auf allen Ebenen, die durch die Elemente dargestellt sind, zu erkennen und zu kontrollieren. Diese Disziplin kommt zum Teil durch die äußeren Erlebnisse, die das Karma uns bringt, weil starke Begierden, gleich welcher Art, karmische Erfahrungen auslösen. Durch Eigensinn und unser Denken ziehen wir all unsere Erfahrungen an, aber wenn wir ihnen dann begegnen, neigen wir dazu anzunehmen, eine grausame Vorsehung habe sie geschickt. Alles, was uns heute geschieht, ist die Folge von Kräften, die wir selbst mit unseren Gedanken und Begierden in der Vergangenheit in Bewegung gesetzt haben. Die erste Aufgabe einer Seele, die auf dem Weg zu Harmonie und Glück vorankommen möchte, hieße also zu lernen, wie der göttliche Wille zur Ausführung kommt, der ihr helfen wird, ihre Gedanken allmählich vom Christus im Innern bestimmen zu lassen und unbeherrschte Begierden, wie sie im Horoskop von Mars symbolisiert werden, unter Kontrolle zu bringen.

Mars ist erhöht in Steinbock, dem von Saturn regierten Erde-Zeichen. Saturn steht dem Mond gegenüber; er ist der Planet der Pflicht und der Achtung gegenüber Autorität, der Planet des Handwerksmeisters. In gewissem Sinne verkörpert Saturn den Willen des Sonnenselbst, der sich in der physischen Materie offenbart.

Das Sonnenfeuer braucht die Disziplin des Willens, wenn es sein Ziel erreichen soll. Sind in einem Horoskop Saturn und Mars miteinander verbunden, gilt das als Hinweis auf einen starken Willen, einen fast stahlharten Willen. Mit ihm verbunden sind eine Rücksichtslosigkeit, eine Zielgerichtetheit, die alles andere auf die Seite wischt, um nur das eigene Ziel zu erreichen. Diese Konzentration von Kraft, Vitalität, emotionaler Gewalt und Begeisterung erreicht immer etwas. Sie gibt Unabhängigkeit und ein bewußtes, sehendes Annehmen der Folgen ihres Handelns. Aber dieser Wille, etwas zu erreichen, kann – solange er nicht mit einem Gespür für die Verantwortung gegenüber anderen verbunden ist – gefühllos und grausam werden und der Seele ein schwieriges Karma schaffen.

Saturns Kraft bringt der Seele Pflichtgefühl und einen Sinn für Verantwortung – ein Gespür von Recht und Unrecht, ein Gewahrsein der Bedürfnisse der Familie oder Gruppe. Wenn unbeherrschte Wünsche und Emotionen zu zerstörerischem Denken führen und die Seele zu Handlungen hinreißen, die andere Menschen leiden lassen oder unglücklich machen, dann zeichnet die saturnische Kraft – wie die eines Chronik-Engels – die Schuld im Seelengedächtnis auf.

Saturn ist in Waage erhöht, dem Zeichen des von Venus regierten Gleichgewichtes. Es steht weiterhin symbolisch für das Karma-Gesetz, für das Gesetz von Ursache und Wirkung, das die Seele in Kraft setzt, sobald sie das Gesetz der Bruderschaft oder der Ausgewogenheit in menschlichen Beziehungen verletzt. Die Saturn-Kraft in der Seele repräsentiert nicht nur das niedere Selbst, die konzentrierte Kraft des niederen Denkens, sondern sie ist auch Werkzeug des Karmas. Sie ist der Gott, der die Waage hält und dafür sorgt, daß die Seele zur gegebenen Zeit entweder am eigenen Leib oder in zwischenmenschlichen Beziehungen genau das erlebt, was sie anderen zugefügt hat. Dieses große Gesetz des Ausgleiches und der göttlichen Gerechtigkeit wirkt bis in die kleinsten Einzelheiten des Lebens hinein. Noch hat der Mensch keine Ahnung, wie jeder Gedanke, jedes Wort das karmische Pendel zum Ausschlagen bringt. Wüßte er es, würde er viel öfter die Worte sprechen: *„Führe uns nicht in Versuchung, sondern erlöse uns von dem Bösen."*
Im Zeichen Waage ist Saturn erhöht, und hier erhalten wir auch ein Zeichen der großen Liebe und Barmherzigkeit Gottes, der Gnade Gottes, die das Geschenk des Planeten Venus an die Seele ist. Sobald die Seele sich Mühe gibt, sich über den Groll zu erheben und Vergebung und Annehmen zu üben, beginnt sie eine himmlische Geborgenheit zu fühlen, die Barmherzigkeit Gottes erfüllt sie. Venus, der Planet der Schönheit und Harmonie, läßt die Seele sanft denken und handeln sowie Harmonie und Schönheit in ihrer Umgebung und ihren zwischenmenschlichen Beziehungen schaffen. Venus bringt die Milde menschlicher Liebe, um der Seele die Härte ihrer Kreuzigung, ihres Karmas zu lindern. Venus verkörpert gewiß den femininen, den Mutteraspekt der Seele, der den Christus hervorbringt. Das ist die Rose, die am Kreuz erblüht für alle Geschwister, die mit Geduld, Liebe und geistigem Bemühen danach streben, sich über ihren Kummer und ihre Sorgen zu erheben.
Die Erhöhung der Venus in den Fischen – dem herrlichen, von Jupiter und auf höheren Ebene von Neptun regierten Wasser-Zeichen – stellt die Verwirklichung des kosmischen Bewußtseins durch die Seele dar. Sie zeigt jene wunderbare Erweiterung des Bewußtseins, jene Erkenntnis der Herrlichkeit des Himmels, die der gekreuzigten Seele zuteil wird. Wie die Engel Jesus im Garten Gethsemane dienten, so wird auch der Seele die dem Christus-Bewußtsein zustrebt, in ihrem Ringen Hilfe und Segen von strahlenden Engeln zuteil werden. Die Erhöhung der Venus in den Fischen ist Symbol für die Erweiterung des Bewußtseins, die der Lohn wird für das geduldige Bemühen bei der Überwindung der Welt und im Kampf gegen den Drachen, das niedere Selbst.
Jupiter, der Herrscher im Zeichen Fische, ist erhöht im Krebs, dem Mondzei-

chen, dem Zeichen der großen Mutter, und diese Erhöhung ist Symbol der triumphierenden Seele, die den Bau des Sonnentempels vollendet hat. Mit den Worten der Offenbarung steht sie für die Frau, die mit der Sonne gekleidet ist, die Seele, bei der die Sonnenkraft jedes Chakra durchstrahlt, daß Licht, Farbe und Schönheit gleißen und Heilung und Frieden zu allen Menschen ausstrahlen.

Der Mond, Herrscher im Zeichen Krebs, ist im Stier erhöht, dem von der Venus, dem schönen Morgenstern regierten festen Erde-Zeichen. Interessanterweise sind sowohl Saturn als auch Mond in von der Venus regierten Zeichen erhöht; das zeigt, wie die Seele sich mit einfacher, menschlicher Liebe, Freundlichkeit und Höflichkeit aus den Banden des niederen, tierischen Selbst befreien und zur Unsterblichkeit aufschwingen kann. Stier ist auf seinem Höhepunkt Symbol für den permanenten Seelentempel, das heißt einen physischen Körper, der kein Alter und keinen Tod mehr kennt. Stier regiert auch Kehle und Stimme, und viele Menschen, in deren Horoskop der Stier eine tragende Rolle spielt, besitzen eine schöne Singstimme oder sind gute Sprecher, ja ihre Stimme kann dem Lauschenden Harmonie und Heilung vermitteln. Aus dem Kehl-Chakra des wahren Eingeweihten kommt das lebendige Wort – der magische Ton, der seine Seele aus dem Schlaf des Todes wecken kann –; diese Macht bewies Jesus bei mehreren Gelegenheiten, zum Beispiel als er die Tochter des Jairus heilte oder Lazarus aus dem Grabe rief.

Aber welche Stellung nimmt Merkur hier ein, der Götterbote und der Planet, der der Sonne am nächsten steht? Merkur ist auch der Herrscher im Zeichen Zwillinge, in dem die Gegensätze ausgeglichen werden, schwarz und weiß, positiv und negativ, gut und böse. Merkur, unabhängig von allen anderen Planeten, ist in seinem eigenen Zeichen, in Jungfrau, erhöht, im Zeichen des sechsten Hauses, des Hauses von Gesundheit und Dienst. Jungfrau ist auch das Zeichen der Reinheit und der Unterscheidung, das Zeichen der Vollkommenheit. Die Erhöhung Merkurs in diesem Zeichen zeigt, daß das in der Kunst des reinen Denkens geübte und entwickelte Gemüt zum vollendeten Träger des Christuslichtes werden kann (oder, wie es in der Offenbarung heißt: *eine für ihren Bräutigam geschmückte Braut),* zum vollkommenen Werkzeug, durch das die Menschen Weisheit empfangen können, denn das Christuslicht wurde von der Jungfrau geboren. Übrigens sind beide Weisheitsplaneten, Merkur und Jupiter, in den Zeichen der Fraulichkeit erhöht: Merkur in Jungfrau, der himmlischen Jungfrau, und Jupiter in Krebs, dem Zeichen der göttlichen Mutter, der himmlischen Heimat mit ihrem 'unendlichen und ewigen Garten'. Das bedeutet mit Gewißheit, daß das Ziel der langen Pilgerreise der Seele in der Materie im Erlangen der göttlichen Weisheit besteht.

Die Offenbarung des Johannes vermittelt ein ähnliches, vielleicht noch düsteres Bild vom Kampf der Seele mit dem physischen Leben, dem physischen Körper und den Elementen ihres eigenen Wesens, der zur entscheidenden Schlacht, zum Harmageddon führt.

Mars steht für den 'alten Adam', jenen rebellischen, stolzen, unabhängigen Geist im Menschen, der diszipliniert, trainiert und am Ende gekreuzigt werden muß, bevor das Christuslicht in aller Herrlichkeit durch das menschliche Gemüt strahlen kann; und die Kreuzigung findet auf jeder Ebene des Daseins statt. Diese Seinsebenen sind verbunden mit den psychischen Zentren des Körpers und so mit den sieben endokrinen Drüsen. In *The Christian Mysteries* *) erklärt uns White Eagle, daß diese wichtigen Zentren in der Johannes-Offenbarung symbolisch verschlüsselt als die sieben Siegel des Buches erscheinen, die nur das geschlachtete Lamm (der Christus im Menschen) aufbrechen kann. Mit dem Erbrechen jedes Siegels – mit jedem Chakra, das vom Sonnenfeuer aktiviert wird –, werden bestimmte Kräfte freigesetzt, die die Seele auf äußerste auf die Probe stellen.

Die herkömmliche Lehre sagte, daß Jesus durch seine Kreuzigung die Sünden der Welt auf sich nahm, auf daß jeder, der an ihn glaubt, gerettet werde. Hinter dieser Symbolik verbirgt sich eine tiefe seelische Wahrheit. Jede Seele muß sich schließlich allen Geschöpfen und Schöpfungen ihrer eigenen, inneren Gedankenwelt stellen, und jede Seele muß auf jeder Ebene das niedere Selbst überwinden. Doch das ist nicht alles, denn die strebende Seele sehnt sich immer mehr nach dem Einssein mit dem göttlichen Selbst und wird sich dabei ihrer Einheit mit ihren Mitmenschen immer bewußter und teilt fast unwissentlich auch deren Karma. Jesus sagte: *„Und ich, wenn ich erhöhet werde von der Erde, so will ich sie alle zu mir ziehen"*. Die großen Lehrer und Erlöser der Menschheit kämpfen also nicht nur mit den Mächten der Finsternis im Innern der eigenen Seele, sondern auch jener der Gruppe, in deren Mitte sie stehen – und letztlich aller Menschen. Sie tragen also einen gewaltigen Kampf aus.

Das Zeichen Skorpion – regiert von Mars, dem Kriegsgott –, ist neben vielem anderen auch Symbol des Kampfes in den inneren Bereichen des Daseins, der Schlacht mit den Mächten und Gewalten der Finsternis. Aber wunderbarerweise wird jede einzelne Seele erhalten und unterstützt von der großen Sternenbruderschaft in der Welt des Lichtes, die den gleichen Kampf schon

---

*) White Eagle Lodge, 1938 (vergr.)

ausgefochten und gewonnen hat. Das sind Seelen, die den zweiten Tod, wie ihn Arthur Conan Doyle beschrieb*), bereits hinter sich haben: den Tod alles selbstischen, persönlichen Wollens. *Diese sind es, die gekommen sind aus großer Trübsal.* Diese Bruderschaft kommt zusammen und bildet einen Lichtkörper wie einen strahlenden Stern, um ihren irdischen Geschwistern in ihrem Kampf gegen den großen Drachen zu helfen. Wenn die Christusliebe im Herzen stärker wächst, erfüllt sie das Gemüt mit göttlicher Erleuchtung, und die Seele steigt auf über das niedere Selbst. Jedesmal, wenn die Seele in dieser Schlacht triumphiert, stärkt sie die Bruderschaft des Lichtes in der himmlischen Welt bei ihrer Aufgabe, den großen Drachen zu besiegen – das niedere Selbst der Menschen. Das ist der letzte Kampf, das Harmageddon der Offenbarung, in die schließlich jede Seele einbezogen wird. Langsam aber sicher wird die Bruderschaft des Lichtes triumphieren, und das Ungeheuer wird in Ketten gelegt und in den bodenlosen Abgrund verbannt, bis ein neuer Zyklus herandämmert.

Nach diesem Endkampf wird die Seele der Menschheit tatsächlich einen neuen Himmel und eine neue Erde schauen, denn der alte Himmel und die alte Erde werden vergangen sein. Der alte Adam in diesem Menschheitszyklus wird tot sein, der Drachen in Ketten; der Christusgeist wird allein regieren im Herzen der Menschen. Das ist die lang erwartete Wiederkehr Christi.

---

*) in *The Return of Arthur Conan Doyle,* White Eagle Publishing Trust, 1963 (besonders S. 95-116)

DIE DREI WELTEN DES MENSCHEN

Geistige Wahrheit ist so subtil, daß es schwerfällt, sie in materielle Worte und Begriffe zu übertragen. Das Denken des Menschen hat die Neigung, Vorstellungen in Abteilungen und Schubladen zu sortieren, und dabei geht die feine Essenz der Gedanken verloren. *Denn der Buchstabe tötet, aber der Geist macht lebendig* – das stimmt ganz gewiß auch auf dem Gebiet der Astrologie. Viele klar beweisbare Fakten demonstrieren ihre Genauigkeit, aber ebenso zahlreiche interessante Nebengleise können den Schüler in die Irre führen, in der er jahrelang umherwandern kann, ohne der Wahrheit auch nur ein kleines Stück näherzukommen.
Pythagoras lehrte, daß die Planetengeister nicht in den Körpern der Planeten wohnten, sondern in dem Raum zwischen denselben. Alle Philosophen des Mittelalters, die sich mit dem menschlichen Gehirn beschäftigen, stimmten darin überein, daß es nicht die materiellen Gehirnzellen waren, die der Seele Eindrücke vermittelten, sondern die Höhlen oder Ventrikel im Gehirn. Alan Leo lehrte, daß das Element Luft, das alles Durchdringende, das feinste und deshalb empfänglichste für Eindrücke aus dem reinen Geist sei. *) Die Alchemisten glaubten, daß in den Ventrikeln des menschlichen Gehirns ein feiner Austausch zwischen geistiger und physischer Luft stattfinde, eine Absorption des göttlichen Atems. In antiken Schriften wurde der menschliche Schädel oft mit der Erdkugel oder der Weltkugel verglichen, und in symbolischer Sprache und in Bildern wurden die sieben planetaren Engel, die sieben Sterne vorgestellt, die in der Erde oder im Innern des menschlichen Gehirns wohnten.
Eine Reihe von Zeichnungen aus der Hand mittelalterlicher Alchemie-Schüler zeigen den Kopf des Menschen mit drei Kreisen oder Bewußtseinszentren. Das Stirn-Zentrum sei für die fünf Sinne und das Nervensystem, die alle unter der Kontrolle des Frontaldenkens stehen. Im Geburtshoroskop zeigt sich dieses Frontaldenken des physischen Organismus am Aszendent und der Ausgewogenheit der Elemente-Verteilung. Die vier Elemente Feuer, Erde, Luft und Wasser, sowie das fünfte Element, der Äther – der feiner ist als die anderen vier und diese durchdringt – wurden schon immer mit den fünf Sinnen des Menschen in Verbindung gebracht.
Daraus wird der interessierte Leser allmählich erkennen, wie wichtig der As-

---

*) *Esoteric Astrology,* 1925, S. 89

zendent und die Ausgewogenheit der Elemente sind, da sie den planetaren Geistern über ihre Beherrschung der Zeichen erlauben, das Karma-Muster des physischen Lebens zu lenken. Diese planetaren Engel sollen über den in der Seele des Menschen verborgenen Tierkreis wirken, der die Prägungen der gesamten Vergangenheit trägt.

Im allgemeinen steht das Frontaldenken, das das physische Handeln leitet und die Persönlichkeit schafft, unter der Regentschaft von Mond und Mars. Der unterbewußte Teil des Gehirns einschließlich des Kleinhirns, der das sympathische Nervensystem kontrolliert, fällt großenteils unter den Einfluß des Mars, aber beide Planeten haben sehr viel zu tun mit Geburt, Tod und Fortpflanzung des physischen Leibes.

Hinter dem Frontaldenken steht das, was wir als 'Seelendenken' bezeichnen können, das Zentrum der Imagination und Reflexion. Auch dieses ist vom Mond beherrscht. Es ist das Tor zu den inneren Welten, in die wir uns in Schlaf oder Meditation zurückziehen, und aus denen wir zuweilen starke künstlerische oder mentale Inspiration empfangen können. Solange wir in einem physischen Körper gefangen sind, schwankt unser Bewußtsein mit den Mondphasen hin und her. Die Perioden, in denen das Frontaldenken besonders aktiv ist, können wir mit dem Vollmond vergleichen, die Phasen, in denen wir schlafen oder uns vom Frontaldenken zurückziehen, mit den Neumond. Bei Neumond ist die Erde dunkel, der Mond aber befindet sich in Konjunktion mit der Sonne, und Körper wie Seele werden von neuem belebt. Seit uralten Zeiten wurde der Neumond-Termin mit Neubeginn in Verbindung gebracht.

Der Mond steht in einem intensiven Zusammenhang mit dem Element Wasser, das auch Symbol der Seele ist. So überrascht es nicht, daß White Eagle seine Meditationsschüler zunächst unterweist, sich vom Frontaldenken zurückzuziehen und sich vorzustellen, am Rande eines stillen Sees zu sitzen, auf dessen Wasserspiegel sich langsam eine weiße Lotusblüte öffnet. Wenn sich der Mensch mit einer kleinen Willensanstrengung bewußt vom Frontaldenken löst und ganz still wird, vermag sein Seelendenken aktiv zu werden. Das Himmelslicht kann sich im stillen Wasser widerspiegeln, und die planetaren Engel können die Seele in ein Bewußtsein ihrer wahren Bestimmung erheben. Der ganze Zweck der physischen Verkörperung besteht darin, daß die Seele sich im Bewußtsein dem immer weiter und größer wachsenden Gewahrsein Gottes öffnet bis zu einem Punkt, an dem sie göttliche Weisheit, Macht und Liebe durch die physische Materie ausdrückt.

Noch tiefer im Gehirn liegt das Zentrum, das dem Sonnen- oder göttlichen Selbst untersteht. Es ist so tief verborgen, daß man es nur durch Einstimmung des Seelenkörpers auf das göttliche Selbst zu erreichen vermag. Wenn das äußere Gemüt und die Emotionen zu absoluter Stille finden, kann die Seele aufsteigen wie auf einem Lichtstrahl, hinauf zu einem goldenen Berge, hinauf in die Sonne, um dort anzubeten. Geistige Übungen und Disziplin ermöglichen es der inkarnierten Seele, die vom physischen Leben gebotenen Gelegenheiten aufs Beste zu nutzen und die Lektion zu lernen, die die Position der Sonne im Tierkreis sowie die planetaren Aspekte zu ihr anzeigen.

Das Zentrum des Sonnenbewußtseins, das so tief im menschlichen Gehirn verborgen ist, steht in enger Verbindung mit dem Herzen, dem wahren Sonnenzentrum. White Eagle lehrt seine Schüler, daß sie lernen müssen, das 'Herzdenken' zu gebrauchen, denn nur durch dieses Herzbewußtsein kann die Seele des echten Sonnenstrahles gewahr werden, der der Ursprung ihres Seins ist.

Deshalb rät White Eagle den Heilungssuchenden, das verdrießliche, sorgende äußere Gemüt zur Ruhe zu bringen und die Stille der Seele zu finden. Erst dann beginnen sie die Strahlung des in ihrem Herzen wohnenden Geistes zu erspüren. Wenn das Gelärme des äußeren Selbst zur Ruhe gelangt, erleuchtet das Sonnenselbst das ganze Bewußtsein. Dann findet wirkliche Heilung statt, denn wenn das Mondselbst still wird und sich auf das innere Licht ausrichtet, absorbiert und reflektiert es die Strahlung der geistigen Sonne, der Quelle des Lebens und Daseins der Seele.

Dieses Licht kann nur durch die vollendete Polarisierung des Mondselbst mit dem Sonnenselbst zur physischen Manifestierung gelangen. Wenn der Vollmond die Sonne reflektiert, wird die Erde Licht erhalten. Ähnlich gilt: Wenn die Seele echten Kontakt mit dem Ursprung ihres Seins herstellt, wird der Körper durchlichtet und Disharmonien lösen sich auf. Das meinte Jesus, als er sagte: *„Ich und der Vater sind eins ... Ich bin die Auferstehung und das Leben".* ICH BIN die Auferstehung und das Leben.

Die Mysterienschriften alter Religionen erwähnten oft das Herz-Zentrum als eine Grube, in der das Allerheiligste wohnte. In manchen Religionen wird es als heilige Stadt betrachtet – das neue Jerusalem im Christentum, als Mekka im Islam und Benares für die Hindus. Immer ist diese Stadt nach einer Pilgerreise zu erreichen.

Die Schwierigkeiten und Prüfungen, die eine Seele im Laufe ihrer Inkarnation erlebt, zwingen sie am Ende, nach Gott auszurufen und sich bewußt auf diese Pilgerreise zu begeben, die in Bunyans Buch *Pilgrim's Progress* so treffend geschildert ist. Der Weg und das Ziel sind immer gleich: den Berg hinauf über die Felsen, der Läuterungsprozeß, der oft mit Schmerzen verbunden ist (seien sie körperlich, mental oder emotional, je nach Element, das es zu meistern gilt), und schließlich der Zutritt zur Herzensgrube, wo das Licht brennt und man von der herrlichen, unsichtbaren Gegenwart erwartet wird.

Wegen der engen Verbindung der Sonnenkraft mit dem physischen Körper und Wollen, die aus der Erhöhung der Sonne im Zeichen Widder abzulesen ist – das erkannten die Geheimlehren schon lange –, verdrängt das irdische Wollen und Gieren mit seiner zielstrebigen Gewalt, Leidenschaft und Selbstbezogenheit, das kleine Licht, das Kind der Sonne. Das Herz-Zentrum der Seele, die nur für sich selbst lebt, ist überfüllt; 'da war kein Raum in der Herberge'. Dann, nach großem Leid oder bitterer Enttäuschung, beginnt die Seele, sich nach Gott und geistiger Hilfe zu sehnen, und dabei wird sie der Göttlichkeit im eigenen Herzen ahnungsweise gewahr. Während sie nach dem Licht Ausschau hält, das in der Finsternis leuchtet, und lernt, auf die innere Stimme zu lauschen, das Wort Gottes, entdeckt die Seele nach und nach die kleine Höhle, das Heiligtum im Herzinnern, von dem alle Eindringlinge ausgeschlossen sind. Das ist der Zweck echter Meditation, und danach strebt die Menschheit, die sich nach dem Wassermann-Zeitalter sehnt, in dem der Mensch seine eigene Göttlichkeit erkennt.

In jedem Zeitalter sind es zwei Zeichen, die die Menschen beeinflussen, nicht nur eines. Das Zeichen, das von der Frühlings-Tagundnachtgleiche tatsächlich durchzogen wird, übt einen starken Einfluß auf das äußere Leben des Menschen aus; das gegenüberliegende Zeichen jedoch bestimmt das Innenleben am stärksten. Hier findet immer eine Reflexion vom Himmel auf die Erde statt, und damit auch von der Erde an den Himmel. Weil Löwe dem Zeichen Wassermann gegenübersteht und das Herz regiert, wird im kommenden Zeitalter noch viel mehr über die wirkliche Bedeutung und Funktion des Herz-Zentrums bekannt und verstanden werden. Es ist ganz interessant, daß in den letzten Jahren soviel Aufmerksamkeit auf die Herz-Transplantationen gerichtet wurde. Wenn der Mensch erst einmal das Geheimnis des Lebens verstehen wird, braucht er keine Herz-Transplantationen mehr; dann wird er lernen, das Sonnenselbst zu wecken, um seine Heilung selbst zu erreichen. Er wird etwas von dem geheimen Zauber des Sonnenbewußtseins erkennen.

Das wiedererwachende Interesse an der Astrologie ist ein notwendiger Teil des menschlichen Fortschritts zur Erleuchtung, denn wahre Astrologie ist die Wissenschaft der Religion, die Wissenschaft von der Seele. Das Verstehen der Planetenkräfte, die auf die Seele einwirken, sowie von deren Inkarnationszweck kann jenen eine große Hilfe sein, die nach geistiger Entfaltung streben. Die Seelen-Lektion zeigt sich in erster Linie aus dem Element des Zeichens, in dem die Sonne zur Zeit der Geburt stand.

Um diesen Zusammenhang zu verstehen, wollen wir den Weg der Seele vom

Tod bis zur Wiedergeburt verfolgen. Während des irdischen Lebens ist die Seele im physischen Bewußtsein gefangen, in den fünf Sinnen des Körpers. Das ist ihre Verbindung zum Aszendenten und dem Elemente-Gleichgewicht des Geburtshoroskopes. Weiterhin ist der physische Körper durchdrungen vom Mond- oder Seelenbewußtsein, das in vielen Quellen auch als Persönlichkeit bezeichnet wird. Im Wachzustand ist dieses Bewußtsein im physischen Gehirn gesammelt, arbeitet während des Schlafes aber in der Seelenwelt. Beim Tode zieht sich die Persönlichkeit oder das Mondselbst vom physischen Körper zurück, lebt aber weiter in einem Seelenkörper auf den astralen und mentalen Ebenen, belebt vom Sonnenselbst, dem wahren Selbst.

Zur rechten Zeit kommt der Impuls, sich in die Sonnen- oder himmlische Welt zu begeben. In dieser Phase – so schildert es Arthur Conan Doyle –, beim zweiten Tode, löst sich die Seele von allen Verstrickungen in den astralen und niederen mentalen Ebenen und zieht sich in die Sonnensphäre zurück, wo das höhere Selbst einen vollständigen Überblick über die vergangenen Erlebnisse erhält. Da kann es das Muster und Ziel seiner vielen Erdenleben sehen. Auf dieser himmlischen Stufe erkennt es den planetaren Strahl, der für die nächste Phase der seelischen Entwicklung notwendig ist.

Während die Seele sich unter dem Einfluß eines jeden planetaren Strahles und jedes Tierkreiszeichens verkörpert, baut sie sich selbst die sieben Körperlichkeiten oder Vehikel, die sie braucht, um jede Ebene des Daseins endlich zu meistern.

In dem Augenblick, in dem sie bereit und willens ist, wieder durch einen physischen Körper zu wirken, scheint der Strahl des Sonnenselbst in das Dunkel der Materie, und die Empfängnis des physischen Körpers findet statt. Das ist der Moment, in dem die Planeten- Geister in der richtigen Beziehung zu einander stehen und sich versammelt haben, um den entstehenden Körper zu bilden, der geboren wird, wenn die Sonne den erforderlichen planetaren Strahl hinzugibt. Ein genau und unfehlbar wirkendes Gesetz fügt es, daß die ausgewählten Eltern zur richtigen Zeit zusammenkommen. Die Gesetze, die dies bewirken, übersteigen das Vorstellungsvermögen des begrenzten menschlichen Denkens. Sie unterstehen den Engeln des Karma.

Je nach dem Zeichen, in dem die Sonne steht, lernt die Seele die Lektion des dieses Zeichen beherrschenden Planeten. Die eigentliche Aufgabe der Inkarnation besteht darin, das Seelen-Vehikel der betreffenden Ebene zu stärken und zu entwickeln. Alle verschiedenartigen Erlebnisse der Inkarnation tragen dazu bei, diese Lektion zu lernen, die von der Eigenschaft und dem Element des Sonnenzeichens bei der Geburt angezeigt wird.

DIE SEELEN-LEKTION DER ELEMENTE

Im Laufe ihrer vielen Erdenleben muß die Seele allmählich lernen, die vier Elemente ihres Wesens zu beherrschen. Hat sie ein gewisses Maß an Selbstbeherrschung erlangt, wird sie zu verstehen beginnen, daß es gilt, in Harmonie mit dem Engelreich zu arbeiten und die Elemente der äußeren Welt zu meistern, wie es Jesus und viele andere Adepten gezeigt haben.
Obgleich alle, die unter dem Einfluß des gleichen Tierkreiszeichens geboren werden, die gleiche Lektion vor sich haben, wird es doch Unterschiede darin geben, wie sie sich im Charakter und Leben entwickeln. Hier kommen noch weitere Faktoren und Aspekte des Horoskopes ins Spiel, besonders das Mondzeichen und die Aspekte des Mondes zu den Planeten. Auch der Aszendent, sein Herrscher-Planet und seine Aspekte spielen eine Rolle. Auf unendlich mannigfache Weise öffnen sich Wege, die Seelenlektion zu lernen, nicht nur auf der physischen Ebene, sondern in allen Daseinssphären. Jedes Element stellt die Seele vor viele Prüfungen, viele kleine Einweihungen, die in einer großen gipfeln, die Erleuchtung und die vollkommene Meisterschaft über die betreffende Ebene mitsichbringt. Wohl die beste Art, seine Sterne beherrschen zu lernen, ist die regelmäßig geübte Meditation. Bessie Leo sagt: „Um unsere Sterne zu beherrschen, müssen wir unsere Sphären umkehren. Um unsere Sphären umzukehren, müssen wir meditieren, denn die Herzenstat ist gefragt. Dann werden wir beginnen, uns danach zu sehnen, Gott kennenzulernen, dessen Glanz und Herrlichkeit unsere wunderbare Symbolik durchzieht. Schon lange haben wir sein Werk bewundert, das ist wahr, aber wieviele von uns – wie wenige vielmehr – haben schon danach gestrebt, Sein Leben zu berühren?!
Keiner kann dies für uns tun. Jedermann ist sich selbst absolut der Weg, die Wahrheit und das Leben. Wären wir Meister des Schicksals, müßten wir dieser Aufgabe täglich Zeit, Mühe und Aufmerksamkeit widmen, daß sie von *nichts* gestört werde ...
Für die Meditation, die an das praktische, wissenschaftliche Gehirn gerichtet sein soll, spricht folgendes: Denken ist Schwingung, und Meditation dieser Art bedeutet, daß die Schwingungskräfte so beschleunigt werden, daß die gröberen Materieteilchen Tag für Tag aus unserem Körper hinausgeschleudert werden – seien sie nun physisch, astral oder mental –, und da die Natur ein Vakuum nicht duldet, strömen feinere Teilchen hinein, um die Leere zu füllen. Auf diese Weise stellen wir fest, daß im Laufe der Zeit unser Mental-

körper aufgrund unseres Wissens und unseres Übens ein anderer geworden ist. Damit beeinflussen uns nicht mehr die gleichen Planetenkräfte wie zuvor, und was uns früher noch zu Wut und Gewalt reizte, *berührt uns nicht mehr.* Wir sind nun anders polarisiert und sprechen nur noch auf die höheren Schwingungen an, und je mehr wir unsere Körper verfeinern, desto weniger werden wir schließlich auf die Gestirnseinflüsse reagieren, die uns einst im Griff hatten. Wir haben *unseren Charakter verändert,* und wir haben die Qualität der Materie verändert, durch die wir wirken. Genau in dem Maße, in dem wir dies vollbracht haben, haben wir auch unsere Sterne überwunden!

Deshalb also ist die Meditation so wichtig. Sie *muß* aber regelmäßig geübt werden, sonst wird sich die gröbere Materie, die gerade dabei war, sich zu lösen, wieder absetzen. Am Ende des Jahres werden wir – wenn wir zuverlässig und beständig übten – bemerken können, daß wieder gewisse Veränderungen in uns stattgefunden haben. Wir werden dann weniger impulsiv sein und über größere Gedankenkraft und Selbstkontrolle verfügen. Wenn wir, angespornt von den Erfolgen unserer Meditation, entschlossen weitergehen und ihr immer mehr Zeit widmen – und dabei vielleicht auch einen gewissen Verzicht üben, indem wir beispielsweise am Morgen früher aufstehen –, wird der Christus erwachen, der im Herzen jetzt noch schlummert, und wir werden ein neues Bewußtsein erfahren.

Um des Gottesleben im Innern bewußt zu werden – und sei es auch nur für wenige kurze Augenblicke –, ist es zuerst notwendig, unsere Sphären umzukehren." *)

White Eagles Lehre über die Beherrschung der Elemente, wie wir sie in *„Die vier großen Einweihungen"* finden, ist für alle Schüler der Astrologie eine große Hilfe, denn sie gibt dem Horoskop eine tiefere Bedeutung. Sie hilft selbst jenen, die kein astrologisches Wissen besitzen, denn sie vermittelt eine gewisse Information über unsere Seelen-Lektion, und diese Kenntnisse sind in Zeiten der Prüfung von unschätzbarem Wert.

Es scheint vernünftig anzunehmen, daß sich die Seele im Laufe des Evolutionsprozesses nicht auf eine dieser Lektionen spezialisiert, um alle anderen so lange auszuschließen, bis sie diese eine beherrscht. Wie ein Kind in der Grundschule von allen wichtigen Fächern etwas lernt, um dieses Wissen später auszuweiten, so wird sich die Seele in jeder Inkarnation auf die Lektion ihres jeweiligen Sonnenzeichens konzentrieren. Diese Lektionen sind eng miteinander verbunden, und so ist es nicht immer einfach, beispielsweise zu unterscheiden zwischen der Lektion der Brüderlichkeit und der Lektion der

---

*) *Planetary Influences,* 1910, S. 75-78

Liebe. Das Leben läßt sich nicht in streng gegeneinander abgegrenzte Bereiche unterteilen, und es ist unmöglich, geistige Wahrheit mit dem Frontaldenken zu erfassen, das nun einmal klassifizieren, einteilen, analysieren und unterscheiden muß. Geistige Wahrheit und die Bedeutung von Seelenerlebnissen lassen sich nur mit dem tieferen Bewußtsein unterscheiden, wenn das Herzdenken sich entfaltet; in jeder Inkarnation aber wird diese Entfaltung im Einklang mit dem jeweiligen Sonnenzeichen geschehen. In dieser scheinbar einfachen 'Herz-Lektion' liegt der goldene Weg zu Harmonie und Gesundheit.

Wenn Sie auf die Welt kamen, als die Sonne gerade von einem Zeichen ins nächste weiterging (oder, um es astrologisch auszudrücken: als die Sonne sich der Spitze eines neuen Zeichens näherte), dann hat Ihre Seele die Möglichkeit, auf die Einflüsse beider Zeichen anzusprechen, immer jedoch mit einer Tendenz zu den Inhalten des neuen Zeichens. Damit kommt vielleicht ein ruheloses, entwurzeltes Gefühl auf – wie bei Kindern, die am Ende eines Unterrichtsabschnittes stehen und schon ungeduldig auf das Neue, die Veränderung warten. Die Stellung der Sonne an der Spitze zu einem neuen Zeichen entspricht dem derzeitigen Entwicklungsstand der Menschheit. Wir nähern uns dem Ende des Fische-Zeitalters, und überall auf der Welt verspüren Menschen den Impuls, den Verheißungen des Wassermann-Zeitalters entgegenzugehen. Seelen, die unter dieser Sonnenposition geboren werden, haben eine Stufe erreicht, die ihnen große Möglichkeiten eröffnet. Wer Vision und geistiges Streben vereint, kann auf den Einfluß eines Strahles geistiger Kraft ansprechen, der es ihm ermöglichen wird, eine besondere Mission zu erfüllen. Seelen wie die von Conan Doyle, Richard Wagner und Sir Robert Baden-Powell wurden am 22. eines Monats geboren und hatten die Kraft, auf einen besonderen Strahl aus der himmlischen Welt anzusprechen und so eine wichtige Mission auf der Erde zu erfüllen.

Die folgende Tabelle zeigt die Lektion der Sonnenzeichen je nach ihrer Elemente-Zugehörigkeit:

ungefähres Datum *)	Sonnenzeichen	Element	Seelen-Lektion
21. März – 20. April	Widder	Feuer	Liebe
20. April – 21. Mai	Stier	Erde	Dienst
21. Mai – 22. Juni	Zwillinge	Luft	Brüderlichkeit
22. Juni – 23. Juli	Krebs	Wasser	Frieden
23. Juli – 23. August	Löwe	Feuer	Liebe
23. August – 23. Sept.	Jungfrau	Erde	Dienst
23. Sept. – 24. Okt.	Waage	Luft	Brüderlichkeit
24. Okt. – 22. Nov.	Skorpion	Wasser	Frieden
22. Nov. – 22. Dez.	Schütze	Feuer	Liebe
22. Dez. – 21. Jan.	Steinbock	Erde	Dienst
21. Januar – 19. Feb.	Wassermann	Luft	Brüderlichkeit
19. Februar – 21. März	Fische	Wasser	Frieden

DAS ELEMENT WASSER

Analog der natürlichen und astrologischen Reihenfolge müßten wir mit der Besprechung der Seelen-Lektion der Feuer-Zeichen beginnen, aber in *Die vier großen Einweihungen – Der Entwicklungspfad der Seele* beginnt White Eagle mit der Wasser-Einweihung, und weil in der Tat einige Beherrschung dieses Elementes notwendig ist, bevor auf dem geistigen Wege überhaupt ein Fortschritt erlangt werden kann, wollen wir auch hier mit den Wasser-Zeichen beginnen.

Wasser ist – wie Feuer – ein Leben spendendes Element. Es schafft, nährt und zerstört physische Form, und hat mit der Seele der Dinge zu tun, das heißt mit den emotionalen und psychischen Aspekten unseres Wesens, mit dem Teil von uns, der die Eindrücke von der Welt um uns fühlt, empfindet, reflektiert und aufnimmt. Wenn dieses Element in einem Horoskop besonders stark vertreten ist, belebt es die Gefühle, Wahrnehmungen und Sympathien und läßt den Menschen leicht all der subtilen Feinheiten im Denken und Empfinden seiner Mitmenschen gewahr sein. Ja, unbewußt neigt er dazu, über die Gedanken und Vorstellungen anderer nachzudenken und hat oft Schwierigkeiten, sich von ihnen zu lösen. Seine Entscheidungen sind viel mehr vom Fühlen als vom Verstand bestimmt.

Das Element Wasser ist verbunden mit dem Flüssigkeitsinhalt des Körpers, mit dem Blutstrom und den Sekreten der Drüsen, und ganz allgemein mit der

---

*) Diese Daten variieren von Jahr zu Jahr leicht. Die hier wiedergegebenen Termine sind die aus einem typischen Jahr um die Mitte dieses Jahrhunderts.

astralen Seinsebene, der Ebene des sinnlichen Wahrnehmens und Wünschens. Die Sonne in einem Zeichen des Elementes Wasser zeigt, daß die Erfahrungen der gegenwärtigen Inkarnation der Stärkung und Läuterung des Astral- oder Begierde-Körpers dienen, und die Seelen-Lektion des Wasser-Elementes ist Frieden.

„Wie das stille Wasser den Himmel widerspiegelt, so reflektiert die ruhige Seele das Bild Gottes" (White Eagle). Wenn die Seele lernt, so ruhig und friedlich zu bleiben wie ein stiller See, wird sie die Wahrheit des Himmels genau widerspiegeln. Solche Seelen sind eine Quelle göttlichen Trostes und Inspiration für ihre Mitmenschen. Sie sind auf dem Weg, die Geheimnisse von Leben und Tod wirklich zu verstehen.

Die drei Wasser-Zeichen sind Krebs (vom Mond regiert), Skorpion (von Mars regiert, auch von Pluto) und Fische (regiert von Jupiter, dazu von Neptun).

SONNE IM KREBS *(ungefähr 22. Juni bis 23. Juli):*

Krebs ist ein Wasser-Zeichen und regiert vom Mond. Krebs ist ein kardinales Zeichen, und deshalb lehrt die Seelen-Lektion Frieden im Handeln. Die Krabbe, die ihre schützende Schale trägt, ist ein Geschöpf des Wassers, und Wasser steht für Empfinden, Fühlen, das Bewußtsein der Seele. Wenn Krebs Ihr Zeichen ist, dann leben Sie wie der Krebs in einer Welt von Gefühlen. Sie sind sensitiv, empfänglich und leicht ängstlich; Sie brauchen also eine schützende Hülle, die Sie vor den Verletzungen und Härten des äußeren Lebens abschirmt. Diese schützende Hülle nimmt oft die Gestalt von Zurückhaltung, Scheu oder recht kühlen Verhaltensweisen an, die ihr freundliches und einfühlendes Wesen verbergen, das offen und empfänglich ist für die Gedanken anderer. Sie kümmern sich besonders um die Bedürfnisse Ihrer Familie und derer, die Ihrer Sorge anbefohlen sind. Der Mond, der das Zeichen Krebs beherrscht, steht als Symbol für den Mutter-Aspekt des Lebens. Ob Sie in einen männlichen oder einen weiblichen Körper geboren wurden: Ihre eigentliche Aufgabe wird sein, sich um Menschen oder Eigentum zu kümmern. Sie sind grundsätzlich ein praktischer Mensch und ein guter Manager, sei es zu Hause oder im Geschäft; Sie sind sorgfältig und vorausblickend. Sie planen gerne für die Zukunft, denn sie brauchen und sehnen sich nach Sicherheit.

Das Wasser-Element gibt Ihnen von Natur aus ein gewisses Maß von Klugheit und Ängstlichkeit in bezug auf die Zukunft, und so werden Sie oft mit Furcht und Niedergeschlagenheit zu kämpfen haben, besonders mit Furcht um Familienangehörige oder nahestehende Menschen, mit denen Sie sich tief verbunden fühlen, da Blut für Sie dicker ist als Wasser. Scheu und empfindsam, wie Sie sind, fällt es Ihnen nicht sehr leicht, Freundschaften zu schließen, aber wer Ihre Zuneigung einmal gewonnen hat, kann Ihrer sicher sein. Sie haben die Tendenz, sich an vertraute Menschen zu hängen und auch immer wieder auf die Vergangenheit zurückzukommen. Sie spüren Vorbehalte, wenn Sie an Veränderungen oder Umwälzungen in Ihrer Umgebung auch nur denken, und sind sehr darauf bedacht, die Familie oder Gruppe zusammenzuhalten. Wenn Sie Zuneigung zeigen, müssen Sie sich davor hüten, Besitz zu ergreifen, sonst haben Sie stürmische Emotionen zu gewärtigen. Klammernde, erstickende Zuneigung führt immer zum Konflikt, zu Unglück und am Ende Krankheit.

Krebs-Geborene finden sich oft mit Trennungen konfrontiert, vielleicht weil sie so anhänglich sind. Eine der schwierigsten Lektionen des Elementes Wasser verlangt, bereit zu sein, persönliche Gefühle aufzugeben, persönliche Ansprüche zu opfern, wenn es offensichtlich ist, daß der göttliche Wille und göttliche Weisheit Veränderung ins Leben bringen. Sie haben eine wunderbare Gabe zu heilen, zu trösten und Menschen in Ihrer Umgebung zu beschützen, wenn sie in Not sind. Mit Ihrem imaginativen Einfühlungsvermögen können Sie sich üben, nicht nur die Bedürfnisse Ihrer unmittelbaren Umgebung, sondern einer immer weiter wachsenden Familie zu spüren, bis Ihre Liebe und Ihr Mitgefühl die ganze Menschheit umfangen. Seien Sie immer bestrebt, über die Grenzen Ihrer eigenen, persönlichen Gefühle und Verletzbarkeit aufzusteigen. Mit der Sonne im Krebs müssen Sie in Ihrer derzeitigen Inkarnation lernen, die turbulente emotionale Seite Ihres Wesens zu beruhigen und ständig jenen Ort inneren Friedens zu suchen, wo Ihrer Seele himmlische Wahrheit dämmern wird. Das ist nicht leicht zu bewerkstelligen, denn da Sie so empfänglich für psychische Eindrücke sind, so offen für die seelische Welt, für die Gedanken und Empfindungen Ihrer Mitmenschen, werden Sie stark reagieren auf all die Erregung und das Getriebe des Lebens in Ihrer Umgebung. Bevor Sie nicht lernen, den Kontakt mit Ihrem höheren Selbst herzustellen und aufrechtzuerhalten, wird das Leben Sie mitreißen wie der reißende Fluß einen kleinen Ast hin und her wirft. Sie werden Sklave Ihrer eigenen Stimmungen sein und alles Durcheinander im Denken Ihrer Umgebung, alle widerstreitenden Emotionen der Menschheit überhaupt widerspiegeln. Sie spüren sie alle durch Ihre Solarplexus-Chakra, und Sie sollten versuchen, dieses zu kräftigen und gut zu schützen. Tiefes Atmen ist besonders hilfreich, vor allem, wenn Sie beim Ausatmen bewußt die beunruhigenden Gedanken und Gefühle von sich geben. Lassen Sie sie gehen, lassen Sie sie los. Mit einer kleinen Willensanstrengung können Sie üben, sich von den emotionalen Ablenkungen und Störungen in Ihrer Umgebung zurückzuziehen und Ihre ganze Aufmerksamkeit auf die Stille, die Kraft, die Schönheit, die Weisheit der göttlichen Mutter zu lenken. Ihr Symbol ist seit der Antike die Rose, und das Meditieren über die Vollkommenheit der Rose wird Ihnen helfen, sich auf diese Schwingung einzustimmen.

Mit Hilfe Ihrer schöpferischen Vorstellungskraft begeben Sie sich in einen von einer Mauer umgebenen und in strahlendem Sonnenlicht prangenden Garten. Schließen Sie das Tor hinter sich und sperren Sie damit alle Furcht, alle Ängste und Qualen des physischen Selbst aus, bevor Sie nun zwischen den Rosen umherwandern. Suchen Sie sich eine besonders hübsche Blüte aus und sammeln Sie Ihr ganzes Wahrnehmen und Sein um den Duft der Blume, ihre vollendete Färbung und Gestalt und die geistige Essenz, die sie erfüllt. Während Sie sich dieser Betrachtung hingeben, werden Sie spüren, wie Sie eins werden mit der Rose, und Ihr Herz wird sich der Wärme und Herrlichkeit der Sonne öffnen. Alle Konflikte und aller Lärm fallen von Ihnen ab, und Sie lernen, und sei es auch nur für eine kurze Zeit, das Geheimnis des himmlischen Friedens kennen. Alle Furcht wird Sie verlassen, während Sie sich für die Wärme, die Herrlichkeit der göttlichen Liebe öffnen, die in Ihr Herz einfließen und Ihr ganzes Wesen sich entfalten lassen wie die Sonnenwärme eine Rose erblühen läßt. Vielleicht können Sie diesen Bewußtseinszustand nur wenige Augenblicke aufrechterhalten, aber er wird einen Wandel in Ihnen bewirken: Wenn Sie in die äußere Welt zurückkehren, werden Sie deutlicher sehen, wie die verwickelten Probleme zu lösen wären, die Sie beschäftigen. In diesem göttlichen Frieden liegt all Ihre Kraft. Je mehr Sie sich auf diese Quelle des Trostes, des Friedens und der Erleuchtung ausrichten, desto mehr Macht werden Sie über das Element Wasser in sich selbst gewinnen. Zuerst werden Sie sie nur kurze Zeit behalten können, aber allmählich wird es Ihnen zur Gewohnheit, und Sie werden diesen Frieden auch anderen in Ihrer Umgebung vermitteln und damit eine Quelle der Kraft und des Friedens für viele Seelen sein können, die sich um Hilfe an Sie wenden werden.

SONNE IM SKORPION *(ungefähr 24. Oktober bis 22. November)*:

Skorpion, das feste Wasser-Zeichen, wird vom Mars regiert, dem Planeten von göttlichem Feuer und Energie. Wie wir bereits erfahren haben, ist Mars der Planet der Schöpfung *und* der Zerstörung, der Geburt und des Todes. Er beherrscht den Begierde-Aspekt des Menschen. Wer mit der Sonne im Zeichen Skorpion geboren ist, hat sehr tiefe und starke Empfindungen und Gefühle. Die natürliche Scheu und Vorsicht des Elementes Wasser ist hier kombiniert mit den feurigen, kämpferischen Instinkten des Mars, und wegen ihrer instinktiven Vorsicht verstecken sie die Tiefe ihrer emotionalen Energie hinter ruhiger Wachsamkeit. Alle festen Zeichen zeigen Stärke, Bestimmtheit und Standhaftigkeit, und so finden wir auch beim Skorpion eine außerordentlich kraftvolle Kombination psychischer Empfänglichkeit, emotionaler Stärke, von Mut, Kampfeslust und Ausdauer – alles verborgen hinter vorsichtigem, beherrschtem Verhalten.

Das Sprichwort „Stille Wasser gründen tief" trifft ganz genau bei jenen zu, die die Seelen-Lektion des Zeichens Skorpion zu lernen haben. Die Seele muß das in ihrem eigenen Wesen verborgene Feuer erkennen und unter Kontrolle bringen, das schöpferische oder zerstörende Feuer des starken Begierde-Aspektes. Sie muß die Eifersucht zügeln, ihr Temperament und den halsstarrigen Eigenwillen. Sie muß lernen – und das bedeutet häufig: durch intensives, emotionales Leid –, daß sie inneren Frieden finden und geistige Schau entwickeln kann, wenn sie ihren Eigenwillen und ihre Tendenz Besitz zu ergreifen überwindet. Skorpion regiert das achte Haus, das Haus des Todes und des Nachtodlichen – sei es durch den Rückzug der Seele in die inneren Daseinsbereiche oder für die Hinterbliebenen durch alles, was mit dem Tode zusammenhängt. Die Skorpion-Seele kann vielleicht durch den Verlust eines Lieben und die starke Sehnsucht den Impuls empfangen, das Geheimnis des Lebens nach dem Tode zu lösen. Skorpion konfrontiert die Seele mit den tiefsten Problemen der menschlichen Existenz und weckt das Verlangen nach innerem Wissen.

Die Energie des Mars, die das Emotionale belebt, bringt in der Regel ein extremes Temperament mit sich sowie reichlich körperliche Energie und Ausdauer. Diese Seelen haben eine enorme Tatkraft und Zielstrebigkeit, die sie noch dann in Schwung hält, wenn andere, weniger kräftige Menschen sich schon längst vom Schlachtfeld verzogen haben. Sie sind sehr stolz auf das, was sie erreicht haben, und wenn sie sich etwas einmal vorgenommen haben, werden sie unerschütterlich bis rücksichtslos alles daransetzen, um ans Ziel zu kommen. Skorpion ist das Zeichen des radikalen Materialismus, aber auch das Zeichen äußerster Selbstopferung und geistiger Hingabe. Hier gibt es keine Lauheiten. Das marsische Feuer ist immer ganz auf egoistische, materielle Ziele gerichtet oder es brennt zum Wohle des Ganzen. Skorpion-Menschen müssen eine Zielsetzung haben, ein Ideal, für das sie kämpfen können. Sie sind stark und bestimmt in ihren Vorstellungen und wollen oft andere dominieren und führen. Sie arbeiten sich empor in einflußreiche Positionen, mit ihren eigenen Mitteln: Takt, Diplomatie und Ausdauer. Skorpione sind gute Hasser oder die hingebungsvollsten Freunde; sie sind die Fürsprecher der Unterdrückten und Benachteiligten. Dummköpfe aber können sie nur schlecht ertragen, und sie müssen Toleranz und Mitgefühl pflegen. Stolz und emotionale Empfindlichkeit machen sie zuweilen zu schwierigen Kollegen. Ihre Durchhaltekraft, Ausdauer und Beherrschung andererseits erweisen sie als hundertprozentig zuverlässig, und in einer Krise offenbaren sie ihre besten Qualitäten. Sie sprechen auf Herausforderungen gut an.

Skorpion ist das Zeichen geheimer, verborgener Dinge, das Zeichen von Mysterium und Magie. Im Äußeren lieben Kinder dieses Zeichens ihre Geheimnisse – und das Aufspüren und Aufdecken von Geheimnissen. Wenn diese Neigung sich allmählich nach innen wendet, zu den verborgenen Geheimnissen von Leben und Tod, betritt die Seele den Pfad, der sie zu geistigem Wissen und zur Entfaltung führt. Sie beginnt das Wunder der inneren Welten zu erkennen, die Erneuerung der Kraft, die aus dem Rückzug von Konflikten im Äußeren und dem Streben nach der göttlichen Quelle erwächst, aus der Aufgabe des Eigenwillens zugunsten des göttlichen Willens.

Regelmäßige Meditation wird die Seele allmählich zu einem Gewahrsein der Herrlichkeit Gottes führen, die als Licht sowohl im Himmel als auch in der Erde scheint. Das Symbol des Skorpions in seinem höheren Aspekt ist der Adler, der auf einem Lichtstrahl ins Herz der geistigen Sonne aufsteigt. Nutzen Sie, so oft Sie können, Ihre innere Kraft und den göttlichen Willen, um mit Ihrem höheren Denken das Bild eines stillen Sees aufzubauen, der die schneebedeckten Berge widerspiegelt, die ihn umgeben. Stellen Sie sich vor, wie ein Lichtstrahl von der hinter den Bergen aufgehenden Sonne den Wasserspiegel trifft. Fühlen Sie dann, daß Ihr Geist die Flügel ausbreitet und auf dem Lichtstrahl emporsteigt bis ins Herz der Sonne. Wenn Sie einswerden mit dem schönen, stillen See und der von seiner Oberfläche reflektierten geistigen Sonne, werden Sie spüren können, wie Ihr ganzes Wesen zu strahlen beginnt. Sie werden in Ihrer Seele geheilt, geläutert und neu belebt, Licht wird Ihren Pfad erhellen und die innere Stimme wird zu Ihnen sprechen und Ihnen Geleit und tiefen inneren Frieden schenken. Sie werden gesegnet sein mit echter Einsicht in die innere Lichtwelt, und starke Heilungsstrahlen können durch Ihr Herz und Ihre Hände fließen. Dieser selbstlose Einsatz des inneren Feuers führt auch zu der Erkenntnis des ewigen Lebens, die alle Angst vor dem Tode auslöscht. Das göttliche Feuer der vollkommenen Liebe führt die heldenhafte Seele in den Frieden des Himmelreiches.

SONNE IN DEN FISCHEN *(ungefähr 19. Februar bis 21. März):*

Fische ist ein bewegliches Wasserzeichen, und wenn die Sonne dort steht, zeigt dies an, daß die Seele in diesem Leben besonders die Lektion des inneren Friedens zu lernen hat. Das Symbol dieses Tierkreiszeichens zeigt zwei Fische, die nebeneinander, jedoch in entgegengesetzte Richtungen schwimmen; darin manifestiert sich deutlich die Dualität des Fische-Charakters. Sie lassen sich so leicht von Ihrer Umgebung beeinflussen, von den Gedanken und Gefühlen der Menschen, die Sie umgeben, daß Ihre Stimmungen wechseln können wie das Bild der Wellen des Meeres. Jupiter, der Regent der Fische, ist der Planet der Freiheit und der Ausdehnung, der Reisen über große Entfernung. Er ist zuständig für die Erkundung innerer und äußerer Daseinsebenen. Mit dem Wasserzeichen Fische und unter dem Strahl des Jupiter strebt die Seele nach geistiger Wahrheit, vor allem auf den inneren Ebenen. Dieses ambivalente Zeichen der Fische beherrscht Orte und Plätze, an denen die Gelegenheit zur Erforschung des Innenraumes geboten ist, wenngleich häufig unter Bedingungen, die im Äußeren sehr beengend und einschränkend sind. Krankenhäuser, Gefängnisse, Klöster und alle anderen großen Gebäude oder Einrichtungen, in denen Menschen unter einem Dach versammelt sind, sich aber doch in einzelnen Zimmern oder Zellen befinden, unterstehen dem Einfluß der Fische und des zwölften Hauses, das diesen zugeordnet ist.

Die Seelen, die im Sonnenzeichen Fische inkarnieren, sind von Natur aus freundlich, lieb, sanft und gastlich. Viele unter ihnen spüren den Drang, ihren Mitmenschen auf die eine oder andere Weise zu dienen – sei es in der Pflege, im Medizinischen, in der Mission oder unter anderen, zuweilen recht beschwerlichen Umständen. Wenn im Zeichen Fische oder im zwölften Hause etliche Planeten zusammenkommen, zeigt sich oft eine eigenartige Dualität im Wesen des Menschen: der eine Aspekt ist erfüllt von seiner Sehnsucht nach Freiheit, Ausbreitung, Reisen und Kontaktfreude für eine weite Vielfalt von Erlebnismöglichkeiten, während der andere Aspekt eher scheu, ängstlich, furchtsam ist, nach Schutz verlangt und sich nach einer Gelegenheit sehnt, Verantwortung abzugeben. Fast in jedem Falle aber bringt das Zeichen Fische einen Grenzen setzenden Aspekt ins Leben des einzelnen, der die Seele eine gewisse Frustration spüren läßt, als fühle sie sich eingesperrt oder gefangen. Bevor dieser karmische Zusammenhang nicht verstanden ist, wird immer eine innere Unruhe vorhanden sein: nicht unbedingt Traurigkeit oder Unglück, sondern eine gewisse Besorgnis, eine leichte Gereiztheit, die das ständige Sehnen nach himmlischem Frieden und Sicherheit nährt.

Diese innere Unruhe mag sich vielleicht Ausdruck in Gestalt einer nervösen Schwäche geben, die sich bis zu zehrender Kränklichkeit entwickeln kann. Aufgrund ihrer extremen psychischen Sensitivität nehmen die Fische-Geborenen die Gedanken und emotionalen Zustände der Menschen ihrer Umgebung in hohem Maße auf, und wenn nicht der überwiegende Teil der Planeten im Horoskop über die positiveren Zeichen verteilt ist, fällt es dem Fische-Geborenen schwer, sich vom Karma seiner Mitmenschen zu lösen.

Er muß lernen, seine Gedanken zu kontrollieren und sein ruheloses, suchendes Gemüt zu beruhigen, um zum geistigen Frieden zu finden. Er braucht Phasen, in denen er sich vom Druck, den Belastungen des äußeren Lebens zurückziehen kann, in denen er sich mit neuer Energie, mit göttlichen Lebenskräften, aufladen und erquicken kann.

Da Fische ein Wasserzeichen ist und eng mit Neptun, dem Herrn und Gott des Meeres verbunden ist, wird sich der Fische-Geborene immer wohlfühlen, wenn er am Meer ist oder Gelegenheit hat, über die Kraft und Schönheit des Ozeans Betrachtungen anzustellen oder zu meditieren.

Jupiter, der Planet des höheren Denkens und traditionsgemäß der Herrscher über das Zeichen Fische, zieht den Fische-Geborenen zu den mystischen Aspekten der Religion und vermittelt ein natürliches Vertrauen in die Vorsehung. Mit der Sonne in den Fischen sprechen Sie gerne auf die Schönheit religiöser Rituale und Zeremonien an, auch auf die Schönheit der Künste, insbesondere in der Musik. Neptun ist nicht nur der Herrscher der Meere, sondern auch der Planet der Innenwelten, der Planet des Geheimnisvollen und der Magie. Wenn er in Ihrem Horoskop an einer prominenten Stelle zu finden ist, dann sind Sie zum Medium begabt und empfänglich für Inspiration aus höheren, geistigen Bereichen – jedoch auch für die dunklen, beängstigenden Gedankensphären, die die Menschheit zuweilen einhüllen, besonders in Krisenzeiten. So ist es wichtig für Sie, sich in gutem, positivem und hoffnungsvollem Denken zu üben, wodurch Sie einen Schutzschild des Lichtes um ihre Aura aufbauen. Entsprechende Übung vorausgesetzt, kann dieses Lichtgewand so kräftig und ausstrahlend werden, daß es Sie nicht nur vor allen psychischen Einflüssen schützt, sondern Ihnen auch ermöglicht, ein starker, schöner Kanal für den Fluß der Licht- und Heilungskräfte für andere zu werden.

Stellen Sie sich in der Meditation vor, sich am Ufer des Meeres aufzuhalten. Verschließen Sie Ihre Sinne für alle Gedanken und Geräusche der äußeren Welt, und spüren Sie die Nähe der See. Hören Sie, wie die Wellen gegen das Ufer anrollen und sich brechen, und vernehmen Sie die Rufe der Seevögel in der Luft. Spüren Sie den feuchten Sand und die glattgeschliffenen Steine unter ihren Füßen, und nehmen Sie den herben Duft des Tangs in sich auf. At-

men Sie die frische, kühle Luft tief ein. Spüren Sie, wie das Meer Ihnen seine Kraft schenkt und Sie mit dem Leben der göttlichen Mutter erfüllt. Nun sehen sie die Sonne, deren Strahlen von den Wellen reflektiert werden und so einen herrlichen Pfad aus flüssigem Lichte vor Ihnen bilden. Schauen Sie im Herzen der Sonne die herrliche Gestalt Jesu, des großen Heilers, und gehen Sie ihm auf der Lichtstraße entgegen. Engel des Lichtes und der Heilung begleiten Sie und stützen Sie, während Sie ins Herz der Sonne eingehen – hinein in die Christus-Gegenwart. Darin lösen Sie sich von dem kleinen, getrennten Selbst, und werden eins mit Ihm. *ICH BIN ...ICH BIN die Auferstehung und das Leben ...*
Sie werden erfüllt, aufgeladen mit göttlicher Energie und Inspiration. Wenn Sie zum normalen Bewußtsein zurückkehren, atmen Sie ein wenig tiefer und langsamer, und gebrauchen Sie bewußt Ihren Willen, um sich wieder zu 'erden'. Versuchen Sie zu fühlen, wie Sie in einem strahlenden Lichtkreuz stehen, von Licht umgeben sind, einem Lichtkreis, der Ihre ganze Aura schützt und umhüllt – ein Schild aus Licht.

DAS ELEMENT LUFT

Die Luftzeichen handeln alle von unseren engen Beziehungen mit anderen: Zwillinge ist zuständig für Brüder, Schwestern, Vettern und Kusinen; Waage für Partnerschaften ehelicher oder geschäftlicher Natur, auch Feinde und Rivalen, und Wassermann beherrscht Freundschaften und Gruppenarbeit jeglicher Art. Wenn die Sonne also zur Zeit der Geburt in einem dieser Zeichen steht, so heißt die Seelenlektion „Brüderlichkeit" – Brüderlichkeit oder Geschwisterlichkeit in menschlichen Beziehungen, die zu einem weiteren, tieferen Verstehen der geschwisterlichen Verbindung und Verbundenheit mit allen Formen des Lebens führen wird.
Das Element Wasser stimuliert die Entwicklung und Kontrolle der Emotionen und psychischen Fähigkeiten; das Element Luft dagegen die mentale Körperlichkeit: die Seele lernt also Vernunft und erkennt auf diese Weise die schöpferische Macht des Denkens. Dieses Element hat mit der Kommunikation, dem Mitteilen von Ideen und Idealen zu tun, mit Erziehung und Bildung durch die Künste und Wissenschaften. Jedes Luftzeichen unterweist die Seele auf seine Art in der Unterscheidung zwischen dem Frontal- oder äußerlichen Denken gegenüber dem höheren Denken, das sich in enger Verwandtschaft mit dem Herz-Zentrum vollzieht. Zwillinge und Waage zeigen beide

eine gewisse Dualität, während Wassermann zwei Herrscherplaneten zu besitzen scheint: Saturn und, auf einer höheren Ebene, Uranus.
In der allgemeinen Entwicklung der Menschheit manifestiert sich der Einfluß des Wassermanns bereits in der Öffnung des mentalen Wachseins bei Angehörigen aller Rassen, sowie im rapiden Wachstum technisch-wissenschaftlicher Erkenntnisse und Informationen. Die direkte und immer 'gleichzeitigere' Nachrichtenvermittlung bringt die Mitglieder der Menschheitsfamilie einander immer näher, wie es früher noch undenkbar schien; wir erfahren umgehend von den Triumphen und Tragödien unserer Nächsten, selbst in den fernsten Ländern. Weil wir diese Dinge sehen und hören können, werden unsere Sympathien angesprochen, wird unser Mitgefühl geweckt, und wir machen uns Gedanken über die Probleme von Menschen, die ganz anders sind als wir. In anderen Erdteilen streben 'zurückgebliebene, unterentwickelte' Völker und Rassen nach Bildung und Ausbildung, und die verbesserten Mittel zur Kommunikation spielen eine wichtige Rolle bei der mentalen Entwicklungshilfe. Das so ermöglichte Verständnis von- und füreinander hilft uns, Probleme gemeinsam in Angriff zu nehmen und verbindet uns enger im gemeinsamen Verstehen und in der Brüderlichkeit. Wassermann ist das Zeichen der Freundschaft und der Gruppenarbeit, und so werden wir im Laufe der Zeit beobachten können, wie die Völker und Nationen immer näher zueinander finden und gemeinsame Märkte und Projekte bilden, die sogar zur Welt-Regierung führen könnten.

SONNE IN DEN ZWILLINGEN *(ungefähr 21. Mai bis 22. Juni):*

Zwillinge, das erste der Luftzeichen, ist ein bewegliches Zeichen und von Merkur, dem Planeten des Denkens, regiert. Dieser Planet ist das Symbol für die Entfaltung des menschlichen Bewußtseins, das Positiv und Negativ erkennt, Gut und Böse, und er fördert und entwickelt die Kraft des höheren Selbst zum Ausgleich und zur Versöhnung dieser beiden Lebensaspekte. Das Symbol der Zwillinge ähnelt zwei Torpfosten oder, in der tieferen Bedeutung, den beiden gewaltigen Pfeilern – der eine weiß, der andere schwarz –, am Eingang eines antiken Sonnentempels, zwischen denen die Seele hindurchgehen muß, um die Einweihung zu empfangen. Die Seelenlektion heißt: Verstehen der Gemeinschaft des Geistes.
In Übereinstimmung mit dem Symbol der Zwillinge, ruft dieses Zeichen immer Dualität ins Leben. Das heißt, es wird zwei Beschäftigungen oder Berufe geben, zumindest aber ein Hobby, das fast so wichtig wird wie die Hauptbe-

schäftigung. Vielleicht ergeben sich zwei Ehen oder Liebesbeziehungen, zwei Kinder (womöglich Zwillinge), und Gelegenheiten zur Wandlung und zum Weiterkommen wird es leicht paarweise geben, so daß Entscheidungen zu treffen sind. Ja, der Mensch, in dessen Horoskop das Zeichen Zwillinge eine bedeutende Rolle spielt, wird sich immer wieder entscheiden müssen, ist dauernd vor die Wahl zweier oder mehrerer Handlungsmöglichkeiten gestellt. Der Zwilling hat unaufhörlich über die Vorteile und Nachteile der anstehenden Entscheidungen nachzudenken, und selbst wenn er dann einen Entschluß gefaßt hat, wird er sich weitere Gedanken darüber machen, ob es die richtige Wahl gewesen sei.

Zwillinge sind in ihrem Denken wie Quecksilber; sie kommen nicht zur Ruhe. Sie sind rasch dabei, zu beobachten und zu lernen, voll rastlosem Wissensdurst, ständig bereit, Neues kennenzulernen. Sie lieben es, zu reisen und sich zu verändern und arbeiten gern in einem Beruf, der ihnen Gelegenheit zu zahlreichen kurzen Reisen und Fahrten gibt. Nichts ermüdet den Zwilling so sehr, wie lange Zeit an eine Beschäftigung gebunden zu sein, dagegen sind Zwillinge häufig in der Lage, mehrere Aufgaben zugleich zu erfüllen.

In der Regel sind sie ausgiebige Redner; sie lieben das Argumentieren und Debattieren und können ihren Vorstellungen leicht Ausdruck geben. Das kann in Worten oder irgendeiner Form von Kunst oder handwerklicher Arbeit geschehen, denn das Zeichen Zwillinge ist sowohl für die Hände als auch für die Sprachorgane zuständig.

Menschen mit der Sonne in Zwillinge müssen ihre Kraft der Konzentration und der Beständigkeit entfalten. Sie sind wie fein gestimmte Instrumente, die bei kluger Einstellung eine sehr feine, klare Wahrnehmung vermitteln; ist die Einstellung aber mangelhaft, wird das ganze Programm verzerrt. Keiner kann mehr Unheil anrichten als ein Zwilling, der über Zunge oder Feder nicht die Kontrolle behält.

Merkur, der Planet der Kommunikation, war in der Antike als Götterbote bekannt. Er schenkt seinen Kindern offene, empfängliche Sinne, die göttliche Inspiration empfangen können, wenn sie zu Stille und zur Konzentration auf himmlische Dinge erzogen werden. Die alten Legenden über die himmlischen Zwillinge sagen oft, daß der eine Zwilling sterblich, der andere unsterblich sei. Der letztere Zwilling brachte immer Kraft und Erleuchtung für den Sterblichen. Diese antike Vorstellung vermittelt uns ein klares Bild von den zwei Aspekten des menschlichen Geistes: Das niedere Denken, das sich allein um das Leben des Alltags und dessen Probleme dreht, und das höhere Denken, das Teil der unsterblichen Seele ist, dem Tode unerreichbar, und in dem die kleine menschliche Persönlichkeit die Verbindung mit dem größeren, strahlenden Selbst erfährt.

Wenn die Sonne durch das Zeichen Zwillinge wandert, muß die Seele als erstes lernen, ihr Alltagsdenken so zu üben und zu kontrollieren, daß es vom höheren Bewußtsein erhellt und gestärkt wird. Obschon das äußerliche Denken behend und empfänglich ist und rasch auf Ausbildung und Erziehung anspricht, hat es doch nicht genügend Tiefe und Beständigkeit und verstrickt sich allzu leicht in die Gedanken, die durch die tägliche Presse verbreitet werden (viele Journalisten finden sich im Zeichen Zwillinge). So läßt man sich von den Wellen des kritisierenden und destruktiven Denkens fortreißen. Man geht unter in einem Wirrwarr von Ideen und Streitpunkten, was zu nervösen Belastungen und einem Verlust vitaler Energien führt. Andererseits vermag die Seele mit Hilfe gedanklicher und körperlicher Disziplin sowie bewußter, kontrollierter Atmung und Meditation das rastlose äußerliche Bewußtsein zur Ruhe zu bringen. Dann kann das höhere Denken aktiv werden und das menschliche Sinnen von Zeit zu Zeit mit göttlicher Intelligenz erhellen. Wenn dies geschieht, offenbart die Seele wirkliches Unterscheidungsvermögen anstatt oberflächlicher Schlauheit, und sie wird bereit, Erleuchtung auf dem geistigen Pfade zu erlangen. Aufgrund der wohlausgebildeten Gaben der Kommunikation und des Ausdrucks ist eine solche Seele dann in der Lage, anderen himmlische Wahrheiten zu lehren und sie im gegenseitigen Verstehen und in Brüderlichkeit miteinander zu verbinden.

Wenn Sie im Zeichen Zwillinge geboren sind, versuchen Sie, sich täglich in der Disziplin zu üben, Ihr Denken still und unbewegt zu halten, damit es wie ein Spiegel das gleißende Licht der Sonne oder des Sternes reflektieren kann. Versuchen Sie bewußt, Ihr Denken vom Kopf ins Herz-Zentrum zu übertragen, indem Sie sich vorstellen, im Herzen einen herrlichen Brillanten mit unzähligen Facetten zu tragen, die das Licht der Sonne brechen und in der Pracht aller Farben des Spektrums wiedergeben. Wenn Sie ganz still und in Frieden bleiben können, werden Sie allmählich in allen diesen Farben Engelsgestalten gewahren – die Engel um den Thron Gottes. Im Licht der Sonne werden Sie Gott erfahren: Gott in Ihnen, Gott im Universum, Gott in allem Leben.

Sie können zum Träger des Christuslichtes für die Menschheit werden, wenn Sie so oft wie möglich Ihr ganzes Wesen auf die Christus-Sonne konzentrieren, so daß das Juwel in Ihrem Herzen ständig deren Strahlen reflektiert.

Das Christusfest, das in den inneren Bereichen jedes Jahr zur Zeit des Zwillingsvollmondes stattfindet (wenn also die Sonne in Zwillinge, der Mond in Schütze steht), bezeichnet die Christus-Geburt im menschlichen Bewußtsein, die schließlich in jeder Seele stattfinden muß. Dieser Vorgang findet sich schön dargestellt in der christlichen Pfingst-Überlieferung: die Jünger kommen zusammen, um die Ausgießung des Heiligen Geistes zu empfangen. Es heißt, sie seien im „oberen Raume" versammelt und eines Geistes gewesen. Mit anderen Worten: sie hatten sich gemeinsam bemüht, ihr Bewußtsein zu erheben und sich von den Differenzen und Uneinigkeiten ihrer äußerlichen Persönlichkeiten zu lösen. Im Streben vereint, trachteten sie allein nach dem himmlischen Bewußtseinszustand. In Geist und Seele waren sie still und warteten auf den Empfang des göttlichen Feuers, des Trösters, des „consola mentum" der Mystiker.

Als ihre Seelen vom Heiligen Geist erfaßt wurden, waren sie imstande, in vielen verschiedenen Sprachen zu reden, und sie gaben der Menge kund, was ein jeder in seiner Muttersprache verstand. Mit anderen Worten: die Jünger wurden auf jene Bewußtseinsebene erhoben, wo sie universell verständlich waren. Sie sprachen die Sprache der wahren Brüderschaft.

Das ist die Seelenlektion des Zeichens Zwillinge. Das äußerliche Denken, das doch so schnell im Analysieren und Argumentieren ist, so begabt, sich Ausdruck zu geben, muß unter die Kontrolle des höheren Denkens kommen, um zu einem schön gestimmten Instrument zu werden, das die Harmonie, die Weisheit der himmlischen Welt vermittelt.

Der Merkurstab des antiken Götterboten besaß die Macht, streitende Seelen zur Harmonie zu führen. Die Seele, die sich die Lektion der Zwillinge erarbeitet, entwickelt dabei auch allmählich diese Zauberkraft. Wie seinerzeit die Jünger unter dem Einfluß des Heiligen Geistes zu jedermann in dessen Muttersprache reden konnten, wird auch der Zwilling, der gelernt hat, sein höheres Denken zu erschließen, fast instinktiv sagen können, was das passende, das rechte Wort ist, um das Herz seines Mitmenschen anzurühren und ihm Trost zu spenden.

Dieses Hervor-Rufen des Christuslichtes in anderen ist die Lektion echter Brüderlichkeit.

SONNE IN DER WAAGE *(ungefähr 23. September bis 24. Oktober):*

Das Element Luft ist für den Aufbau unserer mentalen Körperlichkeiten zuständig, und wenn in einem Horoskop die Luftzeichen betont sind, wird die betreffende Seele mehr in ihrem denkenden Gemüt als im Sinnlich-Körperlichen leben; eine ästhetisch-harmonische Umgebung weiß sie zutiefst zu schätzen. Dies gilt vor allem für das Zeichen Waage, das von der Venus regierte kardinale Zeichen. Venus ist der Planet der Schönheit, der Zuneigung, der Harmonie und des Gleichgewichtes.

Wenn die Sonne zum Zeitpunkt der Geburt durch das Zeichen Waage ging, so zeigt dies an, daß die Seele vor der Aufgabe steht, Brüderlichkeit durch ihre Beziehungen mit anderen zu lernen. Sie braucht Gefährten und Zuneigung sehr, und ist ihr dieses nicht gewährt, leidet sie stark unter Einsamkeit. Die Waagschalen, das Symbol für dieses Zeichen, deuten an, daß das innere Gleichgewicht von Menschen unter dem Einfluß der Waage ein sehr empfindliches ist. Obwohl Waage, genau genommen, nicht zu den dualen Zeichen gehört, teilt sie mit diesen doch die Neigung, von einem Extrem ins andere zu fallen. Wie sich diese Tendenz auswirkt, wird von den weiteren Planeten-Konfigurationen im Horoskop bestimmt. Manche Waage-Geborene – besonders die spirituell Wacheren – werden sich eines inneren Konflikts zwischen einander gegenüberstehenden Aspekten ihres Wesens bewußt sein. Ihr Gleichgewicht ist sehr empfindlich, und sie selbst sehr offen und empfänglich, und es fällt ihnen schwer, Entscheidungen zu treffen. Wie eine Waagschale oder gar ein Pendel schwingen ihre Überlegungen hin und her. Die Waage-Menschen suchen nach einem tieferen Verstehen des Gleichgewichts-Gesetzes, das alles menschliche Leben und alle Beziehungen bestimmt.

Dieses fundamentale Gesetz gedanklich zu verstehen, ist nur ein Schritt, ein ganz anderer aber dann, aufgerufen zu sein, das Gleichgewicht innerhalb der eigenen Seele herzustellen und auch durch persönliche Beziehungen (oder mangelnde solche) das Gleichgewicht mit anderen. Wenn das Zeichen Waage in einem Horoskop betont ist, ist sich die betreffende Seele ihrer eigenen Mangelhaftigkeit sehr wohl bewußt; sie spürt ihr Bedürfnis nach Vollendung und sucht einen Gefährten, der ihr die notwendige Kraft und Unterstützung vermittelt. Waage-Menschen erkennen instinktiv, daß alles Leben miteinander verbunden ist, und das Wohlbefinden des ganzen von der harmonischen Verflechtung und Verbindung aller individuellen Einheiten abhängig ist. Aus karmischen Gründen jedoch scheinen sie oft in Einsamkeit lernen zu müssen. Die Waage schenkt der Natur Sanftmut, Milde und Charme. Seelen, die unter starken Waage-Einflüssen geboren sind, sehnen sich mehr nach Bestätigung, Zuneigung und Frieden in ihrem Leben als nach etwas anderem. Sie sind nervlich nicht besonders kräftig, sondern rasch geschlagen und bald erschöpft, wenn sie in einen Konflikt geraten. Ansonsten sind sie recht unbekümmert und passen sich gewöhnlich ohne Schwierigkeit Stärkeren an; bevor es zu Auseinandersetzungen kommt, geben sie nach. Sie sind nicht zum Kämpfen geboren, und nach Möglichkeit ziehen sie sich still zurück, bevor sie in eine Auseinandersetzung verwickelt werden könnten. Weil sie so angenehm und vernünftig sind, kommen andere zu ihnen, die ihnen ihre Ansichten und Meinungen unterbreiten, die die Waage-Menschen mitfühlend verstehen. Dann kommt die Gegenseite und legt ihre Ansichten vor, und die arme Waage sieht sich zwischen den Fronten hin- und hergerissen. Sie kann beide Ansichten gut verstehen und möchte in den Konflikt nicht hineingezogen werden, darf es aber nicht mit beiden Seiten halten. Die Waage kann sich nicht für nur eine Seite entscheiden, kann den Disput auch nicht beilegen und empfängt am Ende noch die Vorwürfe beider Parteien. Häufig finden sich Waage-Menschen in der Position eines Puffers zwischen zwei starken, gegeneinander agierenden Charakteren. Das kann schon im Familienleben sein, in Freundschaften oder geschäftlichen Beziehungen – natürlich auch in jedem dieser Aspekte zugleich!

Auf der intellektuellen Ebene hat die Waage gegen ähnliche Schwierigkeiten anzukämpfen. Oft sind ihre mentalen Fähigkeiten gut ausgebildet, besonders in künstlerischer Hinsicht. Aber die Waage ist so damit beschäftigt, Ideen, Theorien, Vorstellungen, Pläne und mögliche Vorgehensweisen abzuwägen, daß es ihr äußerst schwer fällt, Entscheidungen zu treffen und an ihnen festzuhalten. Das Zeichen Waage fordert und prüft die innere Stärke und seelische Integrität. Irgendeinem Menschen oder einer Idee ganz treu zu sein, fällt der Waage schwer, denn Frieden und Harmonie sind ihr ein so tiefes Bedürfnis, daß sie sich mit keinem anlegen oder auseinandersetzen will, solange sie nicht dazu gezwungen wird.

Wenn Sie im Zeichen Waage geboren sind, dann besteht eine Ihrer Seelen-Lektionen darin, Ihrem eigenen, inneren Licht absolut treu und loyal zu werden. Es ist wesentlich, daß Sie lernen, im Denken über alle Konflikte zu gelangen und das Zentrum des Gleichgewichts im eigenen Herzen zu finden: das Zentrum des Lichtes und der Kraft, in dem Sie Ihre Einheit mit der ewigen Quelle spüren. Ziehen Sie sich regelmäßig und bewußt aus den Wirrungen der irdischen Umgebung zurück. Mit Anstrengung Ihres Willens und Ihrer Konzentration stellen Sie sich dann vor, in die Bergeshöhe hinaufzusteigen, zu einem kleinen, weißen, stillen Tempel. Dort knien Sie nieder und richten Ihre ganze Aufmerksamkeit auf das Licht auf dem Altar. Sehen Sie es klar, hell und ruhig brennen; spüren Sie, wie das Licht kräftiger und heller wird. Spüren Sie, wie Sie selbst in dieser Flamme aufgehen, und die Flamme wird kräftiger und heller, bis sie eins wird mit der goldenen, geistigen Sonne. Halten Sie in der Stille fest an diesem Bewußtsein der Einheit mit der göttlichen Flamme im Innern, der göttlichen Liebe, dem ICH BIN. Wenn Sie dies üben, verschwinden die Konflikte und Probleme Ihres Lebens in die Bedeutungslosigkeit. Sie werden den Pfad klar erkennen, den Sie beschreiten müssen, und auch die Kraft und den Mut finden, Ihren Weg zu gehen. Besinnen Sie sich bei Ihrer Rückkehr in die äußere Welt auf dieses höhere Bewußtsein, und Sie werden feststellen, daß Sie mit den Problemen des Alltags besser umgehen können, mit mehr Weisheit und Güte, die über Ihre Aura und Ihr Handeln die Gnade und Barmherzigkeit Gottes ausdrücken.

Wenn der richtige Weg erst einmal bekannt ist, muß man ihm um jeden Preis folgen, denn eine Abwendung vom rechten Pfade könnte das Gleichgewicht der Seele auf lange Zeit hin stören. Schmerzliche Konflikte im derzeitigen Leben mögen wohl darauf zurückzuführen sein, daß man in der Vergangenheit in der Treue gegenüber dem einst offenbarten Licht versagte. Venus pflanzt ihren Kindern oft ein starkes Verlangen nach Frieden und reiner Zuneigung ein, aber oft genug finden sich die von ihr beeinflußten Seelen inmitten von Kämpfen und Streitigkeiten oder ohne echte Gefährten in Einsamkeit, daß sie zeitweise gar nicht wissen, wie sie dem Leben standhalten sollen. Doch auf diese Weise lernt die Seele das große Gesetz des Gleichgewichts kennen sowie den Sinn des materiellen Kreuzes, des Konfliktes zwischen Gott und dem Mammon. Das Zeichen Waage bringt der Seele die schwersten Prüfungen, und vielleicht deshalb ist der Saturn hier erhöht: die Brücke zwischen dem höheren und dem niederen Selbst.

Wenn die Seele den Mut aufbringt, ihrer inneren Vision treu zu sein, wird sie in jenen Augenblicken der Stille, wenn sie sich Konflikten entzieht, echte, geistige Einheit erleben und daraus Trost und Beruhigung schöpfen. Das war den geistigen Bruderschaften der alten Zeiten wohl bekannt, deren Mitglieder sich mit den Worten begrüßten: „Möge die Rose erblühen an deinem Kreuze." Die Rose ist eine Blume der Venus und das Symbol für himmlische Gnade und für jene reine Freude und Geborgenheit, die der Seele als Segen zufließen, wenn sie lernt, ihrem eigenen inneren Lichte treu zu sein.

Die so geprüfte und getreue Seele wird ein starker Diener in der Bruderschaft des Lichts, ein Zentrum des Friedens und der Heilung, das nichts zu stören vermag. Sie hat Beständigkeit gelernt, ist weise, sanftmütig und sehr offen für die Wahrheiten des Lebens. Ein solcher Diener kann zum aktiven Dienst in einer wichtigen öffentlichen Position berufen werden – oder aber im Kleinen, in der eigenen Gemeinde etwa, in der Stille wirken. Man wird ihn aber kennen und erkennen als Friedensstifter, als wirklich brüderlichen Menschen.

SONNE IM WASSERMANN *(ungefähr 21. Januar bis 19. Februar):*

Wie der Steinbock, so wird auch der Wassermann von Saturn regiert, dem Planeten der Beschränkung und der Disziplin. Da Wassermann jedoch ein Luftzeichen ist, wirkt sich der Saturn-Einfluß eher im Mentalen, im Gedankenleben als im körperlichen Leben aus. Der Planet Uranus ist mit Wassermann ebenfalls sehr eng verbunden. Er weckt das Denken für neue Ideen sowie für blitzartige Eingebungen, für Inspirationen aus den inneren Welten. Nicht alle Wassermann-Geborenen vermögen auf die blitzlichtartigen Eingebungen des Uranus ganz anzusprechen; wer sich aber der geistigen Wahrheit öffnet, wird im Laufe seines weiteren Strebens nach tieferem Wissen mehr und mehr unter den Einfluß dieses Planeten gelangen. Wassermann ist das Zeichen der Freundschaft und des menschlichen Verständnisses. Sein Einfluß wird den einzelnen leicht in engere Verbindung zu anderen führen, die sich auf ähnliche Weise um Gruppenarbeit bemühen.

Die gedankliche Unabhängigkeit ist ein markanter Zug des Wassermann-Temperaments, das seinen Individualismus hervorhebt. Paradoxerweise jedoch lieben es die Wassermann-Geborenen, mit anderen Menschen in Gruppen und Gesellschaften zusammenzuarbeiten, die sich auf ein gemeinsames Interesse stützen, das häufig humanitärer und idealistischer Natur ist – oder in Verbindung mit einem ungewöhnlichen Hobby steht.

Trotz ihrer netten Freundlichkeit sind die Wassermann-Beeinflußten von Natur aus sachlich und lassen ihre Emotionen nur selten in Beurteilungen einfließen. Sie verhalten sich beobachtend und interessieren sich für das Wesen des Menschen; fast instinktiv wissen sie, wie ein anderer auf eine Situation reagieren wird. Sie besitzen den erdverbundenen Realitätssinn ihres herrschenden Planeten Saturn, und sie erwarten von anderen nicht mehr, als diese zu geben in der Lage sind. So kommen sie in der Regel mit ihren Zeitgenossen recht gut aus.

Wenn nicht andere Planeten- oder sonstige Einflüsse im Horoskop emotionale Verwicklungen und Konflikte anzeigen, entspricht es der Einstellung des Wassermanns, die Probleme des Lebens ziemlich sachlich, fast wissenschaftlich objektiv zu betrachten, das heißt viel mehr mit dem Denken als den Gefühlen. Bei so aktivem Gedankenleben wird das Nervensystem rasch überlastet und erschöpft, wenn man sich einem Zuviel an Emotion zu stellen hat. Die Wassermänner brauchen ihre Zeiten der Stille und Zurückgezogenheit, vorzugsweise auf dem Land oder am Meer, wo sie sich im Kontakt mit der Natur mit neuer Kraft aufladen können.

Geistig weiter entwickelte Wassermänner sind sich der Bedürfnisse ihrer Mitmenschen immer bewußt und interessiert an Projekten, die das Leiden der Menschheit lindern; hier sind sie gerne bereit, ihre Lebensaufgabe zu sehen. Die noch unreifen Persönlichkeiten hängen sich vielleicht an die eine oder andere politische Ideologie, die zur Tyrannei des Staates oder einer Gruppe über die Freiheit des einzelnen führen kann. Weil der Wassermann zu den festen Zeichen gehört, sind die von ihm Beeinflußten, wenn sie sich einmal eine Meinung zu etwas gebildet haben, absolut unnachgiebig. Die meisten Wassermänner interessieren sich für die Wissenschaft, besonders für die Entwicklung der Luftfahrt und der interplanetaren Kommunikation.

Die gedanklichen Fähigkeiten sind in der Regel gut ausgebildet, aber die eiskalte Entschlossenheit des Herrschers Saturn kann zu recht negativem, kritischem und zerstörerischem Denken führen, wenn diese Tendenz nicht unter Kontrolle gebracht wird. Aber wenn die Seele erst über diese Kristallisierung des niederen Denkens aufsteigen kann, sind die gedankliche Disziplin und Konzentration, die Saturn vermittelt, ein sehr kostbares Guthaben.

Das Heraufdämmern des Wassermann-Zeitalters veranlaßt viele Menschen, die orthodoxen Religionen abzulehnen, die sich allein auf das Glauben stützen, und Alternativen zu suchen, die dem Denken befriedigender erscheinen. Viele Wassermann-Geborene nehmen die Erkundung der tieferen und noch kaum bekannten Fähigkeiten in Angriff, die in der menschlichen Seele verborgen sind. Sie interessieren sich für Psychologie, Metaphysik, außersinnliche Wahrnehmung und ähnliche Themen, die die Aufmerksamkeit vor allem nach innen lenken, auf die Welt der Seele. Seit alten Zeiten galt der Tag *) oder die Phase Saturns als eine Zeit verstärkter Ruhe und Stille im Äußeren, die es dem Geiste erlaubte, aktiv zu werden. Es ist bemerkenswert, daß Wassermann-Geborene trotz ihrer Freude an Aktivitäten in der Gruppe auch ihre Phasen absoluter Ruhe, möglichst in der Natur, benötigen. Wenn im Horoskop der Einfluß Saturns stark hervortritt, so hat er oft eine schwere und bedrückende Wirkung auf Denken und äußeres Leben. Viel Geduld und Entschlossenheit sind dann nötig, um die Hindernisse und Hürden zu überwinden, die dem Erlangen des Zieles und der Erfüllung von Wünschen im Wege zu stehen scheinen. Der Wassermann hat oft gegen körperliche und geistige Erschöpfung und Niedergeschlagenheit zu kämpfen, die auf die von Saturn gesetzten Grenzen zurückzuführen sind. So lernt er, sich nach innen zu wenden und auf die ruhigen Stätten des Geistes zu besinnen, wo er Kraft und Erquickung finden kann.

Obwohl Saturn traditionell der Regent im Zeichen Wassermann ist, macht

---

*) Saturns Tag = engl. Saturday (Samstag; Anm. d. Ü.)

sich ab einem gewissen Punkt in der seelischen Entwicklung des einzelnen der Einfluß des Uranus bemerkbar. Er bringt blitzartig eine Veränderung in den äußeren Umständen oder eine erleuchtende Eingebung ins Denken. Dies mag durch Kummer oder Unglück ausgelöst werden, die die Seele – z. B. bei Überlegungen im Zusammenhang mit einem nationalen Problem – zu der Erkenntnis bringen, daß etwas Höheres notwendig ist als materielle Wissenschaft oder Maßnahmen der Regierung, um Rettung und Hilfe herbeizuführen. Völlig unerwartet weckt Uranus das bisher verschlossene Denken. Wie mit einem Zauber rollt er den großen Stein beiseite (den verhärteten Intellekt), der den Geist wie in einer Grabkammer gefangen hielt, und die Seele erwacht für ihr Bewußtsein einer Welt des Lichtes und der alles Leben regierenden geistigen Gesetze, wie ein Lazarus, der aus seinem Grabe ins Licht hervortritt. Uranus setzt die Sonnenkraft im Herzen frei, die den ganzen Ätherleib belebt und durchstrahlt und von ihm hinausgeht als ein mächtiger Strahl des Lichtes, der andere heilt und tröstet. Wassermann-Geborene, die sich in der Gedankenkontrolle üben, können anderen besonders auf der Ebene der Seele von Hilfe sein, indem sie sie in diesen mächtigen Lichtstrahl emporhalten.

Wenn Sie im Zeichen Wassermann geboren sind, dann denken Sie zunächst an die Seele und stellen sich dann im Herzen der Sonne einen lichtdurchstrahlten sechszackigen Stern vor. Das ist das Symbol des vom Christuslicht erleuchteten und vollendeten Menschen. Das nach oben weisende Dreieck steht für den Geist des Menschen, der nach oben, gottwärts strebt, wie ein Pflanzensproß, der sich dem Licht entgegenstreckt. Das nach unten zeigende Dreieck ist Symbol für das Licht und die Erleuchtung, die von Gott aus der erwachenden Seele entgegenfließen. Wenn Sie sich diesen Stern vorstellen, dann versuchen Sie, sich eins mit ihm zu fühlen. Spüren Sie die Kraft der silbern-goldenen Strahlen, und sehen Sie dann alle Völker der Erde von ihnen erfaßt und umgeben, umfaßt und gehalten von diesem großen, leuchtenden Stern. Wenn Sie regelmäßig mit solchen Vorstellungen über den Stern meditieren – sei es auch nur je eine oder zwei Minuten –, können Sie mehr Gutes bewirken, als Sie selbst zu überschauen vermögen. Sie haben nämlich viel Kraft auf der mentalen Ebene, und durch Sie kann der Stern der Brüderlichkeit weit ausstrahlen und dazu beitragen, daß der Welt Frieden gebracht wird und Trost zu den leidenden Menschen kommt. Sie können auch Menschen in Ihrem eigenen Umkreise helfen, die leiden oder krank sind, indem Sie sich vorstellen, wie sie ins Herz des hellstrahlenden Sternes erhoben werden. Damit werden Sie selbst ein klares Verständnis vom Sinn der universalen Brüderlichkeit gewinnen, das Ihnen wiederum einen tieferen Frieden und ein Glück bringen wird, das von nichts gestört werden kann. Uranus führt alle, die seine Erleuchtung empfangen haben, in einer Bruderschaft des Geistes zusammen, die keine Grenzen nach Rassen, Klassen oder Glaubensbekenntnissen zeigt – eine Bruderschaft, deren einziges Ziel der Dienst am Leben ist und das Bemühen, die ganze Erde aus der Finsternis ins Licht zu erheben.

DAS ELEMENT FEUER

Wenn die Sonne in einem der drei Feuerzeichen Widder, Löwe oder Schütze steht, ist die Seele ins körperliche Leben zurückgekehrt, um die Lektion der Liebe zu lernen: eine Liebe, die ganz anders ist als die Empfindung und Emotion des Wasser-Elementes. Die Liebe des Feuers entspricht der klaren, konstruktiven Freundlichkeit und dem Willen zum Guten, wie man sie mit dem griechischen Wort „agape" verbindet. Diese Liebe ist mehr als die naturgemäße Zuneigung zu Familie und Freunden, mehr als die tiefe Liebe zwischen Mann und Frau. Sie verbindet alle Wärme dieser beiden Aspekte mit einer viel umfassenderen, leidenschaftslosen Güte und dem Willen zum Guten, der alle Lebensformen einschließt.
Während die Wasserzeichen der Seele die Lektion des Friedens und der Kontrolle über den Astral- oder sinnlichen Körper nahebringen, die Luftzeichen die Kontrolle über das Denken, zeigen die Feuerzeichen der Seele, wie sie mit Hilfe der schöpferischen Kraft der Liebe göttliche Wunder zu vollbringen vermag. Sie bringen lebensspendende Wärme in das Wesen des einzelnen, sowie eine stark strebende Hingabe, die mehr dem Willen zuzuordnen als von den Gefühlen und Empfindungen geprägt ist.
Der Mensch im Einfluß eines Feuerzeichens ist voller Vitalität und erfüllt von einer mitreißenden, ansteckenden Begeisterung. Steht die Sonne in einem Feuerzeichen, schenkt sie einen geradezu instinkthaften Glauben an das Gute im Leben. Er mag zwar von Zeit zu Zeit durch entsprechende Erlebnisse gedämpft werden, aber er wird immer wieder von neuem erstarken. Das Feuer-Element schenkt auch einen angeborenen Optimismus, der der Seele hilft, eine Vision des Guten zu bewahren, für sie zu arbeiten, sie zu schaffen und zu verwirklichen durch positives Denken und das göttliche Feuer im Herzen.
Wenn sie die Lektionen des Feuer-Elementes lernt, wird die junge Seele nicht umhin können, auch Fehler zu machen mit ihrem Übereifer, der zu Schwierigkeiten und Leid führen kann. Es ist in den Anfangsphasen der Feuer-Schule nicht leicht, zwischen dem Eigenwillen – dem Ausdruck der niederen

Begierde-Natur – und dem göttlichen Willen – dem inneren Licht – zu unterscheiden. Die junge Seele mag erfüllt sein von leidenschaftlicher Begeisterung für einen Menschen oder ein Projekt und rücksichtslos über alle Hindernisse hinweg voranpreschen, um zur Erfüllung ihrer Wünsche zu gelangen. Dabei werden die Gefühle anderer oft gedankenlos mißachtet, was bis zu regelrechter Grausamkeit ausarten kann. Feuer läßt sich von Natur aus nicht verbergen; Licht und Hitze kann man nicht übersehen. Die meisten Menschen mit starkem Einfluß des Feuer-Elementes sind voll Selbstvertrauen und lehnen sich oft gegen Autoritäten auf. Sie meinen, alles am besten zu wissen. Gewöhnlich haben sie einen sprühenden Sinn für Humor, lieben das gesellschaftliche Leben und genießen jede Erfahrung mit größtem Vergnügen. Umgekehrt können sie aber auch überaus bereit sein, vor angestautem Ärger und Groll zu explodieren, wenn sie sich durch irgendetwas eingeschränkt oder zurückgehalten fühlen. Unter solchen Umständen kann ihr inneres Feuer wild, ungebändigt und zerstörerisch freiwerden.

Obschon das Feuer-Element gewöhnlich körperliche Kraft und Vitalität verleiht, müssen wir doch auch daran denken, daß das Feuer sich desto rascher ausbrennt, je heftiger es lodert. Wenn das Feuer also im Wesen des einzelnen stark und heftig ist, wird das Übermaß an Begeisterung, das es anheizt, oft dazu führen, daß die Seele den Körper überfordert. Dieser wird dann bis an seine Grenzen erschöpft und allzu leicht Opfer von Krankheit und Infektionen, häufig verbunden mit hohem Fieber oder starken Schmerzen, die den Organismus läutern. Dieser Reinigungsprozeß gehört sehr wohl zu der Lektion der Feuerzeichen.

Oft ist die Seele, die im Zeichen des Feuers zur Inkarnierung auf die Erde zurückkehrte, gekommen, um Karma aufzuarbeiten, das unter dem Einfluß des Feuer-Elementes schon früher entstanden war. Das kann wohl Karma wie Grausamkeit sein, die durch Zorn, Wut oder die Mißachtung der Gefühle anderer erzeugt wurde. Wenn die Seele älter und erfahrener ist, wird sie das innere Feuer in den liebevollen Willen zum Guten verwandeln und eine Läuterungs-Inkarnation aufsichnehmen, in deren Verlauf sie sich dem Feuer des Leidens unterziehen muß. Schmerzen im Körperlichen oder Emotionalen kräftigen sie und wecken die Flamme göttlicher Liebe in der Seele, also die Quelle aller Heilung. Wenn das Element Feuer in der Seele als klare, helle Flamme brennt und durch einen geläuterten materiellen Körper ausstrahlt, wird die Seele zum geborenen Heiler, Tröster und zur Quelle der Inspiration für andere. Die Seele, die durch die Feuer des Leidens hindurchgeschritten ist, wächst an innerer Kraft, so daß das innere Licht der göttlichen Liebe mit großer Macht ausgestrahlt werden kann. Eine solche Seele beginnt, die Geheimnisse der weißen Magie zu verstehen.

SONNE IM WIDDER *(ungefähr 21. März bis 20. April):*

Widder, das erste der Feuerzeichen, ist ein kardinales Zeichen, es lehrt also Liebe in der Tat, Liebe im Handeln. In der nördlichen Erdhalbkugel markiert der Eintritt der Sonne in das Zeichen Widder den Frühlingsanfang und die Rückkehr von Leben und Freude auf die Erde. Widder beherrscht den Kopf, und Seelen unter seinem Einfluß sind im allgemeinen behende Denker mit einem großen Durst nach Wissen und der Macht, die es mitsichbringt. Der den Widder regierende Planet ist der energetische, kriegerische Mars. Die Sonne in Widder schenkt angeborenen Mut, Selbstvertrauen und Führungsqualitäten. Alle Feuerzeichen weisen starkes Selbstvertrauen auf, aber Widder ist in dieser Hinsicht vielleicht am stärksten ausgeprägt. Widder ist das Zeichen des Pioniers, der sich furchtlos in unerkundetes Land vorwagt und für die anderen Wege bahnt. Widder prägt einen impulsiven, entschlossenen Charakter, der davon überzeugt ist, daß Zögern schon Scheitern bedeutet. Die impulsive Feurigkeit des Charakters bringt jüngere Seelen – besonders auch in jungen Lebensjahren – immer wieder in schwierige Situationen, weil sie einfach die bestehenden Gefahren nicht sehen. Sie wollen jede neue Idee und Verrücktheit ausprobieren. Sie verlangen nach Aktion und Aufregung. Auch der Einfluß des Mars unterstützt ihre Sehnsucht, sich selbst zu übertreffen: Rekorde zu brechen, Gefahren zu trotzen, Risiken auf sich zu nehmen und Heroisches zu leisten.

Widder regiert den Kopf, und wenn dieses Zeichen in einem Horoskop stark betont ist, fördert es eine gewisse Eigensinnigkeit im Charakter, eine Neigung zur Auflehnung gegen Autoritäten; daraus resultieren Bestrafung und Leiden. Ihr Übermaß an Begeisterung veranlaßt die Widder-Geborenen oft, ihren Körper und dessen Nervensystem zu überfordern; das kann zu schweren Kopfschmerzen oder neuralgischen Beschwerden führen. Enthusiasmus und Eigenwille des Widders sind wie ein scharfes Schwert, von dem die Seele zunächst rücksichtslos Gebrauch macht, um ihren eigenen Weg durchzusetzen. Allmählich, nach wiederholten, leidvollen Erfahrungen aufgrund der Verstöße gegen das göttliche Gesetz: *Verhalte dich zu anderen so, wie du möchtest, daß sie sich gegen dich verhalten,* lernt die Seele zu denken, bevor sie handelt, und statt nur der eigenen Wünsche und Begierden bewußt zu sein, nimmt sie dann auch die Empfindungen und Bedürfnisse anderer wahr.

Wärme und Freundlichkeit im Herzen beginnen nun, den Enthusiasmus und die Energie des Denkens zu mäßigen. Die Sonne regiert das Herz sowie das Feuerzeichen Löwe; traditionell aber ist die Sonne im Zeichen Widder erhöht, das heißt, sie zeigt sich mit stärkster Kraft. Wenn die Christusliebe im Herzen also stark genug geworden ist, um den Eigenwillen auszugleichen, geschieht eine Erweiterung des Bewußtseins, die das ganze Wesen überstrahlt. Seelen, die dies schon erfahren haben, werden sich ihrer göttlichen Mission bewußt. Sie können nun nicht mehr für sich selbst leben, denn sie spüren eine tiefe Verantwortung gegenüber allem Leben. Sie können nicht mehr anders, als ihre glänzenden Führungseigenschaften einzusetzen, um andere zu trösten und zu leiten.

Liebe und Opfermut gehen Hand in Hand, und das vielleicht größte Opfer für einen Widder ist die Aufgabe des Eigenwillens, die Preisgabe der persönlichen Meinung und Wunschvorstellungen zugunsten des göttlichen Willens. Das ist nur durch ständig geübte Selbstdisziplin und völlige Hingabe in der Meditation zu erreichen. Es ist gut für den Widder, oft über die stille, klare Flamme auf dem Altar, im Heiligtum seines Herzinnersten, zu meditieren. Blicken Sie in die Flamme. Spüren Sie ihre reinigenden, läuternden und erleuchtenden Eigenschaften. Sehen Sie, wie die Flamme kräftiger und heller wird, und begeben Sie sich geradewegs in ihre Mitte. Spüren Sie, wie das Feuer alles Egoistische hinwegbrennt, alles Stolze, Voreingenommene und Unwürdige in Ihrem Wesen, bis nur noch reine Liebe, reines Gold, übrigbleibt. Im Herzen der Flamme sind Sie eins mit dem Großen Geist. Sein Licht und Seine Kraft leuchten durch Sie und erhellen Orte der Finsternis und bringen neue Hoffnung und neuen Mut jenen, die am Verzweifeln sind.

Michael, der Erzengel der Sonne, ist diesem Feuerzeichen sehr verbunden. Er wird meist abgebildet, wie er ein Schwert emporhält und in der anderen Hand die Waage hat (was natürlich wieder ein Symbol der Polarität Widder-Waage ist, der beiden gegenüberliegenden Zeichen); einen Fuß stellt er auf den besiegten Drachen. Diese symbolische Darstellung paßt besonders gut zu jenen, die die Lektion des Sonnenzeichens Widder lernen. Der besiegte Drache steht nicht nur für den Eigenwillen und die kriegerischen Aspekte der eigenen Persönlichkeit, die unter Kontrolle und zur Veredelung gebracht werden müssen, sondern auch für die Unwissenheit und das Leiden, die über die ganze Welt verbreitet sind, eine Welt, die die Tapferkeit einer heldenhaften Seele sehr benötigt. Die Waagschalen stehen für das vollkommene Gleichgewicht zwischen Kopf und Herz, das zunächst herzustellen ist, bevor die Christussonne in aller Herrlichkeit aufgehen kann, um die Seele zu verwandeln, zu durchstrahlen, und sie in die Lichtrüstung Gottes zu kleiden. Das Schwert des Lichtes, das der Erzengel emporhält, symbolisiert die Macht des Geistes und den Zauber der göttlichen Liebe, die unbesiegbar ist und alles Böse überwindet, und die einen neuen Himmel und eine neue Erde schafft.

SONNE IM LÖWEN *(ungefähr 23. Juli bis 23. August):*

Die Sonne selbst, die Quelle des Lebens, der Vitalität und der Freude, regiert das fünfte Zeichen des Tierkreises, den Löwen. Dieses Zeichen korrespondiert mit dem schöpferischen Zentrum des menschlichen Wesens. Auf körperlicher Ebene steht es symbolisch für die Kreativität des Herzens, für Kinder, Liebesaffären und Lust, während es auf der höchsten Ebene den Vater-Aspekt der Gottheit darstellt.

Wer die Sonne im Löwen hat oder das Zeichen Löwe in seinem Geburtshoroskop besonders hervorgehoben findet, lebt mehr aus dem Herzen als aus dem Kopf. Der typische Löwe weist ein sonniges Gemüt auf, ist heiter und positiv, und seine Großzügigkeit und Zuneigung wärmen einem das Herz. Löwe-Geborene sind von Natur und von Herzen zutraulich, und wie ein sonniger Tag das Gemüt erfreut, so heitert und muntert der Löwe seine Umgebung auf. Löwen sind begeisterungsfähig und stürzen sich mit ganzem Herzen auf alles, was sie in Angriff nehmen.

Die Entfaltung des Herz-Zentrums und die Erschließung und Nutzung des Herzdenkens gehören zu den wichtigen Seelen-Lektionen, die dem Löwen aufgegeben sind. White Eagles Lehre über das Licht im Herzen und das Ausstrahlen dieses Lichtes zum Heilen und Segen der Menschheit sollte vor allem für Löwe-Geborene gelten, die in ihrem höchsten Wesensaspekt die Sehnsucht tragen, dies zu tun.

Das Herz, das gemeinhin als Zentrum von Gefühlen, Empfindungen und Zuneigung betrachtet wird, ist jedoch auch das Zentrum des göttlichen Willens. Der Löwe zeigt das Element Feuer im festen Zustand; dies spricht für standhafte Entschlossenheit und Organisationskraft. Wenn Löwe-Menschen im Herzen wissen, daß etwas erreicht werden muß, dann arbeiten sie geduldig auf dieses Ziel hin – auch über lange Zeit hinweg –, und sie erlangen in der Regel, was sie sich vorgenommen haben. Sie handeln intuitiv, aus einer starken, inneren Überzeugung von der Richtigkeit ihres Tuns heraus. Die Sonnenkraft in der Seele ist ein Licht im Herzen, das – wird es entfaltet und geübt –, hell und verläßlich brennt. Seelen unter dem Einfluß des Löwen vergeuden im allgemeinen keine Energie damit, andere um Rat zu fragen. Sie warten ruhig, bis sie die Gewißheit in sich spüren, welcher Pfad zu beschreiten oder welche Vorgehensweise angebracht ist. Es hat den Anschein, als erhellte ihnen ein Licht den Pfad vor Augen, dem sie dann ohne zu fragen folgen.

Dieses innere Vertrauen und ihre Zuversicht macht sie zu den geborenen Anführern. Menschen mit weniger Vertrauen fühlen sich vom Löwen angezogen, wenn sie Kraft und Geleit brauchen, und so kann der Löwe wie selbstverständlich die Führung übernehmen, planen und schöpferisch organisieren für die ganze Gruppe. Löwen ziehen es vor, an der Spitze einer ihnen unterstellten Gruppe zu wirken, anstatt unter der Führung anderer zu arbeiten; aber eine hoch entwickelte Seele unter dem Einfluß des Zeichens Löwe spürt auch ihre Verantwortung für das Glück und Wohlbefinden all derer, die ihrer Leitung anvertraut sind.

Mit ihrem sonnigen, heiteren Wesen sind die Löwe-Menschen sehr genußfähig. Sie lieben das Leben und alle angenehmen und schöpferischen Aktivitäten. Das fünfte Haus – das mit Löwe zusammenhängt – ist zuständig für die schöpferischen Künste und für Kreativität auf jeder Ebene. Es betrifft ganz besonders das Theater und alle anderen Stätten der Unterhaltung. Das fünfte ist das Haus der Liebesaffären und der von der Romantik gesteigerten Freude am Leben. Kinder und ihre Angelegenheiten fallen auch unter den Einfluß von Löwe und das fünfte Haus. Der genießerische Wesensaspekt jedoch bedarf auch der Kontrolle und Disziplin, und wer Löwe in seinem Horoskop besonders hervorgehoben findet, muß sich davor hüten, sich zu sehr seiner Bequemlichkeit und dem Frönen im Luxus hinzugeben. Die Notwendigkeit der Unterscheidung und Kontrolle zeigt sich auch bei anderen Aspekten des Löwe-Lebens. Was für die anderen Feuerzeichen ebenfalls gilt: Das Feuer im Charakter, die Vitalität und Großzügigkeit, die den Löwen so beliebt machen, werden manchmal auch zu stark für seinen Körper, der dann erschöpft wird, ausgebrannt scheint. Dann ist eine Phase absoluter Ruhe notwendig. Der Löwe muß also lernen, seinen Energieverbrauch klug einzuteilen.

Besonders in Herzensangelegenheiten zeigen Löwen die Neigung, zuviel zu geben, zuviel zu lieben und oft auch zuviel von jenen Menschen zu erwarten, die sie lieben. Häufig fehlt ihnen das Unterscheidungsvermögen bei der Einschätzung der anderen, und daher werden sie oft enttäuscht. Kummer durch Zuwendung ist eine Erfahrung, die die meisten Löwe-Seelen kennenlernen, bis sie allmählich Weisheit lernen und sich zurückhalten. Die Phasen von Kummer und Herzeleid des Löwen werden hauptsächlich von Angelegenheiten ausgelöst, die im Zuständigkeitsbereich des fünften Hauses liegen. Das mag Liebeskummer sein, Befürchtungen im Zusammenhang mit den Kindern oder gar die Verweigerung von Kindern im Leben. Vielleicht besteht eine starke Sehnsucht, sich durch die Kunst oder andere schöpferische Aktivität zu verwirklichen, aber wegen der schweren Verantwortung bietet sich nur wenig Gelegenheit dazu. Vielleicht gibt es auch Schwierigkeiten selbst bei den kleinen Freuden, die sich arrangieren ließen. Solche Widrigkeiten sind wie eine schwarze Wolke, die sich vorübergehend vor die Sonne schiebt und Niedergeschlagenheit und Enttäuschung auslöst. Obwohl das Temperament des Löwen gewöhnlich so heiter und optimistisch ist, kann ihn doch die Verhinderung von Freude und Vergnügen oder die Enttäuschung seiner Zuneigung sehr bedrücken, so daß er wie das Gegenteil seines sonst so fröhlichen, sonnigen Bildes erscheint. Die Frustration oder Verweigerung eines Herzenswunsches in irgendeiner Hinsicht zeigt an, daß die Seele eine Vorbereitungsphase erlebt, in der sie Weisheit und Geduld zu lernen hat. Liebe, die Schmerzen bringt, ist immer noch ein Anzeichen für einen Rest von Selbstbezogenheit, die der Erfüllung im Wege steht.

Wenn Sie im Zeichen des Löwen geboren sind, sollten Sie immer über die Sonne meditieren: die unerschöpfliche Quelle von Licht, Wärme und Vitalität für alle lebenden Geschöpfe. In dieser Inkarnation gilt es für Sie, in Ihrem Herzen, ein so starkes Vertrauen auf die göttliche Liebe und ihre Kraft, jedes menschliche Bedürfnis zu erfüllen, zu finden, daß Sie gütige Wärme, Stärke und Sicherheit auf andere ausstrahlen.

Versuchen Sie immer wieder, sich das Licht der gleißenden Christus-Sonne vorzustellen, das in Ihr Herz einfließt und die Flamme in Ihrem Innern stärkt, bis sie gleich einer großen, reinigenden Quelle göttlichen Lebens und göttlicher Kraft wird, die Ihr ganzes Wesen durchstrahlt. Diese Liebe, die Ihr Wesen durchflutet, schenkt Ihnen Verständnis und Mitgefühl, die jede Verletztheit auslöschen. Sie verleiht Ihnen den Willen zum Guten und setzt die Seele in die Lage, weise zu leben. Haben Sie Vertrauen in diese göttliche Liebe. Lassen Sie alle Zweifel und Ängste von ihr fortspülen. Ganz gleich, was das Leben bringen mag – versuchen Sie, Ihr Herz für diese Vision ständig offenzuhalten und sprechen Sie innerlich die Worte: *„Lobe den Herrn, meine Seele, und was in mir ist, preise seinen heiligen Namen"*. Versuchen Sie, diesen Lobgedanken in Ihrem Herzen zu bewahren, denn dadurch werden Sie Leben und Wärme, Zuversicht und Hoffnung auf alle ausstrahlen, die um Sie sind. Sie können ein herrliches Werkzeug für die göttliche Heilungskraft sein. Der Glauben anderer kann sich an der Flamme Ihrer Beständigkeit nähren. Wenn Sie sich schwach fühlen und von Zweifeln und Ängsten geplagt sind, werden Sie sehr rasch wieder gestärkt und mit neuer Energie beschenkt werden, wenn Sie sich völlig öffnen in Dankbarkeit und Lobpreis für die Herrlichkeit der göttlichen Sonne.

SONNE IM SCHÜTZEN *(ungefähr 22. November bis 22. Dezember)*:

Das Zeichen Schütze ist – ähnlich dem gegenüberliegenden, Zwillinge – von Dualität geprägt. Wie alle beweglichen Zeichen belebt es den Mentalkörper und bringt viel Flexibilität und Bedürfnis nach Abwechslung ins Temperament. Im materiellen Körper regiert Schütze die Leber und die Oberschenkel, steht aber auch in enger Verbindung mit dem Nervensystem. Schütze wird assoziiert mit dem neunten Haus, das zuständig ist für das höhere Denken, die höhere Bildung, Beschäftigung mit Philosophie und Metaphysik, Bücher, Veröffentlichungen, fremde Länder und weite Reisen. Schütze und das neunte Haus stehen weiterhin für Berufsgruppen wie Anwälte, Ärzte, Geistliche und Wissenschaftler – die gebildete Schicht unserer Gesellschaft also.

Wie alle Feuerzeichen verkörpert auch der Schütze viel Heiterkeit, Fröhlichkeit, Offenheit und Impulsivität, verbunden mit einem klaren Sinn für Ehre und Integrität. Als weitere Attribute lassen sich Wärme, Freundlichkeit und Mitgefühl nennen. Schütze-Geborene arbeiten aber nicht impulsiv aus dem Herzen wie Löwen, sondern mehr aus dem Gemüt, und sie denken auch gerne lange über ihren Einsatz nach, bevor sie sich einer Angelegenheit zuwenden. Ja, eines der am tiefsten verwurzelten Bedürfnisse des Schützen ist das nach Freiheit und Ungebundenheit. Der Schütze kann es nicht ertragen, an Menschen oder Situationen gebunden zu sein, und wird aufsässig und streitbar, wenn er Beschränkung oder Frustration erlebt. Der Schütze ist ewig auf der Reise – sei es auf der materiellen Ebene oder in den Bereichen seines Denkens.

Da die Schützen in Geist und Körper äußerst aktiv und rege sind, brauchen sie reichlich frische Luft und Freiheit. Meist lieben sie Sport, aber wenn ihnen Spiele nicht zusagen, gehen sie gerne spazieren, wandern, oder sie wenden sich anderen Betätigungen im Freien zu. Ihr Denken ist gewöhnlich rasch und scharf, aber oft rebelliert es gegen die Disziplin, die mit herkömmlicher Erziehung und Bildung einhergeht. Alle beweglichen Zeichen, obwohl sie eine schnelle Auffassungsgabe besitzen, haben Schwierigkeiten mit der Konzentration. Das gilt ganz besonders für den Schützen, der sehr gut lernen kann, wenn ihn Begeisterung beflügelt, aber dann dazu neigt, anfallsweise zu arbeiten und vieles unvollendet zu lassen.

Die feurige Energie des Schützen erschöpft sich in seiner Jugend oft auf der körperlichen Ebene; in reifen Jahren wendet sie sich mehr philosophischen Beschäftigungen und Bestrebungen zu. Das Symbol des Zeichens Schütze ist bedeutsam: halb Mensch, halb Pferd, richtet er den Pfeil auf dem gespannten

Bogen in den Himmel. Die Zentauren der griechischen Sagenwelt – sie sollen halb Mensch, halb Pferd gewesen sein – waren sehr weise. Sie galten als die Lehrer der jungen Helden, und so erweisen sich auch die Schütze-Geborenen als gute Lehrer. Ihr helles Denken kann die wesentlichen Elemente jedes Problems rasch erfassen und zu den richtigen Schlußfolgerungen gelangen; in der Regel besitzt der Schütze auch eine natürliche Begabung, anderen etwas klar und verständlich zu erklären. Jupiter, der Regent des Zeichens Schütze, beherrscht das höhere Denken und gibt seinen Kindern die Empfänglichkeit für Inspiration aus höheren Welten: Inspiration, die ihm oft blitzartig in den Sinn kommt. Wer diese Inspiration erfährt, bekommt oft einen innerlichen oder mentalen Fingerzeig, der ihm die Richtung weist, wo er die zutreffende Antwort ausfindig machen kann. Viele begnadete Wissenschaftler besitzen ein Geburtshoroskop, in dem das Zeichen Schütze besonders hervorgehoben ist; das gleiche gilt auch für Lehrer, Philosophen, Prediger und Rechtsanwälte.

Durch Meditation und die Aktivität des höheren Bewußtseins kann der Schütze lernen, an die Ebene des schöpferischen Denkens zu rühren. Mit seinem starken Bestreben, Wahrheit zu finden und die Geheimnisse des Universums zu enthüllen, beginnt er allmählich, die immense Macht des Denkens zu entdecken, die vom göttlichen Feuer, dem Liebe-Aspekt in der Natur, ins Leben erweckt wird. Alle Feuerzeichen offenbaren der Seele allmählich den göttlichen Zauber der Liebe.

Die schwerste Prüfung, die dem Schützen wohl begegnen kann, ist eine Einschränkung seiner körperlichen oder gedanklichen Freiheit. Vielleicht mutet es eigenartig an, aber die Schütze-Geborenen scheinen mehr Unfälle und ähnliche Mißgeschicke anzuziehen als alle anderen – vermutlich, weil sie so feurig-spontan sind und sich unbekümmert in Gefahren begeben. Es passiert häufig, daß ein Schütze durch Unfall oder Gefahr eine körperliche Behinderung davonträgt und sich dann nicht mehr frei bewegen kann. Er kann aber auch durch irgendeine große Verantwortung – zum Beispiel in der Familie – gebunden sein und so die Freiheit verlieren, der Arbeit nachzugehen, zu der er sich hingezogen fühlt. Die Einschränkung der Freiheit ist eine karmische Angelegenheit, der Schützen häufig begegnen. Gerade wegen der Dualität des Zeichens aber drängen solche Einschränkungen die Schütze-Geborenen, nach innerer Freiheit zu suchen durch Meditation, Kontemplation und entsprechende Beschäftigung, die das höhere Bewußtsein entfaltet, das sich dann über die Einschränkungen im Äußeren emporschwingen kann.

Wenn Sie im Zeichen Schütze geboren sind, müssen Sie Sorge tragen, daß Ihr Denken, ihr Fühlen und Ihr Körper zur Ruhe finden, bis Ihr ganzes Wesen sich in der Welt des Geistes sammelt, und Sie sich auf die göttliche Weisheit eingestimmt haben. Stellen Sie sich vor, auf einem Hügel zu stehen, den nächtlichen Himmel über sich, und die Stille, den Rhythmus und die Harmonie des Kosmos zu betrachten. Richten Sie Ihre ganze Aufmerksamkeit auf den hellen Stern in der Mitte, den Polarstern, das Zentrum unseres Himmels. Sinnen Sie nach über die Herrlichkeit der unendlichen Welten der Sterne und den Gottesgeist, der sie erschaffen hat. Meditieren Sie über das wunderbare geistige Gesetz, das die Sterne auf ihren Bahnen hält, und dann werden Sie selbst allmählich auf das geistige Gesetz eingestimmt, das auch alles menschliche Leben regiert und immer dafür sorgt, daß aus Chaos und Dunkelheit Schönheit und Harmonie sich entfalten. Wenn Sie sich so auf das göttliche Denken ausgerichtet haben, das göttliche Gesetz, dann werden Sie geführt werden, um wahre und weise Beurteilungen Ihrer eigenen Probleme und derer anderer Menschen zu finden. Der weiter entwickelte Schütze ist ein guter Berater, ein weiser Mensch, zu dem viele Seelen finden werden, die nach Hilfe und Aufklärung suchen.

DAS ELEMENT ERDE

Das Element Erde steht in Verbindung mit dem körperlichen Leben, dem irdischen Körper und allgemein der praktischen Seite der Existenz. Der Geist des Menschen muß auf seiner langen Reise durch die Materie lernen, die Herrlichkeit Gottes zu offenbaren, die vollkommene Begabung des großen Architekten des Universums, auf jeder Ebene des Daseins. Die materielle Daseinsebene, die die äußerste und dichteste zugleich ist, bietet sich im wesentlichen als Prüfungs- und Übungsstätte an, in der der Geist lernt, die physischen Atome zu einem vollkommenen und unsterblichen Seelentempel zu verwandeln. Die Verwandlung der körperlichen Atome – wobei der Leib von Alter oder Tod unberührt bleibt – ist die letzte Einweihung vor Erlangen der Meisterschaft, und alle, die den Fuß auf den Pfad der geistigen Entfaltung gesetzt haben, arbeiten auf dieses Ziel hin.
Wenn die Sonne in einem der Erde-Zeichen steht – Stier, Jungfrau oder Steinbock –, so bedeutet dies, daß die Lektion, die der Seele in der gegenwärtigen Inkarnation gestellt ist, der Weg des Dienens ist. Durch das Dienen auf jeder Ebene des Seins wächst die Seele an innerer und äußerer Kraft.
Alle Erde-Zeichen und die mit ihnen assoziierten Häuser des Horoskopes stehen in Verbindung mit den praktischen Aspekten des Lebens, mit Besitz und Geld, mit Arbeit und ihrem Lohn, mit Wohlstand, Eltern und gesell-

schaftlicher Position, mit Karriere und Ehrgeiz. Die in einen materiellen Körper inkarnierende Seele ist den physischen Gesetzen von Gesundheit und Wohlbefinden unterworfen. Sie braucht Nahrung und Behausung, die sie sich auf irgendeine Weise erarbeiten oder verdienen muß. Sie spürt ferner den Drang, schöpferisch zu handeln, zu bauen, und Gegenstände zu gestalten, die der Ausschmückung oder dem Gebrauch dienen. Dieses tiefe Bedürfnis der Seele, sich schöpferisch zu betätigen, zeigt sich schon deutlich in der Liebe, die kleine Kinder ihren Spielzeugen entgegenbringen, mit denen sie bauen, formen oder Bilder gestalten können – aber auch an der Freude Erwachsener, für Heim und Garten etwas selbst gestalten zu können, handwerkliche Fähigkeiten oder künstlerische Begabung zu zeigen.

Jedermann kommt mit einer bestimmten Aufgabe auf die Erde, die er erfüllen muß. Es gilt, der Gemeinschaft oder dem Leben als Ganzem einen bestimmten praktischen Beitrag zu leisten. Die Art von Arbeit oder Beschäftigung, von der die einzelne Seele sich angezogen fühlt, zeigt sich deutlich in der Anlage der Zeichen und Planeten im zweiten, sechsten und zehnten Haus des Geburtshoroskops – das sind jene Häuser, die mit den Erde-Zeichen assoziiert werden. Die Chancen für materiellen Erfolg oder Rückschläge und Grenzen, die sich im Leben einstellen werden, sind eine Folge der genauen Auswirkung des Karmas, das darauf abzielt, die Seele zu lehren, daß Dienen das Gesetz des Lebens ist.

Jesus sagte: *Wer sein Leben findet, der wird es verlieren, und wer sein Leben verliert um meinetwillen, der wird es finden.* Im Dienen zu leben, im Dienst für die Gemeinschaft oder für das Leben an sich, ist für die Seele absolut notwendig. Ohne solches Geben aus sich selbst verwelkt die Seele allmählich. Jeder gewissenhaft geleistete Dienst ist eine Quelle der Freude und Befriedigung, und er steigert die Kraft und Fähigkeiten.

Ganz abgesehen von jeglicher materieller Entlohnung, sind doch die Freude an wohl getaner Arbeit, die Befriedigung, Ordnung aus Chaos und Schönheit aus Häßlichkeit geschaffen zu haben, das Gefühl, etwas erreicht zu haben, sowie die Selbstachtung, die der getreu dienenden Seele aus ihrer Arbeit erwachsen, ein zusätzliches Geschenk aus Gottes Hand. Dennoch ist die materielle Entlohnung der gerechte Sold für gewissenhaften Dienst auf jeder Ebene, und diese praktische Gerechtigkeit ist eine der Lektionen, die das Element Erde mitsichbringt.

Jeder Mensch muß irgendwann einmal die esoterischen Gesetze von Geld und Besitz lernen und ihre geistige Bedeutung verstehen sowie die Verantwortung, die mit ihnen verbunden ist. Die Einweihungen des Elementes Erde bringen mit sich das Bedürfnis, gerecht, vollkommen und wahr in allen

Dingen und Angelegenheiten zu sein. Der Mensch muß lernen, ein guter und treuer Diener zu sein, aber auch ein kluger, freundlicher und gerechter Arbeitgeber. Jede Seele muß lernen, die Verantwortung für Glück und Wohlbefinden anderer auf sich zu nehmen, sei es in der Eltern-Rolle oder in einer mit Autorität verbundenen Position, angefangen bei einer kleinen Aufseher-Stellung bis hin zur Führung einer großen Organisation.

Während sie die harten, praktischen Lektionen des Elementes Erde lernt, entdeckt die Seele sehr viel über das Wirken des geistigen Gesetzes. Das alte Wort „Wie oben, so unten; wie im Himmel, so auf Erden", gewinnt besonders dann praktische Bedeutung, wenn die Seele allmählich lernt, die Harmonie der himmlischen Sphären in die physische Manifestation zu übertragen.

SONNE IM STIER *(ungefähr 20. April bis 21. Mai):*

Wenn die Sonne durch das Zeichen Stier zieht, erleben wir auf der nördlichen Erdhalbkugel die vielleicht lieblichste Phase des Jahres, die schönste Zeit im Frühling, wenn alles in Blüte steht. Die blühenden Bäume, die Gärten und die sich färbenden Wälder, in denen die Vögel fröhlich ihre Lieder singen, sind wie ein Symbol für manche der feinsten Eigenschaften des Zeichens Stier, dessen Angehörige einen echten Beitrag zur Harmonie und Freude des Lebens leisten. Venus, der Planet der Liebe und der Schönheit, regiert dieses Zeichen, und schenkt ihm ein freundliches, liebliches Wesen, das sich gütig und behaglichkeitsliebend zeigt. Diese Menschen genießen bewußt alle Freuden des Lebens und haben in der Regel die Begabung, sich eine behagliche und harmonische Umgebung zu schaffen.

Das Zeichen Stier wird mit dem zweiten Haus des Horoskops assoziiert, das für Geld und Besitz zuständig ist. Wenn dieses Zeichen in einem Horoskop betont ist, werden Erfahrungen aus dem Erwerb oder Verlust von Geld und Besitz zu gewinnen sein. Die Erfahrung wird die Stier-Seele dahin führen, die Verantwortung und die geistige Bedeutung zu verstehen, die mit dem Geld verbunden sind. Der Stier hat oft eine besondere Begabung im Umgang mit Zahlen und fühlt sich deshalb von Berufen angezogen, in denen er mit Geld umzugehen hat.

Geld ist natürlich auch ein Symbol materieller Kraft, und Stier ist ein starkes Zeichen, das sowohl der Persönlichkeit als auch ihrer äußeren Hülle Kraft schenkt. Abgesehen von seiner Zugehörigkeit zum Element Erde gehört das Zeichen Stier auch zu den festen Zeichen; dies verleiht ihm Beständigkeit, eine fast eiserne Entschlossenheit und gesunden Menschenverstand. Stiere übereilen ihre Entscheidungen nicht, sie können auch nicht eilig arbeiten; wenn sie sich aber entschieden haben, dann arbeiten sie geduldig, standhaft und unermüdlich, bis sie ihr Ziel erreicht haben. Es fällt ihnen schwer, den einmal eingeschlagenen Kurs zu ändern, und so erscheinen sie manchmal halsstarrig und von Vorurteilen beherrscht. Es ist so gut wie unmöglich, einen Stier zur Änderung seiner Gesinnung zu bewegen, wenn er sich erst einmal auf den Weg gemacht hat, denn die Stiere brauchen die harmonische Routine, um ihr dann geduldig und systematisch zu folgen. Sie besitzen einen angeborenen Sinn für Ordnung und erkennen Gehorsam als ein wichtiges Prinzip in ihrem Leben an. Sie selbst sind folgsame, zuverlässige Arbeiter und können ebenso strenge Zuchtmeister sein, wenn sie die Verantwortung für andere tragen.

Trotzdem ist ihr Temperament ruhig, freundlich, umgänglich, und es gehört schon einiges dazu, um ihnen die Laune zu verderben. Was den Stier vermutlich am meisten stört, ist, wenn seine einmal eingerichtete Ordnung durcheinandergebracht wird, besonders, wenn dies auch die körperliche Behaglichkeit beeinträchtigt, an der ihm soviel liegt. Venus, die Herrscherin im Zeichen Stier, ermöglicht eine helle Freude an allen Vergnügungen des Lebens, und so mag es schon vorkommen, daß der Stier sich eine gewisse Disziplin auferlegen sollte – zum Beispiel weniger zu essen und mehr Bewegung, um kein Übergewicht anzusammeln. Der friedliche Stier hat gewöhnlich nicht viel für körperliche Erschöpfung oder Belastung übrig.

Wie bei allen mit der Sonne in einem festen Zeichen Geborenen, so reichen auch beim Stier die Gefühle sehr tief. Stiere sind zuverlässige Freunde, großzügig und rücksichtsvoll gegenüber denen, die sie lieben. Bei spirituell noch nicht so weit entfalteten Stieren mag sogar eine Tendenz bestehen, Familie und Freunde als persönlichen Besitz zu betrachten, der eifersüchtig gehütet werden müsse. Sie fühlen sehr intensiv, und obschon sie in der Regel friedlich und freundlich sind, können sie in der Erregung ein Temperament an den Tag legen, das sich bis an die Grenze zur blindwütigen Raserei steigern kann. Es gehört schon sehr viel dazu, um einen Stier derart aus der Ruhe zu bringen, aber wenn es einmal geschieht, dann scheint buchstäblich ein wütender Bulle losgelassen zu sein.

Eine der besonderen Schwierigkeiten für Seelen, die die Lektionen des Zeichens Stier zu lernen haben, besteht in ihrer starken Verhaftung am Besitz, mit dem sie sparsam umgehen und den zu erhalten und vermehren sie sich sehr anstrengen. Doch bei ihren starken Zuneigungen und Instinkten fürs Schützen und Bewahren besitzen sie auch eine angeborene Liebe zu allem

Lebendigen. Der Mond, das Symbol der mütterlichen Göttin, ist im Stier erhöht, und so verkörpert dieses Zeichen vielleicht mehr als alle anderen die schönsten Eigenschaften und Attribute der Mütterlichkeit: Weisheit, Liebe und Kraft.

Stiere lieben den Garten- oder Ackerbau. Sie gärtnern mit Hingabe, und seien es auch nur die Topfpflanzen am Fensterbrett, denen sie ihre Zuwendung zeigen können. Als Landwirte sind sie in ihrem Element, und häufig haben sie auch einen ausgeprägten Sinn für die Hausverwaltung. Sie sind praktische Organisatoren und besitzen in der Regel einen guten Sinn fürs Geschäft. Viele Ärzte haben ebenfalls das Zeichen Stier in ihrem Horoskop an prominenter Stelle, besonders Ärzte der Allgemeinmedizin und Internisten. Ihr geduldiges Verhalten vermittelt den Kranken und Ängstlichen Vertrauen, und sie scheinen oft von Natur aus eine magnetische Heilungsgabe zu besitzen.

Obwohl es dem Stier wegen seiner praktischen Denkweise und 'Erdhaftigkeit' oft schwer fällt, sich über die irdische Ebene des Bewußtseins emporzuschwingen, spricht er doch auf Schönheit in Farben und Klängen an, und häufig wird er durch diese Medien zum geistigen Höherstreben angeregt. Die meisten Stiere geben viel auf die schöpferische Kraft des Rituals und fühlen sich zu religiösen Formen hingezogen, bei denen Musik und Zeremonielles eine wichtige Rolle spielen. Schöne Musik und ein vollendet dargebotenes Ritual haben eine fast magische Wirkung auf die Erweckung ihres höheren Bewußtseins.

Da der Stier im Körper Hals und Nacken regiert, ist es nicht verwunderlich, daß viele unter diesem Zeichen Geborene mit einer hervorragenden Sing- oder Sprechstimme gesegnet sind, deren Eigenschaften heilend und lindernd auf Leidende wirken. Je mehr das geistige Wissen entwickelt und entfaltet wird, desto klarer beginnen die Stier-Geborenen zu verstehen, welche gewaltige Kraft in Klang und Rhythmus liegt, körperliche und ätherische Gestalt zu schaffen, zu formen, aber auch aufzulösen. Mit ihrem Instinkt für Ordnung, Rhythmus und Gehorsam fangen sie auch an, das geistige Gesetz zu erkennen und es in materiellen Angelegenheiten in die Praxis umzusetzen. Während sie nach wie vor hauptsächlich praktisch veranlagt sind, bleiben sie doch nicht mehr allein durch weltliche Wertmaßstäbe begrenzt, sondern gehen daran, ihre materielle Arbeit auf echten, geistigen Prinzipien aufzubauen. Während sie gewissenhaft dieses Ziel zu erlangen streben, stellen sie fest, daß ihre Kräfte fast magisch anwachsen, und wo auch immer sie gehen, wird ihre Kraft gebraucht, um Zuversicht, Trost, Heilung und Ordnung zu wecken oder wiederherzustellen, wo sie notwendig sind. So lernen die Stiere die eigentliche Lektion des Elementes Erde und besonders des Planeten Venus: die Schönheit des Geistes in der Materie zu offenbaren, die Rose im Herzen des Kreuzes erblühen zu lassen.

Wenn Sie im Zeichen Stier geboren sind, dann wird es Ihnen helfen, eine speziell der Meditation gewidmete Zeit in Ihrem Tagesablauf einzubauen, sowie ein einfaches Ritual für sich selbst auszusinnen, das die Anhebung Ihres Bewußtseins in die höheren, inneren Welten zum Ziele hat. Da Ihr Sternzeichen die Kehle regiert, mag es sich als hilfreich erweisen, ein Gebet zu sprechen, zum Beispiel das Vaterunser, ein Mantra zu singen oder ein Ihnen heiliges Lied. Damit wird es Ihnen leichter gelingen, sich aus dem physischen Leben zu lösen und in Ihrer Vorstellung in einen wunderschönen Garten zu gehen. Stellen Sie sich weiterhin vor, wie Sie durch eine Tür in einer Mauer gehen und die Tür dann hinter sich schließen.

Versuchen Sie, mit Ihren inneren, geistigen Sinnen die Schönheit dieses himmlischen Gartens zu spüren, zu sehen, zu riechen und sogar tastend wahrzunehmen. Sie können üben und lernen, mit Hilfe der ätherischen 'Verlängerung' Ihrer fünf Sinne die spirituelle Essenz wahrzunehmen, die das physisch-materielle Leben durchzieht, und so wahrhaftig eine heilige Kommunion zu finden. Begeben Sie sich nun an einen stillen Teich in der Mitte des Gartens, und richten sie Ihre gesammelte Aufmerksamkeit auf die Schönheit der Seerosen, die auf dem Wasser ihre reinweißen Blütenblätter entfalten und dem strahlenden himmlischen Licht darbieten, das von oben herabströmt. Werden Sie eins mit der Seerose, identifizieren sie sich mit ihr. Spüren Sie die geistige Sonne, die Ihr ganzes Wesen durchdringt. Dieser spirituelle Kontakt wird Ihre Freude an allen Gaben des Lebens vertiefen und Ihnen ein Gefühl tief-inneren Friedens schenken.

SONNE IN DER JUNGFRAU *(ungefähr 23. August bis 23. September):*

Jungfrau, ein bewegliches Zeichen, zeigt das Element Erde in seinem flexibelsten, veränderlichsten Zustande. Jungfrau wird regiert vom Planeten Merkur, der mit dem Denken und dem Nervensystem in Verbindung steht. Während Stier das Element Erde mit freundlichen Empfindungen und hingebungsvoller Zuwendung wärmt, zeigt Jungfrau, wie sie die Erde mit der Kraft des Denkens unter Kontrolle bringt, umgestaltet und nutzbar macht.

Wenn die Sonne zur Geburtszeit durch das Zeichen Jungfrau zieht, ist die Seele auf die Erde gekommen, um zu lernen, mit Klugheit und Unterscheidungsvermögen zu dienen. Diese beiden Eigenschaften, die ihr von Natur aus schon gegeben sind, werden durch die Lebenserfahrungen weiter zum

Vorschein kommen. Merkur, der Herrscher des Zeichens Jungfrau, ist der Planet für das Denken und die Mitteilung von Ideen. Seine Funktion besteht darin, bei der Entfaltung der mentalen Körperlichkeiten zu helfen und sie im Gebrauch der Macht des Denkens zu üben. Seelen, die die Lektion von Jungfrau lernen, sind ruhig, nachdenklich, fleißig, zurückhaltend, diplomatisch und im wesentlichen praktisch veranlagt. Sie interessieren sich für wissenschaftliche und kulturelle Themen und haben aufgrund ihrer Gewissenhaftigkeit Freude an Arbeiten, die viel Aufmerksamkeit fürs Detail von ihnen verlangen.

Im Horoskop beherrscht die Jungfrau das sechste Haus, das Haus von Dienst und Gesundheit. Es regiert das Verhältnis zwischen Diener und Herr und zeigt allgemein an, unter welchen Umständen und Bedingungen im Leben gedient wird, sei es als Arbeitgeber oder als Arbeiter. Jeder Jungfrau-Geborene ist mit einer bestimmten Sendung oder Dienstaufgabe auf die Erde zurückgekehrt, sei es in großem Maßstabe, für viele Menschen, oder innerhalb des verhältnismäßig kleinen Rahmens der eigenen Familie.

Wenn das Zeichen Jungfrau im Horoskop stark betont ist, zeigt dies immer den Wunsch an zu dienen, aber Jungfrau-Geborene sind häufig glücklicher, wenn sie unter der Führung eines Verantwortlichen oder Managers arbeiten können, anstatt selbst die volle Verantwortung für wichtige Entscheidungen zu tragen. Da sie so überlegt und mit viel Aufmerksamkeit für die Einzelheiten arbeiten, eignen sich Jungfrau-Geborene hervorragend als Sekretärinnen oder persönliche Referenten; sie können detaillierte Projekte sehr tüchtig ausarbeiten. Sie sind exzellente Forscher und haben ihre Freude daran, in der Stille hinter den Kulissen zu wirken und dazu beizutragen, daß eine größere Organisation reibungslos läuft. Nur mit Vollkommenem geben sie sich zufrieden. Da aber Vollkommenheit auf Erden fast nicht zu finden ist, spüren Jungfrau-Geborene oft ein leichtes Gefühl von Enttäuschung und mangelnden Vertrauens.

Mit ihrem sensiblen und hochempfindlichen Nervensystem neigen sie dazu, sich Sorgen zu machem und aufzuregen, wenn ihnen etwas nicht perfekt gelingt. Jungfrau ist ein bewegliches Zeichen, und so sind die von ihm beeinflußten Menschen recht unentschlossen und schwankend, wenn eine Entscheidung gefordert ist, und so verpassen sie zuweilen eine Gelegenheit. Oder, wenn sie sich einmal zu einem Entschluß durchgerungen haben, blicken sie trotzdem zurück und machen sich Sorgen, ob es die richtige Wahl gewesen sei.

Diese Tendenz zu Besorgnis und Unentschlossenheit beeinträchtigt auch die körperliche Gesundheit. Obschon der Jungfrau-Einfluß einen relativ kräftigen, gesunden Körper verleiht, wird das Nervensystem doch recht leicht erschöpft, was häufig zu Verdauungsproblemen führt, denn Jungfrau ist auch für den Verdauungstrakt zuständig. Da das sechste, das Jungfrau-Haus auch die Gesundheit regiert, findet man die unter seinem Einfluß Geborenen häufig im Gesundheitsdienst wieder, als Krankenpfleger und -schwestern, im ärztlichen Beruf, als Ernährungsberater oder gar in den Dienststellen der Gesundheitsämter etc. Zumeist zeigen sie ein starkes Interesse an ihrer eigenen Gesundheit und bemühen sich, mit Diät und vernünftiger Lebensführung einen reinen, gesunden Körper zu behalten. Das kann für manche Jungfrau-Geborene sogar zur wichtigsten Beschäftigung werden, die sie kleinlich und übertrieben besorgt werden läßt, während andere, die vielleicht schwere gesundheitliche Probleme haben, ruhig und ohne Aufhebens über Jahre hinweg sich abmühen. Eine der Lektionen der Jungfrau-Seele ist die Erkenntnis der wahren Bedeutung des physischen Körpers als eines Instrumentes, eines Werkzeuges für den Geist. Jede Seele muß am Ende lernen, den Körper als vollkommenes Instrument aufrechtzuerhalten, durch das der Geist nach ganzem Vermögen dienen kann.

In diesem Zusammenhang ist es von Bedeutung, daß Merkur, der Planet des Denkens, im Zeichen Jungfrau erhöht ist und auch das sechste Haus, das Haus der Gesundheit, regiert. Das ist ein wichtiger Hinweis auf die Macht des Denkens über den Körper. Tatsächlich ist die Gedankenkontrolle noch wichtiger als eine korrekte Ernährungsweise für die Aufrechterhaltung der Gesundheit. Merkur beherrscht das Nervensystem und alle Arten von Kommunikation, nicht nur auf der irdischen Ebene, sondern auch zwischen dem höheren und dem niederen Bewußtsein des Menschen. Merkur regiert weiterhin die Lungen und die Atmung, was die enge Verbindung zwischen Atem, Gedankenkontrolle und Gesundheitszustand zeigt. Seit Hunderten von Jahren haben Yogis gelehrt und bewiesen, wie wichtig die rechte Atmung sowohl für die körperliche Gesundheit als auch für die geistige Entfaltung ist; sie ist der Weg zur Gedankenkontrolle und schließlich zur Meisterschaft über den materiellen Körper.

Merkurs luftiges, quecksilbriges Temperament macht das Element Erde in der Jungfrau leichter, flexibler und empfänglicher für die ätherische Welt, als es bei anderen Erde-Zeichen der Fall ist; ja, weit fortgeschrittene Jungfrauen finden sich oft von spirituellen Wissensgebieten und esoterischen Interessen angezogen. Häufig sind sie die geborenen Medien, denn ihr Zeichen ergänzt das Wasserzeichen Fische, und beide besitzen eine starke Affinität zu den inneren Welten. Während jedoch Fische einen eher vagen, verträumten und passiven Charakter formen, hat die Jungfrau-Seele gerne auch in psychische

Dinge ihr Denken eingebracht und zieht es vor, das subtile Wirken der ätherischen Welt auf eine praktische Formel zu bringen.
Diese Jungfrau-Seelen sind die echten Weisheitssucher, die sich danach sehnen, das schwer faßbare Geheimnis der Vollkommenheit zu finden. Sie sind ständig auf der Suche, am Sammeln, Unterscheiden, Verwerfen und Versuchen, das verborgene Geheimnis zu entdecken, das das Leben verwandeln und dem Körper die Unsterblichkeit bringen wird. Die weiter fortgeschrittene Jungfrau hat die Ideale und Ansichten des echten Alchemisten, der das unedle Metall in reines Gold zu verwandeln trachtet.
Das Symbolbild für das Zeichen Jungfrau ist das Mädchen, das eine Garbe goldgelben Korns hält. Wenn Sie im Zeichen Jungfrau geboren sind, dürfte es Ihnen helfen, über das Symbol des reifen Korns zu meditieren. Denken Sie an die goldenen Körner, die zu Mehl gemahlen und zu Brot verarbeitet werden. Denken Sie an die Spreu, die vom Korn getrennt wird, denn auch auf dem geistigen Pfade ist Unterscheidung sehr notwendig. Versuchen Sie, sich nicht so sehr von den kleinen Ärgernissen und Sorgen absorbieren zu lassen, daß Sie die Quelle Ihres Lebens darüber vergessen. Machen Sie von Ihrer Gabe der Unterscheidung Gebrauch und erinnern Sie sich ständig daran, daß ein großer Teil von dem, was unser irdisches Denken für wichtig hält, nichts weiter als Spreu ist. Das wahre Brot des Lebens liegt tief in der Stille verborgen und nährt die Seele aus geheimer Quelle. Streben Sie nach Wahrheit, beten Sie um Verständnis, während Sie geduldig und in der Stille weiter dienen an dem Platz, auf den Gott Sie gestellt hat. Ihr Leben ist das Resultat des Karmas aus der Vergangenheit, die Ernte dessen, was Sie schon früher gesät haben. Jetzt haben Sie die Gelegenheit, aus diesem Korn für das Brot zu ziehen, das Ihre Seele nähren wird. Beten Sie um Weisheit und Unterscheidungsvermögen dazu, und wenn Sie treu dienen, wird Ihnen ein Empfinden echter Kommunion Ihre Stütze sein.
Alle Erde-Zeichen schenken eine Liebe zur Natur und zum Pflanzen-Anbau. Begeben Sie sich in der Meditation immer wieder in den Garten Ihres Herzens, und sinnen Sie nach über das Wunder des Wachstums. Identifizieren Sie sich mit einem winzigen Samenkorn, das tief im Dunkel der Erde steckt, und spüren Sie in Ihrem Wesen den Dienst, die Aufmerksamkeit der Naturgeister von Erde und Luft, Wasser und Feuer, die Sie veranlassen, Ihre Wurzeln tief ins Dunkel der Erde zu senken, um den Keim und Sproß nach oben wachsen zu lassen, damit die Blätter sich dem Licht entgegen entfalten können. Fühlen Sie, wie Ihr Herz-Zentrum sich öffnet wie eine Blüte in der Sonne, und nehmen Sie deren wärmende Strahlen in sich auf.
Eine Meditation mit diesen Elementen wird Ihnen helfen, Ihre innere Weis-

heit zu entfalten. Auf diese Weise werden sowohl Sie selbst als auch die Menschen in Ihrer unmittelbaren Umgebung gestärkt und geheilt – nicht so sehr durch das, was Sie sagen, sondern von der stillen Kraft des Geistes, die sich ihnen über Ihre Aura mitteilt.

SONNE IM STEINBOCK *(ungefähr 22. Dezember bis 21. Januar):*

Steinbock ist ein Erde-Zeichen, ein kardinales Zeichen, und das bedeutet Fortschritt durch Tun. Die Seele unter dem Einfluß des Steinbocks lernt die Lektion des aktiven Dienens. Steinbock wird mit dem zehnten Haus assoziiert, das für das äußere Leben zuständig ist: Karriere, Ehrgeiz, gesellschaftliche Position, Elternschaft, Abstammung und alles, was mit Erfolg oder Scheitern vor der Welt zu tun hat. So zeigt auch die Sonne im Steinbock einen praktischen hart arbeitenden Charakter, der sehr viel Ehrgeiz und Entschlossenheit aufbringt, um sein Ziel zu erreichen.
Saturn, der Herrscher im Steinbock, ist der Planet der Willenskraft und der Disziplin. Seine Regentschaft zeigt an, daß das Erde-Element in diesem Zeichen von Willenskraft beherrscht wird, die die Kräfte der Natur zum Dienste und Nutzen der Menschen bezwingt und harmonisiert. Vielleicht ist es daher nicht überraschend, daß Saturn auch für Bergwerke, Minen und alle anderen Arbeiten zuständig ist, die mit der Erde zu tun haben. Saturn und Steinbock stehen auch für Regierungsgewalt und Organisation. Viele Beamte und Politiker finden das Zeichen Steinbock in ihrem Horoskop besonders stark vertreten oder besetzt.
Saturn und Steinbock verbinden die Pflichtausübung mit Gewissenhaftigkeit und Hingabe. Menschen, die im Zeichen des Steinbocks geboren sind, erweisen sich gewöhnlich als hervorragende Schwerarbeiter, die systematisch, pünktlich, genau und zuverlässig wirken. Sie sind gute Organisatoren und Vorgesetzte, die Entschlossenheit und äußerste Unabhängigkeit zeigen. Wenn sie sich in den Kopf gesetzt haben, ein bestimmtes Ziel zu erreichen, dann werden sie dies verwirklichen, wie lange es auch dauern mag. Sie bleiben einfach unbeirrt bei der Sache, ohne sich von Hindernissen und Rückschlägen entmutigen zu lassen. Sie erwarten sogar Rückschläge, und sie würden nie die Größe irgendeines Unterfangens unterschätzen. Sie sind zielgerichtet und sehr wohl bereit, große Opfer zu bringen, um ihre Ziele zu erreichen.
Mit soviel Entschlossenheit und Zielbewußtheit sind Steinböcke recht ernsthafte Menschen, die nicht viel für Kinkerlitzchen übrig haben. So entsteht

der Eindruck einer gewissen Strenge und Schwerfälligkeit im Denken und Verhalten, die eher Respekt als Liebe bei denen auslösen, die für einen Steinbock arbeiten. Dieser erweist sich auch oft als harter Lehrmeister, der streng und kompromißlos, aber sehr gerecht vorgeht.

Sowohl Saturn als auch Steinbock beschäftigen sich mit praktischen, materiellen Angelegenheiten. Seelen, die unter ihrem starken Einfluß stehen, erkennen die Grenzen des Materiellen an und können mit allem, was nicht praktisch, wissenschaftlich beweisbar ist, nur wenig anfangen. Sie planen gerne eine Fortschritts-Strategie, an die sie sich halten. Saturn ist der Planet der Begrenzung, der Kristallisierung, der Konzentration. Er ist der große Prüfer des menschlichen Geistes. Er regiert das Alter, und im Alter wird sich die Seele der Grenzen und Beschränkungen des körperlichen Lebens am klarsten bewußt, denn dann haben sich die Gewohnheiten eines langen Lebens kristallisiert, verhärtet, und die Seele beginnt sich im Körper zu fühlen wie ein Gefangener in der Zelle.

Die Einweihung des Erde-Elementes ist die letzte und schwierigste von allen, wenn die Kraft der Sonne, des Christus-Geistes, im Menschen stark genug werden muß, um alle Verhärtungen, alle Kristallisierungen des niederen Selbst – symbolisch dargestellt durch Saturn – aufzulösen und Materie in ätherische Substanz zu verwandeln. Der Meister, Jesus, zeigte diese Transformation oder Verwandlung der physischen Atome mit seiner Kreuzigung und Auferstehung.

Saturn steht für die Beschränkungen durch das Karma der Vergangenheit, die die Seele akzeptiert hat und mit ihrem irdischen Bewußtsein und die praktischen Erfahrungen dieser Inkarnation irgendwie aufzuarbeiten bestrebt ist. Schwierige Aspekte zu Saturn können zu viel Egozentrik oder Egoismus führen, der die Seele in zunehmender Dunkelheit und Einsamkeit gefangen hält; wenn sie sich im Äußeren niederschlagen, manifestieren sie sich als gesundheitliche Probleme, materielle Armut oder harte, einschränkende Umstände oder Lebensbedingungen.

Saturn ist der Planet der Verantwortung, und es ist von Bedeutung, daß er gerade im Zeichen Waage erhöht ist, dem Zeichen des Ausgleichs und des Gleichgewichts. Wenn eine Seele anderen Leid zufügt, indem sie sich vor Verantwortung drückt, wird das karmische Gleichgewicht wiederhergestellt, indem sie außergewöhnlich schwere Verantwortungsbelastungen für andere Menschen in einem späteren Leben aufsichnimmt. Die Seele wird sich der Bedürfnisse des Ganzen, der Gemeinschaft, zunehmend bewußt. Die Frage „Bin ich der Hüter meines Bruders?" wird zur Realität, wenn die Seele unter dem starken Einfluß des Saturn den Drang verspürt, der Menschheit zu dienen.

Obgleich Saturn ein großer Lehrmeister ist, bringt er doch auch Harmonie und Schönheit, denn ohne Disziplin und Hingabe kann es keine Schönheit geben. Hoch entwickelte Steinbock-Seelen besitzen eine tiefe Liebe zur Schönheit, und so finden wir Künstler, Musiker, Architekten, Handwerker und Wissenschaftler in ihren Reihen.

In esoterischen Lehren wird Saturn oft als die Brücke bezeichnet, die in höhere Welten führe, eine Brücke, die allmählich zu bauen sei, im Laufe vieler Erdenleben und in dem Maße, in dem die Seele die notwendige Disziplin akzeptiert und lernt, sich im Dienen dem Ganzen, allem Leben zu widmen.

Die Kinder der Erde-Zeichen verstehen gewöhnlich den Wert wohlfundierter Methodik und Routine in praktischen Angelegenheiten; sie werden feststellen, daß auf ähnliche Weise ein harmonisches Ritual zur Meditation ihnen helfen wird, sich aus dem niederen Selbst zu erheben und sich durch einen echten, geistigen Kontakt erquicken zu lassen. Versuchen Sie deshalb regelmäßig, sich von Ihrer irdischen Verantwortungs- und Interessenssphäre zurückzuziehen an einen Ort der Ruhe – eine Kirche oder einen Raum, der der Meditation und dem Gebet geweiht ist, oder richten sie sich selbst eine stille Ecke in Ihrem Zimmer dafür ein. Musik wird für Sie gewiß hilfreich und heilsam sein. Entspannen Sie bewußt Denken und Körper, und versuchen Sie, in Ihrer Vorstellung das Bild eines schönen, ebenmäßigen Tempels oder einer Kirche aufzubauen, das sich aus den höheren, ätherischen Bereichen über Ihr kleines Heiligtum herabsenkt. Werden Sie ganz still und fühlen Sie die Atmosphäre der Harmonie und des Friedens, wie sie Ihr ganzes Wesen durchdringen. Lauschen sie im Geiste den Klängen einer gewaltigen Orgel, die sich mit den Stimmen von Engelschören vermischen. Ihre Seele wird jetzt in den großen Tempel des Universums emporgezogen, den die Engel der Gestaltung und Zeremonie aus den Verehrungsschwingungen bauten, die der Mensch seinem Schöpfer darbringt. Versuchen Sie zu erfassen, wie diese göttliche Macht mit ihrem Zauber auf subtilen Wegen in Ihr physisches Leben Einlaß findet.

Stellen Sie sich nun vor, wie Sie auf den strahlenden Altar zugehen, den Altar der Kommunion. Gehen Sie in die Stille, und widmen Sie sich ganz der Anbetung. In der Stille werden Engel um Sie sein und Ihre Seele erquicken; sie werden Sie zu einer grünen Aue führen und an frische Wasser. Mit Übung und Geduld werden Sie in dieser schweigenden Kommunion lernen, wie Moses den Felsen Ihrer materiellen Schwierigkeiten anzurühren und einen Quell lebendigen Wassers zum Fließen zu bringen.

Es ist kein Zufall, daß der Eintritt der Sonne in das Zeichen Steinbock, zur Zeit der Wintersonnenwende, das große Sonnenfest im Jahreslauf markiert, das die Geburt der Sonne feiert, des Lichtes der Ewigkeit im Menschenherzen. Dieses Licht wird eines Tages kräftig genug sein, um sich dem festen Griff Saturns zu entwinden, das erstarrende Eis des Egoistischen zu schmelzen, des negativen, niederen Selbst im Menschen, bis das ganze Wesen verwandelt ist: erleuchtet und durchstrahlt von der Christus-Sonne.

DIE SIEBEN STRAHLEN
DER ENTFALTUNG

Die Menschenseelen kommen in großen Zyklen ins Dasein, wie mit einem gewaltigen, göttlichen Ausatmen. Mit jedem Zuge strömen Myriaden von Seelen, Funken des göttlichen Feuers, aus dem Herzen des Sonnenlogos hervor und werden allmählich in dichtere und dichtere Körperlichkeiten gehüllt, bis sie zur materiellen Inkarnation gelangen. Dann kämpft der Funke vom Gottesfeuer in jeder Seele über Äonen hinweg mit der Materie, während er Geburt, Tod und Wiedergeburt in der physischen Welt unterzogen ist, bis er schließlich die Meisterschaft erlangt; dann kann die Seele ihren eigenen speziellen Beitrag zur universalen Brüderschaft allen Lebens leisten.
Zu Anfang ist der Geist des Menschen aus reinem, weißem Licht, das ist Gott. Aber wie Sonnenlicht, das durch ein Prisma fällt, in die sieben Farben des Spektrums gebrochen wird, so wird auch der reine Geist im Laufe der Individualisierung und des Inkarnationsprozesses in die sieben Strahlen des Lichtes unterteilt. An der Spitze dieser Strahlen stehen Wesenheiten, die als die sieben Herren des Lichtes bekannt sind. Jeder Strahl hat seine eigene Farbe, seine jeweiligen Charakteristika, und die Planeten-Engel verleihen jeder einzelnen Seele die Farbe des Strahles, den sie regieren. Somit gehört jede Seele auf Erden grundsätzlich zu einem der sieben Strahlen, und je nach der Art dieses Strahles entfalten sich die Interessen, Begabungen, Eigenschaften und die Arbeit der Seele von Inkarnation zu Inkarnation.
Die sieben Strahlen handeln von den größeren Mysterien, jenen tief-inneren Geheimnissen der Schöpfung des Kosmos. In der Meditation bekommen wir vielleicht zuweilen blitzartig Eindrücke von gewissen Aspekten dieses Wissens gezeigt, eines Wissens, das die fundamentalen, schöpferischen Töne und Farben betrifft, die zur Erschaffung von Welten eingesetzt werden. Diese schöpferischen Strahlen nämlich, die den Kosmos bilden, die Unendlichkeit der Sonnensysteme und Milchstraßen am Himmel, spielen eine ebenso wunderbare und geheimnisvolle Rolle im Wesen des Menschen wie in den Weiten des Universums. Die menschliche Seele ist ein Universum im Kleinen, eine Zelle im Leibe des kosmischen Christus, und jene kosmischen Strahlen, die die Wandlungsfolge der Jahreszeiten färben und die Zeitalter im Weltenjahr, färben und beeinflussen auch die verschiedenen Phasen der seelischen Entwicklung.

Jeder Künstler weiß, daß man Farben nicht einfach beschreiben kann, und daß jede Farbe viele verschiedene Schattierungen und Tönungen kennt, die aus der Verschmelzung mit anderen Farben und den verschiedenen Eigenschaften des Lichtes entstehen. Musiker und Instrumentenbauer wissen von den Harmonien, die in scheinbar einfachen Tönen verborgen sind und eingesetzt werden, um einen reicheren, volleren Klang zu erzielen. Komponisten müssen die Beziehung zwischen dem Grundton, der Tonika, und allen anderen Tönen der Leiter kennen, und sie studieren die Gesetze der harmonischen Folgen, mit deren Hilfe eine Grundmelodie verstärkt und durchgeführt werden kann, um ihre Botschaft zu entfalten, während die Tonarten wechseln, moduliert werden und die Harmonien weitergesponnen werden, um aber immer wieder zum Grundton zurückzukehren.

Gleiches gilt auch für die planetarischen Strahlen, die mit der menschlichen Seele spielen. Auch wenn sie einfach und mit den grundlegenden Instinkten des Menschen zusammenzuhängen scheinen, erkennen wir doch, je eingehender wir uns mit ihnen beschäftigen und über sie meditieren, daß jeder einzelne Strahl – wie bei den Farben und Tönen – durch seine Harmonien, Unter- und Obertöne, alle anderen Strahlen in sich enthält. Die Art des Einflusses von einem planetaren Strahl hängt von der Bewußtseinsebene ab, auf der er sich während einer Inkarnation auswirkt, und deren Verhältnis zum Grundstrahl oder zum Grundton der Seele. Das mag vielleicht erklären, warum es so widersprüchliche Angaben und Mutmaßungen bezüglich der den planetarischen Strahlen zuzuordnenden Strahlen gibt.

Je nach ihrer Plazierung in den Zeichen und Häusern des Geburtshoroskopes beeinflussen die sieben Planeten alle feinstofflichen Körper des Menschen: den himmlischen, den mentalen, den emotionalen, den ätherischen und den physischen Körper. Unbewußt reflektieren wir Licht und Farbe und bringen die Töne jener planetaren Engel zum Klingen, die in unserem persönlichen Universum am aktivsten sind. Der Klang unserer Stimme, unsere spontanen Vorlieben und Abneigungen sowie unsere körperlichen Charakteristika sind alle von diesen planetaren Engeln beeinflußt, die für uns Erfahrungen anziehen, die genau jene Eigenschaften in uns entfalten wollen, die das höhere Selbst braucht. Aber durch diese einander beeinflussenden, verwebenden, harmonischen oder dissonanten Töne und Farben klingt immer der Grundton des großen planetaren Engels hervor, der dem einen, grundlegenden Strahl zugeordnet ist, dessen Entwicklungsweg die Seele beschreitet.

Es hat nie Einigkeit gegeben, ob man die sieben Strahlen tatsächlich einzelnen Planeten zuordnen könne, wie wir sie augenblicklich kennen. Wir glauben, daß die Strahlen nicht nur das Sonnensystem durchdringen, sondern den ganzen Kosmos, und daß unsere eigenen planetaren Engel nur die Kanäle für eine viel gewaltigere Kraft sind, die aus der Ferne des Raumes durch sie und durch unsere Sonne fließt. Bei dem Versuch, die Strahlen zu begreifen, stellen wir oft fest, daß nicht nur einer, sondern mehrere Planeten eine wichtige Rolle für die Manifestation eines einzelnen Strahles spielen.

Viele Astrologen vertreten die Meinung, daß die Zeichen, in denen Planeten erhöht sind, deren Funktion durch die Strahlen besser erklärten als die Zeichen, die sie beherrschen.

Der erste Strahl zum Beispiel, der ohne Zweifel der Strahl des Willens ist und der Sonne zugeordnet werden muß, scheint sich besser in der Erhöhung der Sonne im kardinalen Feuerzeichen Widder Ausdruck zu geben als im festen Feuerzeichen Löwe, auch wenn dieses ebenso zweifelsfrei das Zeichen der königlichen Führerschaft ist. Die aktive, anregende, kardinale Eigenschaft scheint dem Wesen des ersten Strahls besser Gestalt zu geben, und das gilt in besonderem Maße für das kardinale Feuer-Zeichen Widder, das erste Zeichen des Tierkreises. Mars, der feurige Planet des Soldaten und des aktiven Pioniers, steht natürlich in enger Verbindung mit der Sonne und damit mit dem ersten Strahl der Macht und des Willens. Die Erhöhung der Sonne im Feuer-Zeichen zeigt die Notwendigkeit an, Macht durch Liebe auszugleichen.

Der zweite Strahl, der Strahl von Liebe und Weisheit, der fürsorgliche, liebevolle, belehrende Strahl, sollte wohl eine starke Beziehung zu den festen Zeichen besitzen, die bauen, organisieren und bewahren, was die kardinalen Zeichen eingeleitet und erkämpft haben. Der einzige Planet, der in den festen Zeichen erhöht ist, ist der Mond, und zwar im Erde-Zeichen Stier. Irgendwie fällt es schwer, den ersten und den zweiten Strahl voneinander zu trennen, denn der eine erwächst aus dem anderen, und Sonne und Mond sind die positiven und negativen Aspekte desselben Prinzips. Während die Sonne – mit Mars durch das kardinale Feuer-Zeichen Widder verbunden – die Energie, den Schwung und die Begeisterung beisteuert, um die Pionier- und Führungsqualitäten des ersten Strahls voranzutragen, gibt sie durch ihre Regentschaft im festen Feuer-Zeichen Löwe die Herzenswärme und stützende Liebe, die als Aspekte des zweiten Strahles gelten.

Auf ähnliche Weise kann der Mond, die Königin des Himmels und im kardinalen Wasser-Zeichen Krebs, in Verbindung mit den Willens-Planeten Mars, Saturn oder Uranus, den aktiven Ehrgeiz, den Antrieb und die Ausdauer und Zielstrebigkeit des ersten Strahls und der Kardinal-Zeichen geben, während er durch seine Erhöhung im festen Erde-Zeichen Stier – und damit die Verbindung mit der sanften, anmutigen Venus – vermutlich am besten die mütterlichen, fürsorglichen Eigenschaften des zweiten Strahls verkörpert.

Wie die kardinalen Zeichen die Charakteristika des ersten Strahls und die festen Zeichen jene des zweiten Strahls ausdrücken, so assoziiert man die beweglichen Zeichen mit dem dritten Strahl der schöpferischen Aktivität, des Strahls von 'Willen und Liebe/Weisheit in der Tat'. Alle beweglichen Zeichen stehen unter der Regentschaft von Merkur und Jupiter, unter deren Einfluß die mentalen Gaben entfaltet werden, aber auch die Geschicklichkeit und praktischen Möglichkeiten von Händen und Füßen, die für alle schöpferische Aktivität notwendige Voraussetzung sind. Dieser Strahl ist der Strahl der Denker, der Planer, der leitenden Angestellten, die die praktischen Zusammenhänge von Projekten und Situationen verstehen und überblicken und zu zufriedenstellenden Endergebnissen fertigstellen können. Der dritte Strahl ist der Strahl des Denkens und der Kommunikation durch Sprache oder Zeichen – sei es der Telegraph im afrikanischen Busch, die Rundfunkübermittlung oder Formen von Gedankenübertragung und Telepathie. Der Umstand, daß Merkur in seinem eigenen Zeichen, Jungfrau, auch erhöht ist, scheint ihm eine besonders enge Verbindung mit dem dritten Strahl zu sichern.

Im menschlichen Körper, der nach alten Weisheitslehren ein Sonnensystem im Kleinen darstellt, in dem alle Energiezentren nach und nach in Aktivität gelangen werden, repräsentieren Sonne, Mond und Merkur die drei Welten des menschlichen Seins – sein dreifaches Wesen: Geist, Seele und Körper –, die alle ihre jeweils eigene Rolle zu spielen haben, dabei aber untrennbar miteinander verbunden sind:

Geist – Die Sonne bezieht sich auf die höchste, die himmlische Welt, die verwurzelt ist im Herzen und seinem Bewußtsein, über das die Seele sich auf die Ordnung des Kosmos einstimmt.

Seele – Der Mond bezieht sich auf die Kopf-Welt und die Entfaltung der Sinne des ätherischen und des physischen Körpers. Die sieben Wirbel der Halswirbelsäule, auf der der Kopf ruht, sollen mit den sieben Planeten in Verbindung stehen, was vielleicht ein Anzeichen dafür ist, daß die Seele durch die lange Erfahrung im Fleische lernen muß, die Qualitäten aller sieben planetaren Lebensströme oder Energien zu entfalten und zu nutzen.

Körper – Merkur, der in seinem eigenen Zeichen, Jungfrau, erhöht ist, steht symbolisch für den Körper und das Brot, das ihn ernährt, aber auch für die Arbeit und Mühe, die mit dem Verdienen des Brotes verbunden ist. In der griechisch-römischen Sagenwelt soll Merkur dem Haupte seines Vaters Jupiter entsprungen sein. Jupiter, der Planet des Wachstums und der Ausdehnung, ist natürlich genau der Gegenpol von Merkur, und durch seine Erhöhung im Zeichen Krebs ist er unlösbar mit dem Mond verbunden und dem mütterlichen Prinzip im Leben – deshalb hat er mit der Entfaltung und Schaffung aller verschiedenen Bewußtseinskörperlichkeiten und -sphären, vom materiellen bis hin zum himmlischen Körper zu tun. Über den religiösen Instinkt in jeder Menschenseele hilft er dem Bewußtsein, für die inneren Welten zu wachsen und sich zu erweitern.

Merkur und Jupiter, wie bereits gesagt, beherrschen das ganze Nervensystem, besonders aber sind sie zuständig für den Vagusnerv und den Solarplexus, was die Philosophen des Mittelalters für eine Darstellung der dritten Welt des menschlichen Seins hielten.

Das Solarplexus-Zentrum ist so etwas wie ein Zauberspiegel, der sowohl die Schönheit aller höheren Daseinsbereiche und Welten als auch Dunkelheit und Chaos der niederen Welt der Elemente reflektieren kann. Alle Elemente müssen unter die Kontrolle des menschlichen Denkens und Geistes kommen, und die Qualität jedes Elementes muß zu höchster Vollendung entfaltet werden. Aus diesem Grunde heißt es, daß alle weiteren Strahlen sich aus dem dritten Strahl entwickeln und hervorgehen. In der Astrologie des Geburtshoroskopes haben Merkur und Jupiter mit der Ausbildung und der Entfaltung aller menschlicher Fähigkeiten, mentaler wie körperlicher, zu tun.

Wie wir nun die drei ersten Strahlen mit den kardinalen, festen und beweglichen Eigenschaften der Zeichen in Zusammenhang gebracht haben, erscheint es logisch, die weiteren vier Strahlen, die aus dem dritten Strahl und dessen beweglicher Eigenschaft hervorgehen, mit den vier Elementen zu assoziieren.

Das Element Luft scheint viel mit dem vierten Strahl zu tun zu haben, der im allgemeinen als der Strahl der Schönheit gilt. Er weckt in der Seele ein instinktives Erkennen und eine Liebe zur Schönheit, sowie den Wunsch, dieser Schönheit im eigenen Leben Ausdruck zu geben. Dies ist der Strahl der Seele, die sich nach Harmonie und Vollkommenheit auf jeder Ebene des Daseins sehnt. Diese Sehnsucht mag Ausdruck finden durch eine Form der Kunst, aber auch in zwischenmenschlichen Beziehungen, da Seelen unter dem vierten Strahl die geborenen Friedensstifter und Diplomaten sind. Sie lieben und verehren Gott in der Schönheit in aller Natur und durch ihre Freundschaft und ihr Verständnis für die Bedürfnisse anderer. Sie haben ein instinktives Gespür für die ewigen Rhythmen des Lebens und der Natur und einen Sinn für die weise Ausgeglichenheit, die notwendig ist für gute zwischenmenschliche Beziehungen. Die Planeten, die am offensichtlichsten mit dem vierten Strahl in Verbindung stehen, sind zweifellos Venus und Saturn, obwohl auch Merkur eine Rolle spielen muß bei jeder Ausdrucksform der

Schönheit und ihrer Mitteilung als Gestalt oder Klang. Diese drei Planeten beherrschen alle ein Luftzeichen, und die Luftzeichen verdeutlichen die Seelenlektion der Brüderlichkeit für den Menschen. An der Spitze des vierten Strahles jedoch dürfte Saturn stehen, der Regent des Zeichens Wassermann, der im Venus-Zeichen Waage erhöht ist.

Saturn entfaltet im Menschen Aspekte wie Verstand, Selbstdisziplin, Konzentration und Ausdauer, die notwendig sind für die weitere mentale oder spirituelle Entwicklung. Saturn war schon immer bekannt als der Prüfer, aber auch als die Brücke, die Verbindung zu einem tieferen Verstehen des Lebens.

Die übrigen drei Strahlen könnte man in gewissem Sinne als eine Verlängerung oder Weiterentwicklung der ersten Dreiheit betrachten. Sie führen den Menschen über ein sich weiter vertiefendes Verständnis und Wissen vom menschlichen in den göttlichen Seinszustand. Sie alle sind Strahlen der Hingabe an ein Ideal oder Prinzip und können im Menschen nur in dem Maße entfaltet werden, wie dieser des egoistischen Lustprinzips überdrüssig wird und auf einen inneren Impuls zur Suche nach Wahrheit und Wirklichkeit anspricht.

Der fünfte Strahl hat mit dem dritten die Gemeinsamkeit, daß es sich auch hier um einen Strahl für das Denken handelt. Er gibt der Seele eine tiefe Sehnsucht, das Wie und Warum aller Aspekte des physischen Lebens durch praktische Versuche herauszufinden. Große Wissenschaftler, wie Louis Pasteur und Marie und Pierre Curie, fallen unter die Zuständigkeit dieses Strahls, der vermutlich mit den Erde-Zeichen zu assoziieren ist, die wiederum von Venus, Merkur und Saturn regiert werden. Saturn schenkt die ruhige Geduld, Merkur die rasche Verknüpfung von Gedanken, und Venus die intuitive Wahrnehmung, die notwendig ist für wirklich wissenschaftliche Forschung; vielleicht ist dieser Strahl aber auch am besten zu charakterisieren durch die Erhöhung des Mars im Zeichen Steinbock. Mars regiert den Kopf, und der leidenschaftliche Durst nach Wissen, der leidenschaftliche Hunger, die Wahrheiten der Natur zu entdecken und mit dem Verstandesdenken zu begreifen, veranlassen die Seele, sich dem Pfade des wissenschaftlichen Wissens und Entdeckens zu verschreiben.

Der sechste Strahl steht in enger Verbindung mit dem zweiten, da auch er ein Liebe/Weisheits-Strahl ist, der Strahl des Verehrenden. Er ist der Strahl des religiösen Strebens, das eine intensive Liebe und Hingabe dem Ideal, der Gottesgestalt, einem Lehrer oder Guru entgegenbringt. Dies ist der Strahl jener, die nach geistiger Entfaltung streben und einem Verständnis des Geistigen statt bloßer materieller Wissenschaftlichkeit. Wie die Seelen unter dem fünften Strahl eine Liebe zur Wahrheit spüren, die ihnen die Geduld für langes, intensives Studieren und Experimentieren gibt, so empfinden die Menschen unter dem Einfluß des sechsten Strahls Hingabe zu einer geliebten und göttlichen Persönlichkeit, die ihnen die Liebe und Geduld gibt, auf bescheidenste und selbstloseste Weise zu dienen, damit die göttliche Liebe, die Kraft der Christus-Sonne, durch sie strahlen möge, um die Menschheit zu segnen und zu heilen.

Die äußerste Selbstlosigkeit, die dieser Strahl ermöglicht, führt die Seele ganz natürlich zu der geistigen Kraft und dem Verständnis des siebten Strahls. Der sechste ist traditionell der Strahl Jupiters, des Planeten der Religion und der Philosophie, und steht in Verbindung mit dem Element Feuer – vielleicht mehr mit Löwe und Schütze als mit Widder, obgleich weiter entwickelte Seelen unter dem Einfluß des Widders oft bereitwillig (wenn nicht gar geduldig!) die Kreuzigung des niederen Selbst akzeptieren. Vielleicht drückt sich die einfache, liebevolle Hingabe und Heilungskraft, die durch Seelen unter diesem Strahle fließt, am besten in der Erhöhung der Venus im Jupiter-Zeichen Fische aus.

Der siebte Strahl ist gewissermaßen die Kulmination und Kombination aller anderen Strahlen. Man könnte ihn mit der höchsten Note einer Tonleiter in der Musik vergleichen, der das Ohr auf die Tonika der höheren Oktave vorbereitet. Dies ist der Strahl des zeremoniellen Zaubers, unter dessen Einfluß die Seele rigoros und Schritt für Schritt geprüft wird, bevor die inneren Geheimnisse des Engelreiches offenbart und ihre Kräfte zur Verfügung gestellt werden. Jupiter und der Mond stehen in Verbindung mit diesem siebten Strahl, auch alle Wasser-Zeichen. Er ist der Strahl des geborenen Mediums, und Seelen, die gut unter seinem Einfluß arbeiten, haben Neptun und Uranus in der Regel an wichtiger Stelle im Geburtshoroskop stehen. Die Kraft, die durch Magie und Zeremoniell bei korrekter Durchführung zu entfalten ist, verbindet diesen Strahl fest mit dem ersten Strahl von Wille und Macht. Die Erhöhung Jupiters im Mond-Zeichen Krebs zeigt vermutlich am deutlichsten die Funktion dieses Strahles, der erst dann und nur dann ganz zum Tragen kommen kann, wenn der Mensch alle seine Bewußtseinshüllen entwickelt und ausgebildet hat.

Obwohl die Eigenschaften der Gottheit schließlich von jeder Seele entfaltet werden müssen, hat doch jeder von uns seinen speziellen Weg zu beschreiten, und unsere Tendenz, uns vor allem nach unserem Grundstrahl zu entwickeln, kann von echten Sehern über viele Inkarnationen hinweg in die Vergangenheit zurückverfolgt werden. Deshalb scheinen manche Seelen schon von Geburt an besonders begabt, obwohl die äußeren Umstände dies nicht erklären können. Nur verhältnismäßig wenig Übung oder Ausbildung kann bei solchen Menschen zu Resultaten führen, die andere nicht erreichen können. Auf den verschiedensten Gebieten des Lebens hervorragende Männer oder Frauen haben ihre Talente nicht dem Glück zu verdanken, sondern einer uralten und reichlichen Erfahrung unter dem Einfluß des Strahles, mit dem ihre Seele einst zu Beginn des Evolutionszyklus' ins Leben gehaucht wurde. Niemand jedoch, ganz gleich, wie bescheiden, unbekannt oder offensichtlich unbegabt er auch sein mag, braucht das Gefühl zu haben, daß er oder sie keinen Platz im göttlichen Plan besäße. Alle haben eine oder mehrere besondere Eigenschaften, das Geschenk ihres planetaren Engels, das sie allmählich entfalten und zum Dienste der Menschheit einsetzen, bis sie, nach langen Jahren der Erfahrung, auf ihrem speziellen Wege die Meisterschaft erlangen.

Je nach dem Strahl, unter dessen Einfluß sie sich entfaltet, wird die Seele bestimmte Schulungen und Erfahrungen zu gewissen Zeiten und in verschiedenen Kulturen der irdischen Menschheitsgeschichte erhalten haben. Wenn der Grundstrahl der einzelnen Seele bekannt ist, kann er einen Anhaltspunkt für den in früheren Inkarnationen beschrittenen Entwicklungsweg geben. So ist es beispielsweise höchst wahrscheinlich, daß eine Seele, die sich unter dem Strahl der Schönheit entwickelt – also des Heilens, der Kunst, der Musik oder der Harmonie in zwischenmenschlichen Beziehungen –, eine, wenn nicht mehrere Inkarnationen im antiken Griechenland verbracht hat, zu jener Zeit, als die Kultivierung des materiellen Körpers für wichtig geachtet wurde und die Künste ihre Blüte erlebten; vielleicht kamen hierzu noch weitere Inkarnationen in China. Eine Seele wiederum, die sich unter dem Strahl von Herrschaft, Gesetz und Organisation entfaltet, wird wohl kaum ein früheres Leben im römischen Reich vermieden haben können.

Die Bestätigungsrichtung, die dem Strahl entspricht, unter dem die einzelne Seele sich entfaltet, wird sich immer als die leichteste und harmonischste erweisen, aber es ist nicht in jeder Inkarnation die Gelegenheit gegeben, die mitgebrachten Begabungen und Kräfte voll zum Einsatz zu bringen. Das Maß der gebotenen Gelegenheiten hängt ab vom jeweiligen Karma der Seele. Wenn die in der Vergangenheit gegebenen Gelegenheiten gut genutzt worden sind, dann wird auch die Gegenwart weitere Entfaltungsmöglichkeiten bieten. Wenn die Seele faul gewesen ist, werden Hindernisse zu überwinden sein, die nicht viel weiteren Fortschritt ermöglichen, solange nicht der Drang, der Menschheit echt und auf harmonischste Weise zu dienen, so stark geworden ist, daß er alle Hindernisse fortfegt; dann ist die Seele bereit, jedes Opfer auf sich zu nehmen, um weitere Erfahrungen zu sammeln.

Mit unserem begrenzten Denken fällt es schwer, sich die Strahlen als etwas anderes vorzustellen denn als hübsche kleine Schubfächer, in die wir uns gerne legen würden, um zu sagen: „Ich bin vom ersten, zweiten, oder dritten Strahl" – aber das Leben ist nicht ganz so einfach. Auf der mentalen Ebene mag eine Seele beispielsweise auf die Engel des Mars ansprechen, die ihr ein feuriges, bestimmtes, begeistertes und schöpferisches Denken verleihen, während sie auf der emotionalen Ebene vielleicht die einschränkenden, bremsenden Einflüsse des Saturns zu spüren bekommt. Dann ist der Mentalkörper wohl kräftig und stabil, die Gefühle jedoch recht behindert, was zu einer zurückhaltenden, scheuen Persönlichkeit führt, die von Außenstehenden leicht als hart und gefühllos eingeschätzt wird. Das wirkliche Selbst, das höhere Selbst, entwickelt sich vielleicht unter dem Strahl von Liebe und Weisheit, der ihm eine tiefe Liebe zum Wesen des Menschen verleiht. Aber möglicherweise war in einer früheren Inkarnation den Emotionen freier Lauf gelassen worden, was anderen Leid zufügte, und so hat für die derzeitige Inkarnation das höhere Selbst die Engel des Saturn berufen, um das Gleichgewicht wiederherzustellen, indem sie die Ausdrucksmöglichkeiten des Gefühlslebens einschränken und stattdessen das Denken und die Vernunft kräftigen.

Die vielen Erfahrungen, die Freuden, Sorgen, Errungenschaften und Enttäuschungen im menschlichen Leben spiegeln sich in den Harmonien oder Unstimmigkeiten zwischen den verschiedenen planetaren Tönen und Farben wider. Allmählich, im Lauf der Zeit, in der die Seele sich entfaltet, wird der Grundton, der eigentliche Seelenstrahl, deutlicher und kräftiger hervortreten, und alle anderen Töne und Farben werden ihre angestammten Plätze einnehmen und zur Harmonie mit dem Grundton finden. Dann wird der physische Körper ein vollkommenes Instrument für die Meister-Seele des betreffenden Strahles.

Obwohl jeder von uns auf einen bestimmten Strahl besonders anspricht, ist die Meisterseele eines Strahles jene, die ein gewisses Maß an Fertigkeit auf jedem Gebiet und auf jeder Ebene erreicht hat und damit reif ist für eine besondere Aufgabe. Alle ihre feinstofflichen Körperlichkeiten haben eine Stufe der Entwicklung erlangt, auf der die Seele alle Elemente ihres eigenen Wesens beherrscht. Erst dann ist sie in der Lage, sich mit dem Strom des kosmischen Bewußtseins zu vereinen, in dem sie das Werk ihres jeweiligen Strahles zur Vollendung entfalten kann. Das ist freilich eine sehr vereinfachte Schilderung des Entwicklungsweges der Seele. Jede Seele muß doch die gleichen Prüfungen der Elemente auf jeder Daseinsebene bestehen, bevor sie die Freiheit gewinnt, sich zu spezialisieren.

Wenn Sie über die Strahlen meditieren, werden Sie vermutlich Ihr eigenes Leben und Wirken auf den äußeren Ebenen erkennen, das ihnen von den planetaren Engeln vorgelegt wurde, die unter der Führung der Herren des

Karma arbeiten. Die Art von Leben, die Sie zu führen haben, mag wohl ganz anders sein als das, was Sie meinen, gelebt haben zu können, wenn sich Ihnen andere Gelegenheiten und Möglichkeiten geboten hätten, eine andere Ausbildung oder familiäre Herkunft. Vielleicht sind Sie in der Tiefe ihrer Seele künstlerisch veranlagt, lieben Schönheit und Musik, Form und Farbe und sehnen sich danach, einen Weg zu finden, der Schönheit Ausdruck zu geben, aber Ihr derzeitiges Karma bindet sie an irgendeine recht ermüdende Arbeitsroutine im Büro, im Laden, in der Schule, in der Landwirtschaft oder Fabrik oder im Haushalt. Das bedeutet natürlich, daß Sie eine gewisse Disziplin in Ihrem äußeren Leben auf sich genommen haben, um einen Ihrer feinstofflichen Aspekte zu stärken, der noch nicht so stark ist und es braucht. In einem früheren Leben ergab sich vielleicht sehr wohl die Möglichkeit für sie, Ihren Emotionalkörper und ihre schöpferischen Gaben besonders weit zu entfalten, aber dann haben Sie einen Punkt erreicht, an dem keine weitere Entwicklung mehr möglich war, solange nicht ein anderer Aspekt, eine andere Eigenschaft Ihres Bewußtseins entfaltet oder gestärkt wäre. Wenn also ihr derzeitiges Leben schwierig und frustrierend ist, und Sie das Gefühl haben, sich nicht so Ausdruck geben zu können, wie Sie es wünschten; oder wenn Sie vielleicht mit einem kranken und müden materiellen Körper zu kämpfen haben, dann können Sie sich trösten mit dem Gedanken, daß Ihnen damit eine Gelegenheit geboten ist, einen anderen, aber wichtigen Aspekt Ihres Wesens zu entfalten. Sie sollen wissen, daß diese Phase der Prüfung und der Disziplin der Entfaltung Ihres Bewußtseins dient und Sie so der Meisterschaft näherbringt.

Wer sein eigenes Horoskop zu studieren versteht, dem zeigen sich gewisse Schlüssel oder Hinweise, die ihm helfen, den planetarischen Strahl zu erspüren, der – auch wenn er vielleicht im derzeitigen Leben nicht dominiert – auf subtile Weise das ganze Horoskop zu überstrahlen scheint. Es ist nicht zwangsläufig der Planet des Sonnenzeichens, obwohl eine Meditation über das Sonnenzeichen Ihnen einen Schlüssel zu geben vermag, der Sie zu einem tieferen Verständnis führen kann. Die Sonne repräsentiert im Horoskop nämlich das höchste Selbst, und das Sternzeichen, in dem sie steht, zeigt das Motiv hinter der jeweiligen Inkarnation an und die Ebene des Bewußtseins, auf der die Seele größere Stärke und Kontrolle zu gewinnen hat. Der Planet, der das Sonnenzeichen regiert, wird einen weiteren wichtigen Hinweis geben, aber er steht nicht unbedingt mit dem Grundstrahl der Seele in Verbindung. Bedenken Sie, daß die Sonne das Herz regiert. Sie ist das Herz des Horoskops. Durch das Herzdenken, die Quelle göttlicher Weisheit in jeder Seele, ist Kenntnis vom Grundstrahl, der wahren Aufgabe der Seele, zu erlangen.

Dieses Thema der himmlischen Strahlen ist so umfassend, daß wir es mit unserem begrenzten Denken nie begreifen werden; wir können die Wahrheit nur in blitzartigen Einblicken und Ahnungen aufnehmen, wenn wir uns in der Meditation entwickeln und lernen, auf den inneren Seinsebenen wacher zu werden. Ein Meister muß sich nicht erst mit dem Horoskop beschäftigen, um den Strahl zu erkennen, der hinter einer Seele steht. Er weiß es auf der Stelle. Ein Astrologe, der sich mit dem Horoskop befaßt, wird eine gewisse Zeit damit auf der mentalen Ebene arbeiten nach den Gesetzen, die er gelernt hat. Wenn er aber wirklich intuitiv ist und das Verlangen hat zu dienen, werden an einem bestimmten Punkt der Interpretation sein höheres Bewußtsein oder die Geistführer des Astrologen und des Horoskop-Eigners die Deutung weiterführen und der betreffenden Seele helfen, ihren Entwicklungsweg und ihre wahre Aufgabe zu erkennen. In einem solchen Augenblick wird der Astrologe in eine andere Dimension emporgehoben, wo er blitzartig hellsehen kann. Aber selbst dann ist es außerordentlich schwierig, die empfangene Vision der Verbindung der planetaren Engel mit der Seele in irdische Begriffe zu übertragen.

Auch ohne astrologisches Wissen ist es dem ernsthaft Strebenden möglich, etwas über seinen eigenen planetaren Engel zu erfahren. Wenn das irdische Denken unter Kontrolle gebracht ist – in den Stunden der Meditation und der absoluten Stille der inneren Welt –, wird die Seele allmählich mehr und mehr einer vorherrschenden Farbe gewahr, einer vorherrschenden Thematik ihrer Meditationen, oder der Farbe, die sie am tiefsten und wahrhaftigsten als harmonisch empfindet. Diese Farbe ist jedoch nicht unbedingt identisch mit jener, die im äußeren Leben unsere Lieblingsfarbe ist, sei es in unserer Kleidung, unserer Einrichtung oder Ähnlichem, denn wir sind ja auch in der physischen Welt oft etwas anderes zu tun berufen, als wir uns im Innersten unseres Herzens zu vollbringen sehnten.

Aber wie sehr wir uns auch im Laufe des Arbeitstages eingeschränkt fühlen mögen: wenn wir nachts frei von unserem Körper sind, können wir, mit viel Geduld, die Fähigkeit entwickeln, die Tempel der Weisheit in den höheren Welten zu besuchen, nach denen sich unsere Seele sehnt, und lernen, Erinnerungen ins Bewußtsein zurückzuholen, die uns unseren Alltag erleichtern und erhellen werden.

DIE SONNE UND DIE SIEBEN STRAHLEN

White Eagle gibt Meditierenden den Rat, ihr Bewußtsein von allen Gedanken und Gefühlen der äußeren Welt abzuziehen und ihre ganze Aufmerksamkeit auf das Zentrum des Lichtes in der Mitte ihres Wesens zu konzentrieren, das man mit der aufgehenden Sonne vergleichen kann. Durch diesen Rückzug und die Sammlung im Sonnenzentrum des menschlichen Bewußtseins kann die Seele beginnen, die im Herzen verschlossene, innere Weisheit zu entfalten. Das innere Sonnenzentrum ist die Verbindung des Menschen zu seinem höheren Selbst, jenem strahlenden Wesen in der Welt des Lichtes, das viel größer ist als die irdische Persönlichkeit.

In der Antike und in früheren Zeiten glaubte der Mensch, die Sonne sei die Quelle alles menschlichen Lebens und Bewußtseins – jedoch nicht der materielle Himmelskörper, den wir sehen können, sondern der große Geist, der hinter der Sonne steht, der wiederum nur ein Teil, ein Strahl eines noch viel größeren kosmischen Systems ist, einer siebenfachen Ordnung, die sich bis in die Unendlichkeit hinaus erstreckt und das Begriffsvermögen des menschlichen Denkens bei weitem übersteigt. Wissen von dieser siebenfachen Ordnung der Evolution, die Teil des kosmischen Gesetzes ist, war – so glaubte man – vor langer Zeit von Gottmenschen auf die Erde gebracht worden, von Lehrern aus anderen Planetenwelten, die gekommen waren, um der Menschheit in deren anfänglichen Entwicklungsphasen zu helfen. Erinnerungen an jene wunderbaren Wesen finden sich noch überall, in den Sagen der Völker, die letzte Bruchstücke der uralten Weisheit überliefern.

Die Gottmenschen lehrten, daß der Zweck der Geburt des Menschen in die physische Welt darin lag, ihm die Erfahrungen zu ermöglichen, die notwendig sind, um sein göttliches Bewußtsein auf jeder Ebene des Daseins zu entfalten, bis selbst die dichtesten Materie-Teilchen durchlichtet und verwandelt würden. Die Inkarnation des Menschen in die Materie wurde im Johannes-Evangelium mit den Worten charakterisiert: *„Und das Licht scheint in der Finsternis, und die Finsternis hat es nicht begriffen"*. Das Christus-Bewußtsein ist für den Menschen durch das Symbol des sechszackigen Sternes dargestellt: Alle sechs Eckpunkte sind vom zentralen, siebten Punkt gleich weit entfernt, der als Anfang und Ende betrachtet werden kann, das heißt Anfang eines Manifestations-Zyklus und Ende desselben und damit wieder der Anfang eines höheren Zyklus auf der Entwicklungsspirale.

Dieses Zentrum des Lichtes im Mittelpunkt des Sternes repräsentiert die Sonne, die in jedem Menschenherzen scheint und der erste Strahl des Seins ist. Sie ist der göttliche Wille, das göttliche Denken, die göttliche Liebe, die die Seele veranlaßte, sich in der gegenwärtigen Persönlichkeit und Umgebung auszudrücken. Aus dieser Mitte blitzen zu den anderen Punkten des Sternes Strahlen in den Farben des Regenbogens, und während die verschiedenen Seelenkörper mit Leben und Licht erfüllt werden, entfaltet sie sich, ein jeder unter dem Einfluß seines eigenen, planetaren Engels. Selbst die Sonne, die das Wesen des Menschen erhellt, geht als Strahl von einem der sieben Herren des Lichtes aus, der Engel um den Thron Gottes – gleich der Sonne am Himmel, dem Mittelpunkt unseres Planetensystems, die ebenfalls wie ein Körper für einen der sieben Engel eines höheren, kosmischen Ranges ist.

Wo sich der solare Strahl manifestiert, ist er immer der Mittelpunkt eines Systems. Er stellt den ersten Strahl dar, den Grundton, den Willen, der das Ganze befehligt und ordnet. In der griechischen Mythologie wurde Apoll, der Sonnengott, dargestellt, wie er täglich seinen von sieben feurigen Rossen gezogenen Wagen über den Himmel lenkte. Auch dieses Bild ist ein treffliches Symbol für die irdische Inkarnation – einen Tag im Leben der Ewigkeit –, in deren Verlauf Apoll, die Sonne, das höhere Selbst, seinen Wagen mit den sieben Pferden (den sieben Trägern des Bewußtseins) durch die physische Welt treibt. Die sieben Rösser – die sieben Punkte des Sternes – stehen auch für die sieben psychischen Zentren des Menschen, die im Laufe seiner Entwicklung belebt und erleuchtet werden.

Die Position der Sonne in jedem Horoskop gibt einen Hinweis auf den bestimmten Aspekt des Bewußtseins, der belebt, gestärkt und entwickelt wird im Laufe der jeweiligen Inkarnation. Die Sonne nämlich repräsentiert das ewige Selbst, jenes strahlende Wesen in der Welt des Lichtes, das viel größer ist als das kleine, begrenzte Selbst, das sich durch einen physischen Körper und ein materielles Gehirn Ausdruck geben muß. Im Laufe der Entwicklung schafft dieses größere Selbst, das auf der derzeitigen Stufe des Zyklus' bereits viele, viele Erdenleben hinter sich hat, sich ein irdisches Gefährt, das unter dem Einfluß eines der sieben Planeten geboren wird, je nachdem, welcher der feinstofflichen Körper besonders gekräftigt oder betont werden soll. Das zeigt sich an dem Zeichen des Tierkreises, durch das die Sonne zur Zeit der Geburt geht. Trotzdem bedeutet der Umstand, daß die Sonne zur Geburtszeit eines Menschen durch Fische oder Schütze ging, nicht unbedingt, daß dieser hauptsächlich unter dem Strahle Jupiters steht. Es könnte auch bedeuten, daß in dieser Inkarnation die Fähigkeiten des höheren Denkens zu üben sind, um den Mentalkörper zu stärken und zu läutern. Also wird der Einfluß Jupiters überwiegen zu Gunsten der Arbeit, die dem Menschen aufgegeben ist; der Planet des Grundstrahles jedoch, unter dem die Seele sich entwickelt, wird ebenfalls auf mannigfache Weise subtil hervortreten, möglicherweise durch eine starke Aspektierung zur Sonne – oder nahe einer der Ecken des Horoskopes oder als letztlicher Einfluß auf alle anderen Planeten. Es gibt viele Möglichkeiten, wie sich diese Grundtönung der Seele zeigen kann, auch wenn ihre Kräfte in der gegenwärtigen Inkarnation vielleicht gar nicht ganz zum Ausdruck kommen.

Hin und wieder jedoch kommt es im kosmischen Zyklus auch zu einer Inkarnation, in der die Seele viel größere Freiheit und Gelegenheit hat, ihrem eigenen Grundton Ausdruck zu geben. Dann scheinen alle Planeten-Einflüsse im Geburtshoroskop sich auf einen Strahl zu konzentrieren, der Körper, Seele und Denken 'färbt'. Während eines solchen Lebens wird sich die Seele ganz in ihren eigenen, planetaren Lebensstrom eingetaucht empfinden. Je nach ihrer Entwicklungsstufe wird sie der Menschheit entsprechend der Charakteristik ihres planetaren Strahles einen besonderen Dienst erweisen können. Solche Inkarnationen sind die eines Genies oder eines Weges, der in besonderem Grad in Dienst und Hingabe für die Menschheit beschritten wurde: Phasen, in denen der Grundton der betreffenden Seele besonders klar im kosmischen Orchester zum Vorschein kommt. Wie Dr. Johnson sagt: „Das wahre Genie zeigt sich durch sein Denken, das über große, vielseitige Kräfte verfügt, die sich zufällig in eine bestimmte Richtung konzentrieren."

Während solcher Inkarnationen kann die Kraft des planetaren Strahls, der durch die Persönlichkeit fließt, so stark sein, daß es der Seele schwerfällt, sie unter Kontrolle zu halten. Sowohl die Tugenden als auch die Mängel, die man mit dem jeweiligen Planeten assoziiert, treten in besonderem Maße hervor. Sie schaffen ein Leben voll außergewöhnlicher Talente und Chancen und zugleich scheinbar unerklärlichen, törichten und negativen Handlungen, die alles Gute, das erreicht war, wieder zunichte zu machen scheinen. Solche Inkarnationen sind in der Intensität der Erfahrungen und hinsichtlich der schweren Prüfungen für die Seele kaum zu übertreffen.

Die aufgehende Sonne symbolisiert immer den ersten Strahl, das schöpferische Wort, das Leben ins Dasein und Ordnung in alles andere bringt. Jede Seele muß allmählich lernen, die Verbindung mit der Sonne im Inneren des Herzens aufrechtzuerhalten, um so den eigenen Grundton anstimmen und im Dienen die Kraft ihres planetaren Strahles einsetzen zu können. Regelmäßige Meditation über den Stern, in dessen Mitte das blitzende Juwel seinen Platz hat, wird den göttlichen Willen wecken und stärken, der das ganze Wesen in Harmonie schwingt. Als Jesus, der Meister des Heilungsstrahles, sagte: *Ich und mein Vater sind eins,* sprach er seinen eigenen Grundton aus, das Wort der Kraft im Inneren seines Wesens, das ihn zu einem vollendeten Werkzeug für die kosmischen Heilungsstrahlen formte, mit denen er Wunder wirkte.

Entsprechend kann auch der Geringste unter den Menschen im Laufe der

Zeit die Umstände seines Lebens und selbst die Zellen seines physischen Körpers zur Harmonie bringen, indem er lernt, seine ganze Konzentration auf den Quell des Lichtes im Herzen des Sternes zu richten, bis er sein ganzes Wesen und Sein mit Licht überflutet und ihn zum bewußten Einssein mit dem göttlichen Willen führt. *Ich und mein Vater sind eins ... ich bin im Vater, und der Vater ist in mir.*

Aus astrologischer Sicht regiert die Sonne das feste Feuer-Zeichen Löwe und ist in dem kardinalen Feuer-Zeichen Widder erhöht. Wie schon weiter oben erwähnt, ist es nicht leicht, jedem der sieben Strahlen je einen bestimmten herrschenden Planeten zuzuordnen, und es ist wohl wahrscheinlich, daß die vereinten Einflüsse ihrer Erhöhungs-Zeichen hier einen Schlüssel bieten können. Es besteht kein Zweifel darüber, daß die kardinale Eigenschaft mit dem ersten Strahl verbunden ist, und daß die Kombination von Sonne und Mars im Widder den ersten Strahl darstellt – das Denken –, das schöpferische Denken, das hinter allem Manifestierten steht. Doch die Regentschaft der Sonne über das feste Feuer-Zeichen Löwe verbindet sie auch mit dem zweiten Strahl, dem fürsorglichen, lehrenden Strahl, dem wir die feste Eigenschaft zugesprochen hatten. Der einzige Planet, der in den festen Zeichen erhöht ist, ist der Mond, und zwar im Erde-Zeichen Stier. Welches geeignetere Symbol böte sich aber für diesen zweiten, nährenden, sorgenden Strahl als die Sonne, die durch das feste Feuer-Zeichen Löwe nicht nur den himmlischen Vater repräsentiert, sondern auch den irdischen Vater, König, Lehrer – und dazu den Mond, die Erdemutter, die für alles sorgt? Man kann die beiden eigentlich nicht voneinander trennen; schon in der biblischen Schöpfungsgeschichte wurde Eva aus einer Rippe Adams geschaffen.

Die Erhöhung der Sonne im feurigen, kriegerischen Zeichen Widder ist von tiefer geistiger Bedeutung. Sie zeigt nämlich, wie das göttliche Licht im Herz-Zentrum (Löwe) des Menschen durch das irdische Denken (Widder) ins volle Bewußtsein zu bringen ist. Mit anderen Worten: das menschliche Bewußtsein muß vom göttlichen erleuchtet werden.

Der Eintritt der Sonne ins Zeichen Widder kennzeichnet den Frühlingsanfang in der nördlichen und den Herbstanfang in der südlichen Hemisphäre, und Mars, der Herrscher in Widder und Skorpion, steht in enger Verbindung mit dem solaren Feuer, jener gewaltigen Lebenskraft und Energie, die von der Sonne ausströmt. Die Engel von Sonne und Mars arbeiten eng zusammen, geben uns den Willen zu leben, den Willen, uns über Schwierigkeiten zu erheben, und vor allem geben sie uns das Geschenk der Freude – der Freude am Leben, am Erlangen und Nutzbarmachen unserer gottgegebenen Schöpfungskräfte.

Im Menschen regiert Mars den Kopf und die Zeugungsorgane, darüber hinaus den Astral- oder Wunschkörper. Wenn wir im physischen Leben 'funktionieren', so findet das solare Feuer hauptsächlich über den Astral- oder Wunschkörper Ausdruck. Eine der Lektionen, die für den Menschen zu lernen wesentlich sind, verlangt das Unterscheiden zwischen dem Eigenwillen und -Wünschen, die sich durch das Kopfdenken äußern, und dem göttlichen Willen der Sonne andererseits, dem Christus-Selbst, das im Herzen strahlt und mit der Stimme des Gewissens spricht.

Wir wollen nun einen Augenblick an die Sonne und die herrliche Energie und Lebenskraft denken, die sie verstrahlt. Der solare Strahl der physischen Vitalität und Energie, der uns freudige Ausgelassenheit und Vergnügen am Leben schenkt. Das fünfte Haus und das Zeichen Löwe haben beide mit Vergnügen zu tun, mit Entspannung, Unterhaltung und einer überschwenglichen Kreativität, die in einem körperlichen Aspekt Kinder hervorbringt und in einem mentalen Aspekt die Schöpfungen der Kunst. Alles, was zu unserer Freude und Lebenslust beiträgt, fällt unter diesen solaren Strahl. Wir können ihn uns als das Herz, die Mitte des Sternes vorstellen, als einen reinen Strahl goldenweißen Lichtes, das auf der Stelle alle Schattierungen und Töne roter Flammenfarben annehmen kann. Sie geben uns Kraft, Mut und Freude; sie schenken uns den Willen, für das Gute zu kämpfen, selbst wenn alles verloren scheint.

Menschen, die unter diesem ersten oder Willens-Strahl arbeiten, beziehen Kraft und Mut von den großen Engeln des Mars und der Sonne, was es ihnen ermöglicht, ihre Pläne voranzutreiben, ohne Rücksicht auf Enttäuschungen und Frustrationen, und noch lange, nachdem andere, die über weniger Entschlossenheit verfügen, schon aufgegeben haben. Sie kennen ihre eigene Art zu denken sehr gut, sind im Handeln sicher und entschlossen, und zeichnen sich als glänzende Organisatoren aus.

Wenn es nicht unter Kontrolle ist, gibt das solare Feuer zuviel Energie und Begeisterung, was dazu führt, daß Menschen sich selbst und andere überlasten.

Während sie die Lektionen des Willens-Strahles lernt, bekommt die Seele oft die einschränkende und disziplinierende Macht Saturns zu spüren, des polaren Gegenübers der Sonne. Mars ist im Saturn-Zeichen Steinbock erhöht; die feurigen Begierden, Wünsche und Energien müssen also allmählich in praktische Aspekte des Dienens für den Mitmenschen kanalisiert werden. Seelen, die diese Lektion zu lernen haben, finden zuweilen, daß sie ein recht eingeengtes und disziplinert-geordnetes Leben führen – vielleicht irgendwo im Staatsdienst –, in dem sie sich frustriert fühlen und vielleicht an einer Be-

förderung von älteren Kollegen gehindert werden, die ihnen beim Aufstieg im Wege stehen.
Das Annehmen der vollen Verantwortung für das eigene Handeln und Entscheiden – besonders, wenn von uns Abhängige davon betroffen sind –, ist eine der fundamentalen Lektionen für jene Menschen, die in die Schule des ersten Strahles, des Willens-Strahles, gehen. White Eagle sagte einmal zu einem Straßenbahnfahrer: „Wissen Sie, Sie stehen unter dem Strahl der Sonne, und Sie tragen die schwere Verantwortung, auf viele Menschen achtzugeben und sie zu ihrem Bestimmungsort zu bringen". Leute, die öffentliche Verkehrsmittel führen, sind in einer macht- und verantwortungsvollen Position. Vielleicht sind sie in der Vergangenheit Könige oder andere Führer der Menschen gewesen, haben aber ihre Macht mißbraucht. Also kommen sie zurück, sind nach wie vor Führende, aber in einer weniger auffälligen, bescheidenen Form des Dienstes. Die tiefsten Lektionen des Lebens sind mit der Liebe verbunden. Es sind die Sünden wider die Liebe und die Weigerung, die Verantwortung anzunehmen, die die Liebe mitsichbringt, was Karma im Sinne von Kummer, Einsamkeit oder schwerer Verantwortung erzeugt.
Alle planetaren Strahlen können die Seele auf verschiedenen Ebenen ihres Bewußtseins beeinflussen und werden sich auf unterschiedliche Weise manifestieren, je nachdem, welcher der feinstofflichen Körper zu entfalten ist. Die Menschen unter dem ersten Strahl beispielsweise sind auf der physischen Ebene Anführer und Organisatoren in einem praktischen Bereich; sie stehen immer an der Spitze eines Unternehmens und sind verantwortlich für dessen Ergehen, Leitung und allgemeinen Fortschritt. Möglicherweise arbeiten sie in der Regierung, in der Gesetzgebung oder in der Exekutive, oder sie fühlen sich zu irgendeiner Form militärischen Dienstes hingezogen, in dem sie zu einer Macht- und Autoritäts-Position aufsteigen.
Auf der mentalen Ebene schenkt der erste Strahl ein klares, bestimmtes, schöpferisches Denken mit der Fähigkeit, gedankliche Vorstellungen zu ordnen und zu kategorisieren sowie an Projekten teilzunehmen, die sehr viele gedankliche Energie und schöpferisches Denken erfordern.
Auf der emotionalen Ebene finden die schöpferischen Kräfte Ausdruck im Kindergebären, was an sich schon sehr viele Lektionen vermittelt. Kummer und Sorgen wegen der eigenen Kinder oder das Leid, daß einem eigene Kinder verweigert bleiben, lehren die Seele viel über die karmische Verantwortung im Zusammenhang mit Zeugung und Heranziehen der nächsten Generation.
Dieser Strahl schafft einen heftigen, kräftigen Emotionalkörper, der anderen überwältigend erscheinen kann. Es wird sehr nötig sein, eine Ausdrucksmög-

lichkeit für den vorherrschenden Wunsch-Aspekt zu finden, sei es in schöpferischem Handeln oder irgendeiner Art der Nächstenliebe, vermutlich mit zusätzlicher Pionierarbeit. Häufig kehren Seelen, die in der Vergangenheit Leben vernichtet oder anderen mit ihren unbeherrschten Wünschen und Zielsetzungen Leiden verursacht haben, mit dem starken Impuls auf die Erde zurück, sich dem Heilen zu widmen und anderen zu dienen. Dann werden sie etwa Chirurgen (die scharfe Instrumente zum Heilen verwenden) oder Heiler, die die Kraft des positiven Denkens einsetzen und darauf achtgeben müssen, daß sie die Patienten mit ihrem starken Willen nicht dominieren.

Zeichen, die im Horoskop auf den ersten Strahl hinweisen, sind: Sonne nahe am Aszendenten oder an der Himmelsmitte, besonders im Widder oder einem anderen Feuer-Zeichen; ein starkes Überwiegen der Planetenpositionen in kardinalen Zeichen, wenn Mars durch Zeichen, Haus oder Aspekte sehr betont ist. Saturn wird dann auch an prominenter Stelle zu finden sein.

Wenn Ihr Strahl der erste ist, dann haben Sie ein starkes, fast instinktives Interesse an Gesetz, Ordnung und Gerechtigkeit. Der Erzengel Michael, das Oberhaupt aller Engel und zugleich Symbolfigur für diesen Strahl des Lichtes und der Macht, ist, wie wir bereits gesehen haben, meist abgebildet mit dem nach oben gerichteten Schwert und den Waagschalen der Gerechtigkeit in der anderen Hand. Die Römer – große Organisatoren und Gesetzgeber – standen unter dem Einfluß dieses Strahles, und es ist recht wahrscheinlich, daß auch Sie mehr als einmal als Bürger von Rom inkarnierten.

Im Laufe Ihrer spirituellen Weiterentwicklung werden Sie sich auch sehr stark für das Wirken des göttlichen Gesetzes zu interessieren beginnen und lernen, wie es sich im Karma-Gesetz manifestiert. Vielleicht werden Sie, während Ihr Körper schläft, in die großen Gesetzestempel der himmlischen Welt mitgenommen, wo sie etwas von dem großen Plan des Lebens zu sehen bekommen sowie einen Eindruck erhalten, wie wunderbar das geistige Gesetz selbst in den kleinsten Einzelheiten des Lebendigen wirkt.

Ihr Geistführer wird sich Ihnen in goldener Flammenfarbe nähern oder in einem strahlend weißen Gewand, das in die verschiedenen Farben der Sonnenstrahlen auffächert. Er kommt auf Sie zu, um Ihnen Mut und Kraft zu spenden und zu helfen, Ihr eigenes Zentrum göttlichen Lichtes und göttlicher Inspiration zu finden. Vielleicht sehen Sie ihn zuweilen auch in der glänzenden Rüstung des „Soldaten Christi", denn Sie müssen in Ihrem Leben alle innere Kraft entfalten, um mit den bevorstehenden Aufgaben erfolgreich zu sein. Bedenken Sie, daß Sie lernen, das Schwert des göttlichen Willens zu schmieden und jenen schöpferischen, herrlichen solaren Strahl einzusetzen, durch den das menschliche Bewußtsein sich aus den Begrenzungen des physischen

Lebens erheben kann, um in die große Bruderschaft des Himmels einzutreten.

Wenn das Zeichen Löwe im Horoskop hervorgehoben ist, das Haus des Aszendenten ist oder Sonne oder Mond beherbergt; wenn das fünfte Haus betont ist, oder wenn die fixen Zeichen in ihrer Besetzung überwiegen, ist es recht wahrscheinlich, daß die Seele mit dem zweiten Strahle arbeitet, der das Herz-Zentrum aktiviert und den Menschen veranlaßt, nach Maßgabe seines Herzens zu leben statt nur aus dem Kopf-Denken heraus. Dieser zweite Strahl wird an manchen Stellen auch als Erziehungsstrahl bezeichnet. Das ist ein etwas verwirrender Begriff, denn das Wort Erziehung begrenzt im Grunde das viel weitere Gebiet, das dieser Strahl abdeckt. Im geistigen Sinne definieren wir Erziehung als die Ernährung lebendiger Seelen. Das Hauptcharakteristikum der Seelen dieses Strahles ist ihre Liebe zur Menschheit. Während Seelen des ersten Strahles das tief wurzelnde Verlangen besitzen, sich selbst und die Umstände, die sie umgeben, zu beherrschen und das Leben nach ihrer eigenen Vorstellung zu gestalten, sehnen sich die Seelen des zweiten Strahles danach, all jene, die Zuwendung und Hilfe brauchen, zu lieben, zu hegen und zu pflegen.

Der zweite Strahl, den White Eagle als goldenen Strahl bezeichnet, könnte auch als Strahl der Familie betrachtet werden, denn wer unter seinem Einfluß steht, hat einen stark ausgeprägten Mutter- bzw. Vaterinstinkt. Solche Menschen übernehmen die Führung: nicht durch ihr mentales Dominieren, sondern weil sie eine Liebe und Weisheit des Herzens ausstrahlen, die alle anzieht, die Trost, Wärme, Geborgenheit und Schutz suchen. Es ist nicht allzu schwierig, die Seelen des zweiten Strahles herauszufinden, denn sie vermitteln allein durch ihre Gegenwart Hoffnung, Zuversicht und Ermutigung.

Die Sonne wird mit dem König assoziiert. Der wirkliche König aber (oder die Königin) ist nicht so sehr ein Herrscher, als vielmehr ein Vater (Mutter), geistiger Beschützer und Tröster für das Volk.

Wenn der zweite Strahl die Alltags-Persönlichkeit beeinflußt, dann ist die betreffende Seele am glücklichsten in einer Position, die es ihr ermöglicht, einer großen Zahl von Menschen zu dienen: zum Beispiel die Mutter in einer großen Familie oder jemand, der Kinder umsorgt, die nicht unbedingt die eigenen sind, drückt die Eigenschaften des zweiten Strahles aus. Frauen unter dem Einfluß des zweiten Strahles zeigen eine so ausgeprägte Mütterlichkeit, daß sie häufig nicht nur die eigene Familie bemuttern, sondern einen immer weiter wachsenden Kreis von Seelen, die Schwierigkeiten oder Kummer haben. Die Charakteristika des zweiten Strahles offenbaren auch jene, die ehrlich versuchen, dem Allgemeinwohl in irgendeiner Branche des Handels oder Gewerbes zu dienen, beispielsweise als ehrlicher Geschäftsinhaber, der bemüht ist, die Bedürfnisse seiner Kunden mit gutem Willen und Höflichkeit zu erfüllen. Ein wesentlicher Zug von Seelen unter dem zweiten Strahl ist ihr Verlangen nach Kontakt mit ihren Zeitgenossen. Sie lieben es, den Bedürfnissen anderer entgegenzukommen, was ihre Art ist, ihrem Eltern-Instinkt Ausdruck zu geben. In der Öffentlichkeit Handel zu treiben, geschieht oft ebenso sehr aus Freude, die Bedürfnisse anderer zu befriedigen, als auch zur Sicherung des eigenen Unterhalts. Selten findet man Seelen des zweiten Strahles, die allein um des finanziellen Gewinns wegen arbeiten; dazu sind sie zu großherzig. Sie müssen dem Leben etwas geben, denn ihr Liebe-Aspekt ist so stark entwickelt.

Seelen, deren Mentalkörper vom goldenen Strahl beeinflußt wird, sind die geborenen Lehrer der Menschen. An dieser Stelle verstehen wir das Lehren im begrenzten Sinne der Wissensvermittlung. Solche Seelen sind nicht unbedingt Gelehrte, gehören auch nicht direkt zu den schlauesten Mitgliedern der Gesellschaft; häufig hat der geborene Lehrer sogar leichte Schwierigkeiten, die für die Ausübung seiner Berufung notwendigen Qualifikationen zu erlangen. Trotzdem können solche Lehrer Wissen häufig mit mehr Erfolg nahebringen, als es ihren Kollegen möglich ist, die selbst über größere Bildung verfügen, denn sie haben ein besseres Verständnis für die Schwierigkeiten der jungen Schüler und Studenten, und sie können Gedanken auf eine Weise darstellen, die sie einleuchtender, eingängiger werden läßt. Die Schüler sprechen auch leichter auf die Methode eines Lehrers vom zweiten Strahl an, weil sie instinktiv spüren, daß Mitgefühl und Ermutigung von ihm ausstrahlen, was ihr Vertrauen in die eigenen Fähigkeiten stärkt. Der vielleicht brillantere Gelehrte, der nicht zum Lehrer geboren wurde, dürfte sich wohl des öfteren von der scheinbaren Trägheit oder Begriffsstutzigkeit seiner Schüler reizen lassen. Diese Gereiztheit teilt sich den Schülern mit, auch wenn sie äußerlich unterdrückt bleibt; dadurch schwindet die Zuversicht des Schülers, das anstehende Thema zu verstehen, noch weiter. Der geborene Lehrer dagegen läßt sich von den Problemen seiner Schüler nicht aufbringen. Je schwieriger der Schüler die Lektion findet, desto mehr gibt sich der Lehrer Mühe, Möglichkeiten und Mittel zu finden, ihm Mut zu machen und den Lehrstoff einfacher darzustellen. Einer der feinsten Pädagogen unter dem Einfluß des zweiten Strahles war wohl Friedrich Fröbel. Seine Liebe zu Kindern jeden Alters war so stark, daß er – ganz gleich, wie schwer die Last seiner Arbeit gerade war – niemals zu sehr beschäftigt war, um nicht auch dem kleinsten Knirps, der zu ihm kam, seine volle und herzliche Aufmerksamkeit zu schenken. Die meisten der bekannten pädagogischen Reformer standen mit ihrem Mentalkörper hauptsächlich unter dem Einfluß des goldenen Strahles: der Earl of Shaftesbury, der das Leben von Millionen von Kindern durch seine Bemühungen um die Sozialreform veränderte, und Dr. Barnado, der sein Leben den obdachlosen Kindern widmete – sie sind nur zwei Beispiele für wahrhaft große Seelen unter dem zweiten Strahl.

Auf geistiger Ebene ist die Wirkung des zweiten Strahles besonders markant. Die Anregung des Herz-Zentrums und die daraufhin ausströmende Liebe stimmt die Seele leicht auf das Unendliche ein. Solche Seelen brauchen keinen Beweis für die Existenz Gottes oder des Lebens nach dem Tode; ihre Liebe schenkt ihnen eine Weisheit, die alle Furcht vertreibt, und ganz gleich, welche Argumente sie hören werden: sie wissen, daß die Liebe, Weisheit und Macht Gottes eine Realität sind. Sie besitzen einen geradezu strahlenden Glauben, der sie auch in den schwersten Prüfungen stützt und hält. Das hat nichts mit Logik zu tun, sondern ist die Frucht eines angeborenen Sinnes für die Einstimmung auf das göttliche Leben, der durch Widrigkeiten eher vertieft und verstärkt als beeinträchtigt wird. Aus diesem Grunde erweisen sich Seelen, die unter dem zweiten Strahl stehen, als die besten religiösen Führer der Menschen, als echte Hirten ihrer Schäfchen, als *gute Hirten, die ihr Leben für ihre Lämmer hingeben würden.* Man sieht sie in allen Bereichen des Lebens wirken, nicht nur im geistlichen oder kirchlichen. Wenn wir ihnen im Alltag begegnen, erkennen wir sie an der Ausstrahlung, die von ihrem schlichten Glauben ausgeht, und auf irgendeine unerklärliche Weise können sie dieses gläubige Vertrauen mitteilen, vermögen sie einen mit ihrem Vertrauen auf das Göttliche, Gute im anderen anzustecken. Mit ihrer spirituellen Kraft helfen sie ihren Mitmenschen, das Licht zu erschauen.

Wenn ein Bruder vom zweiten Strahl in der Kirche wirkt, wird man von ihm kaum eine ausgefeilte, gelehrsame Predigt hören. Auf der Kanzel stellt er sich als Kanal für die göttliche Liebe zur Verfügung. Seine Worte sind an sich vielleicht einfach und geraten bald in Vergessenheit, aber die Gemeinde wird nie vergessen, wie sie sich eine kurze Zeitlang aus ihren materiellen Sorgen und Gedanken in eine reinere, klarere, edlere Atmosphäre emporgehoben fühlte. Sie wurde vom Frieden des Geistes erfüllt. Religiöse Reformer, die mit ihrem Beispiel und ihrer Liebe Millionen von Menschen angezogen haben, sind vom zweiten Strahl bestimmt. Die einzelnen Inhalte ihres Glaubens oder Bekenntnisses sind nicht so wichtig: das Geschenk solcher Führer ist es, daß sie die Seelen ihrer Mitmenschen – und sei es auch nur für eine kurze Zeit – mit dem Unendlichen vereinen. Es ist nicht ohne Bedeutung, daß ein Priester eines Ordens der römisch-katholischen Kirche 'Pater' (= Vater) genannt wird, und viele tragen diese Bezeichnung zu recht, denn sie sind wirklich die

Väter ihrer kleinen Herde, für die sie sorgen, die sie ermahnen und deren Leben sie nach bestem Wissen leiten.

Vielleicht die wichtigste Lektion, die Seelen unter dem Einfluß dieses Strahles zu lernen haben, ist das Verbinden von Weisheit/Klugheit und Liebe. Das Herz-Zentrum ist so weit entfaltet – selbst bei den noch nicht sehr fortgeschrittenen Seelen –, daß sie nicht anders können, als sich in den Dienst jener zu stellen, die sie lieben; aber solange die Weisheit nicht voll entwickelt ist, besteht die Tendenz, andere zu sehr zu verwöhnen – oder, umgekehrt, sie in ihrer Eigenverantwortlichkeit zu behindern, wenn die Liebe besitzergreifend wird. Die Seelen müssen erkennen, daß der beste Dienst, den sie einem anderen schenken können, die Hilfe ist, die er braucht, um seine eigene Verbindung mit dem göttlichen Licht herzustellen. Wenn er das erst einmal gelernt hat, muß er die Freiheit spüren, sein Heil, seinen Weg zum Göttlichen selbst auszuarbeiten. Andernfalls zeigt man ihm keine Liebe, sondern unterstützt seine Trägheit, und es gehört zu den wesentlichen Lektionen des zweiten Strahles, sich von der Verfolgung egoistischer Ziele zu lösen. Die Grenzen persönlicher Liebe müssen überwunden und der Weg zur universalen Liebe gefunden werden. Aus diesem Grunde haben Seelen unter dem goldenen Strahl oft tiefes Leid im Zusammenhang mit ihren Zuneigungen und Lieben zu erdulden. Schließlich gelangen sie an den Punkt, an dem die Seele ständig in der Freude der göttlichen Liebe lebt und die Wahrheit erkannt hat, daß es in der universalen Liebe weder Leiden noch Trennung gibt.

Der Entwicklungsprozeß unter diesem Strahl wird fast immer als vorwiegend im Häuslichen stattfindend wahrgenommen; wer ihm aber unterworfen ist, wird auch Erfahrungen wiederholen, die er in früheren Leben schon gewonnen hatte, als er in verantwortlicher und führender Position stand. Diese Seelen waren vielleicht Könige, Anführer größerer Gruppen, religiöse oder Schul-Lehrer. Viele haben Autoritäts-Stellungen in Klöstern innegehabt, wo sich die Gelegenheit bot, väterliche oder mütterliche Züge zu leben. Das mag wohl der Grund sein, warum viele dazu neigen, ihr Dienen der göttlichen Liebe zu widmen, wenn die persönliche, menschliche Liebe in ihrem Leben scheiterte. Oft sind solche Seelen früher in China oder Tibet inkarniert gewesen, oder sie beschäftigten sich mit dem Buddhismus. In ihrem jetzigen Leben geben sie nun der stillen Weisheit und Liebe jener Religionen Ausdruck. Vielleicht waren sie auch im antiken Griechenland inkarniert und standen mit der pythagoreischen Schule in Verbindung; Pythagoras wird als der Meister an der Spitze des zweiten Strahles angesehen. Auch Inkarnationen in Ländern wie Italien und Frankreich mögen vorausgegangen sein, die unter der Herrschaft des Zeichens Löwe stehen. Ganz gleich aber, was für Aufgaben sie ausführen und unter wie schwierigen Umständen sie leben: Seelen des zweiten Strahles können jederzeit durch die ständige Ausstrahlung göttlicher Liebe dienen. Indem sie sich stets bemühen, ihre Liebe zu vervollkommnen und sie universal zu verströmen, werden sie Zentren der Kraft und des Lichtes – was auch immer sie im Äußeren tun mögen –, zu denen sich die Menschen hingezogen fühlen, wenn sie Wärme, Geborgenheit, Trost oder Inspiration benötigen. So tritt ein universales Gesetz in Kraft: Indem sie Zentren der Liebe werden, ziehen sie automatisch jene an, die dieser Liebe bedürfen, und so bildet sich eine Gruppe – wie eine Sonne zu ihren Planeten kommt. So gesehen, wird der geborene Vater oder die geborene Mutter ihre Familie finden, selbst wenn ihnen eigene Kinder aus karmischen Gründen verwehrt sind. Der wahre Vater und die echte Mutter kennt keine Grenzen. Sie lieben die ganze Welt, und aus diesem Grunde können sie nicht anders, als zu Lehrern, Inspiratoren und Anführern der Menschen zu werden.

DER MOND UND DIE SIEBEN STRAHLEN

Die sieben Lebensströme oder Strahlen der kosmischen Sonne sind so subtil und weitreichend, daß man sie unmöglich mit dem irdischen Verstand allein erfassen kann. Das sterbliche Bewußtsein neigt dazu, sich sieben verschiedene Farben vorzustellen, die eher massiven Schichten eines gemauerten Torbogens ähneln, als daß sie das feine Ineinander-Übergehen der Farben des tatsächlichen Regenbogens andeuteten. Endloses Tüfteln, Nachdenken und Vernünfteln, das versucht, die Farben mit bestimmten Planeten, Zahlenwerten und Tönen zu assoziieren, führt häufig zu größerer Verwirrung, da die zahlreichen Quellen einander widersprechen. Um die Strahlen überhaupt zu erfassen, müssen wir uns in Meditation und Anbetung in die innere Welt zurückziehen und danach streben, eins zu werden mit dem Herzen der Sonne. Wenn wir mit dieser Zielsetzung meditieren, wird sich ganz allmählich die Wahrheit vor unseren Augen öffnen – entsprechend unserem eigenen Entwicklungs-Strahl. Wir werden zu erkennen beginnen, wie jeder der sieben Strahlen seine eigenen Qualität besitzt, seine eigene Schwingung, die alles Leben durchdringt.
Die Betrachtung des strahlenden, sechszackigen Sternes, der das sich entfaltende Christus-Bewußtsein symbolisiert, vermittelt uns ein wachsendes Verständnis davon, wie ein Strahl nach dem anderen zum lebendigen Zentrum und Mittelpunkt des Sternes werden kann. Denn jeder Strahl ist eine Facette des Juwels, des blitzenden Brillanten im Herzen des Sternes. Während der

Stein sich langsam dreht, fängt eine Facette nach der anderen das Licht ein, so daß deren jeweilige Farbe den ganzen Stern und sein Funkeln fein durchtönt, und alle anderen Farben verändern sich, wenn sie mit dem Strahl aus der Mitte verschmelzen. Vielleicht sollten wir uns aber auch ein gewaltiges Kaleidoskop vorstellen, das sich langsam dreht. Der zentrale Punkt, der Schöpfer des Musters, ist die Sonne – nicht nur die Sonne allen Lebens, die wir uns vorstellen dürfen wie den Polarstern, um den sich aus unserer Sicht alle Sternbilder am Himmel drehen. Die sichtbaren Muster mit ihren sich ständig verändernden Formen sind wie der Mond, das Seelenleben des Kosmos – des großen Meeres von Denken und Fühlen, das in dauernder Veränderung begriffen ist, und doch immer das Licht der Zentralsonne reflektiert. Ohne den Reflektor, ohne die Widerspiegelung, würden wir kein Licht, kein Muster, sehen.

Wenn wir über den solaren Stern meditieren, konzentrieren wir unser ganzes Wesen auf den zentralen Quell des Lichtes im Herzen des Sternes, aus dem Myriaden von farbigen Strahlen ausgehen. Wenn wir über den lunaren Strahl meditieren, bemerken wir, wie der feurige Brillant sich allmählich verändert, sein Licht weicher wird, bis es mehr den Farben einer wunderschönen Perle ähnelt, das alles mit seinem sanften Schimmer durchdringt, sich durch seine Bewegungsfülle und die zarte Tönung auszeichnet. Dieser perlfarbene Strahl besitzt machtvolle Energien zum Heilen und Erquicken der äußeren Form.

Der Mond steht im Horoskop des einzelnen für die Persönlichkeit einer einzigen, kurzen Inkarnation, durch die der Strahl des größeren Selbst scheint, und in der praktische Erfahrung zu sammeln ist. Aber diese kleine Persönlichkeit, dieser begrenzte Ausdruck der einen Inkarnation, zeigt auf keinen Fall die ganze Kraft des lunaren Strahles. Denn der Mond am Himmel ist Symbol der großen Mutter aller Lebensformen. Sie ist das Prinzip von Beständigkeit und Wandlung zugleich. Monat für Monat vollendet sie einen Zyklus. Angefangen bei Neumond – der Konjunktion mit der Sonne, wenn der Mond von der Erde aus unsichtbar ist –, nimmt der Erdtrabant allmählich zu, bis er schließlich in voller Größe und Herrlichkeit am Himmel erstrahlt, den Glanz der Sonne, seines Herrn, widerspiegelnd. Wir alle sprechen auf den Zauber und das Geheimnis des Vollmondes an, wenn der Mond in Opposition zur Sonne steht. Dies ist eine Zeit besonderer, geistiger Kraft, die auch im ganzen Naturreich ihre Auswirkung zeigt. Die Gewalt des Mondes über die großen Gezeiten des ätherischen Lebens in der Weltseele ist ebenso weitreichend wie seine Macht über Ebbe und Flut des Meeres in der materiellen Welt. Dann nimmt der Mond wieder ab, verliert immer mehr Licht und Kraft, bis er sich schließlich ganz in die Finsternis zurückzuziehen scheint.

Dreizehn Mal im Jahr nimmt der Mond zu und ab, während die Erde eine Umdrehung auf ihrer Bahn um die Sonne vollendet.
Dieser unaufhörliche Wandel, dieses Sterben und Wiedergeborenwerden des Mondes jeden Monat, ist Symbol für die Beziehung der Persönlichkeiten verschiedener Inkarnationen zu dem größeren Selbst, das die Sonne im Horoskop vertritt. Das soll uns aber keinen Anlaß geben zu glauben, der lunare Strahl sei in irgendeiner Hinsicht geringer als der der Sonne, denn ohne die Kraft der großen Mutter könnte der Geist – der Sohn, der Christus – nicht zur Manifestation gelangen. Während die Sonne positiv ist – das Licht, das leuchtet, und das Wort, das erschafft –, ist der Mond der negative oder passive Aspekt, der das Licht absorbiert und es in äußere Form und Gestalt baut. Man könnte sagen: Wie die Sonne durch die positiven Zeichen wirkt, um das Christus-Bewußtsein zu vermitteln, so wirkt der Mond durch die negativen Zeichen, um die Form zu erschaffen, in der jenes Bewußtsein leuchten kann. Das wachsende Christus-Bewußtsein benötigt eine immer 'vollkommenere' Form, um sich durch sie zu manifestieren. Deshalb ist es ebenso notwendig, die Daseins-Hüllen aufzulösen, wie neue zu schaffen für neues Leben; beide Aufgaben sind ein fester Bestandteil des femininen Lebensaspektes in der ganzen Schöpfung. Es ist also ein Rhythmus, der sich letzten Endes in den gewaltigen, kosmischen Lebenszyklen manifestiert, im Einatmen und Ausatmen des Großen Geistes.
Bei der Entwicklung dieser femininen oder seelischen Seite der Existenz besteht eine eigenartige, enge Verbindung zwischen Mond, Venus und Jupiter, die noch offenkundiger wird, wenn die feineren Seelenhüllen anfangen, sich unter den Einflüssen des sechsten und siebten Strahles zu entfalten. Diese kann man gewissermaßen als die harmonischen Obertöne des zweiten Strahles bezeichnen – die Vollendung des Seelentempels oder des neuen Jerusalems, das im Buche Offenbarung erwähnt ist.
Der Mond ist im Zeichen Stier erhöht, dem festen Erde-Zeichen, das die Venus regiert. Diese Erhöhung ist vermutlich noch typischer für die Freundlichkeit und Güte, mit deren zuverlässigen Qualitäten Menschen unter dem zweiten Strahl ausgezeichnet sind, als Mond im Zeichen Krebs, das er selbst regiert. Venus ist in Jupiters Wasser-Zeichen Fische erhöht, das die Sehnsucht der Seele des sechsten Strahles nach Einheit mit dem geliebten Göttlichen deutlich zum Ausdruck bringt. Jupiter wiederum ist im Mond-Zeichen Krebs erhöht, was erklärt, warum Jupiter manchmal als Mond 'auf höherer Ebene' bezeichnet wird. Sowohl Jupiter als auch der Mond weisen eine Verbindung mit der rituellen, zeremoniellen Magie des siebten oder Amethyst-Strahles auf, unter dessen Einfluß der Mensch schließlich lernen wird, das Elementar-

Reich zu meistern und seinen eigenen, physischen Körper zur Unsterblichkeit zu erheben.

Neptun, der Mit-Regent im Zeichen Fische, ist ebenfalls eng verbunden mit Venus, Jupiter und dem Mond; häufig wird er sogar als eine Synthese dieser drei Planeten betrachtet. Die Bedeutung des Mondes und des femininen Lebensaspektes können wir nicht richtig verstehen, ohne all diese Einflüsse in unsere Überlegungen einzubeziehen.

Der Mond, das Zeichen Krebs und das vierte Haus im Horoskop sind alle mit dem Mutter-Aspekt verbunden: Haus und Heim, Heiligtum, Orte des Friedens und der persönlichen Privatsphäre, Wiege, Kleinkindalter, auch der spätere Teil des Lebens, der Ruhestand, und das Lebensende. Die Mutter schafft die Umgebung für das Kind; sie baut das Heim, das die Grundlage, die Voraussetzung für alles menschliche Leben bildet.

Menschen unter dem solaren Strahl sind von Natur aus positiv, bestimmt und schöpferisch im Bereich des Denkens, während jene unter dem Einfluß des lunaren Strahles eher mit der Formgebung für die Gedanken beschäftigt sind; sie bringen das Gedachte zum praktischen, greifbaren Ausdruck. Sie sind die Ausführenden, die die verschiedenen theoretischen Aspekte im Praktischen zusammenführen, die Geborgenheit und Unterhalt bieten, die Harmonie schaffen und erhalten.

Der Mond, das Zeichen Krebs und das vierte Haus weisen alle auf ein empfängliches, mitfühlendes, gefühlsbetontes Naturell hin. Der Mond ist die Königin des Elementes Wasser, das die Psyche, die Seele beherrscht. Die Persönlichkeit, wie wir sie lieben, ist der irdische Ausdruck des größeren Selbst, und wie der Mond reflektiert sie den ihr innewohnenden Geist, der wie unserer ausgerichtet ist. Die Persönlichkeit derer, die ihren Entwicklungsweg unter dem Einfluß des lunaren Strahles beschreiten, ist sanft, ruhig und von guter Auffassungsgabe. Diese Menschen wissen von Dingen, ohne etwas darüber gehört zu haben, denn sie identifizieren sich fast unbewußt mit dem anderen und spüren, was dieser empfindet. Eine Mutter fühlt instinktiv mit ihrem Kind. Sie spürt die Verletzungen, die Enttäuschungen, aber auch die Triumphe ihres Kindes, und sie weiß, wie sie Trost, Zuspruch oder Ermahnungen zu geben hat. Eine kluge Mutter, die nicht nur Mitgefühl schenkt, sondern auch weiß, wie sie ihr Kind auf seine Unabhängigkeit vorbereitet und dann in den Hintergrund tritt wie ein Freund, wenn das Kind ihres Schutzes nicht mehr bedarf, strahlt eine starke Kraft aus. Die Hand, die die Wiege bewegt, regiert die Welt.

Nun, da die Menschheit sich in der Übergangsphase zwischen dem negativen Zeichen Fische und dem positiven, mentalen Zeichen Wassermann befindet, sprechen viele Frauen auf diesen positiven, mentalen Strahl an und finden die Verantwortung als Hausfrau und Kindeserzieherin recht beschwerlich. So gibt es eine Tendenz zur Auflösung der klassischen Familien-Konstellation, in der die Mutter den Mittelpunkt des Zuhauses bildete. Frauen mit spirituellem Verständnis könnten hier die Führung übernehmen und ihren Schwestern zu erkennen helfen, wie lebenswichtig der Mutter-Einfluß ist und das sichere, liebevolle, Geborgenheit vermittelnde Zuhause und häusliche Leben für die jungen Seelen, die zur Inkarnation angetreten sind. Viele Seelen, die in unserer Zeit geboren werden, sind wirkliche 'Kinder des Wassermanns', sie sind höchst sensitiv und offen für den Geist des neuen Zeitalters. Da Wassermann ein positives Zeichen ist, das das Denken anregt, haben jene, die mit dem lunaren Strahl zur Zeit leben, eine wichtige Rolle zu übernehmen, um der Menschheit zu helfen, die Balance aufrechtzuerhalten.

Die wahre Aufgabe der Seelen, die sich unter dem lunaren Strahl entwickeln – das heißt vor allem: unter dem zweiten Strahl –, besteht darin, die Qualität des göttlichen Elternteils zu leben. Wir sagen 'Elternteil', weil es keine Rolle spielt, ob eine Seele während einer Inkarnation einen männlichen oder weiblichen Körper bewohnt. Wenn Sie sich unter dem lunaren Strahl entfalten, sei es als Mann oder als Frau, werden Sie tief in Ihrem Innern eine große Liebe zum Leben fühlen. Sie werden den Impuls spüren, für alle lebendigen Wesen zu sorgen und ihnen Zuwendung zu schenken, besonders aber den Jungen und Hilflosen an Körper oder Seele.

Es ist Aufgabe der Mutter, weise für die Ernährung, das Wohlbefinden und Wohlergehen ihrer Familie vorzusorgen. Daher braucht sie viel Klugheit und Voraussicht. Sie muß die 'Kunst des guten Managements' lernen. Im weiteren Sinne wäre festzustellen, daß Menschen unter dem Einfluß des lunaren Strahles häufig dem Impuls nachgehen, ihren Mitmenschen in der Organisation oder Verwaltung lokaler Angelegenheiten oder in der Politik zu dienen. Wie die Mutter die Königin ihres weise geführten Haushaltes sein muß, spüren auch alle, die mit dem lunaren Strahl arbeiten, den Drang, Macht und Autorität durch ihre ordnende, lenkende Tätigkeit auszuüben. Wenn der Mond durch das Zeichen Krebs vorherrscht, Mars und Saturn aber gleichfalls stark vertreten sind, kommt es im Handeln zu einer Verschmelzung des ersten Strahles von Wille und Macht mit dem zweiten Strahl des Versorgens und Lehrens. Daraus geht häufig ein Politiker mit sehr festen Ansichten über eine gesellschaftliche Reform hervor. Aber er wird sich in vielem unterscheiden von den Menschen des solaren Strahles, die Pioniere, Erschaffer, Inspiratoren sind. Die Menschen unter dem zweiten Strahl führen die Befehle aus und geben den schöpferischen Vorstellungen des solaren Strahles Ausdruck und Gestalt. Sie gleichen hierin gut geübten Schauspielern oder Musikern, die die Gedanken des Dramatikers oder Komponisten zur Freude anderer reflektieren und interpretieren. Ohne ihre Art des Dienstes würde dem Leben sehr viel Schönes fehlen. Wir erinnern hier an die Erhöhung des Mondes im Stier, dem festen Erde-Zeichen, das von Venus regiert ist, dem Planeten der Harmonie und der Schönheit.

Menschen unter dem zweiten Strahl sind auch die Sozialarbeiter, die mit der Betreuung – Ernährung, Unterbringung, Pflege – anderer beauftragt sind, auch jene, die sich um die Jungen, die Tiere oder Pflanzen kümmern; alle, die es lieben, in Haus und Garten Schönheit zu schaffen und sich klug des Landes, der Umwelt und des Bodens annehmen; alle, die mit der Natur oder mit Menschen arbeiten, um Harmonie und Schönheit zu verwirklichen.

Aufgrund der ununterbrochenen Aktivität und Wandlung, die der Mond repräsentiert, werden diese Menschen oft von allen möglichen praktischen Belangen überbeansprucht. Da sie für die psychischen Zustände in ihrer Umgebung so empfänglich sind, verwickeln sie sich auch oft und allzu leicht in das Gefühlsleben, in Gedanken und Empfindungen der Gemeinschaft, in der sie leben. Sie spiegeln die Gedanken und Gefühle ihrer unmittelbaren Umgebung recht deutlich wider. Sie haben ein besonders gutes Gespür für die Empfindungen der Öffentlichkeit und nehmen Stimmungsveränderungen sofort wahr. Deshalb besitzen viele von ihnen eine Verbindung zur Öffentlichkeit und werden zu wohlbekannten Personen des öffentlichen Lebens (oder deren Förderer, denn sie haben auch einen guten Geschäftssinn). Solange sie aber nicht lernen können, sich zu schützen und die Kontrolle über ihren Emotional- oder Astralkörper zu erlangen, laufen sie ständig Gefahr, sich von Konflikten, emotionalen Verwirrungen und den Sorgen des Alltagslebens in Stücke reißen zu lassen.

Familiäre Beziehungen spielen für diese Menschen eine wichtige Rolle und üben einen starken Einfluß auf sie aus; durch ihr Karma werden sie ohnehin oft veranlaßt sein, starke familiäre Verpflichtungen und Verantwortung zu tragen. Vielleicht müssen sie viele Jahre lang einen Elternteil versorgen oder einen kranken Angehörigen pflegen. Wegen ihrer tiefen Hingabe für die ganze Familie wie für den einzelnen wissen sie innerlich, daß sie – eventuell entgegen allen Ratschlägen und Meinungen anderer – für diesen Angehörigen sorgen müssen und ihn nicht einfach in ein Heim abschieben dürfen. Dieses Verantwortungsbewußtsein – zunächst gegenüber der unmittelbaren Familie, und später, wenn die Seele sich weiterentwickelt, gegenüber dem größeren, weiteren Familienkreise – ist ein wesentliches Merkmal jener, die unter dem lunaren Strahl wirken. Sie sehnen sich danach, gebraucht zu werden, und sie sind nie glücklicher, als wenn sie ihr Leben im Dienste für andere verbringen können.

Aber in diesem Dienen können sie sich gänzlich erschöpfen, und so müssen sie das Geheimnis lernen, wie die Seele wieder zu erquicken ist. Auch das zeigt sich deutlich in der Symbolik des Zeichens Krebs und dem vierten Haus, dem Zeichen der Ermüdung und Erfrischung. Diese Menschen müssen sich in regelmäßigen Abständen vom äußeren Leben zurückziehen und sich ein Heiligtum einrichten, sowohl im Inneren wie im Äußeren. Jeder braucht einen Ort der Stille und Ruhe, an den er sich zurückziehen kann, um zu beten und zu meditieren. Jene, die unter dem lunaren Strahl wirken, spüren dieses Bedürfnis besonders klar, denn sie geraten so oft in das Seelenleben anderer, daß sie viel Mühe und Willenskraft aufwenden müssen, um sich zurückzuziehen und sich selbst zu finden.

Wie der Mond, der sich ewig Wandelnde, in seinem Rhythmus doch Konstanz beweist, so zeigen die vom lunaren Strahl beeinflußten Menschen eine große Zielstrebigkeit, die sie einsetzen müssen, um zu lernen, ihre Gedanken unter Kontrolle zu bringen. Sie müssen von ihrer schöpferischen Seelenkraft Gebrauch machen, um sich einen Ort absoluten Friedens zu schaffen, einen wunderschönen, von einer Mauer umgrenzten Garten, in den sie sich zurückziehen können.

Das schönste Symbol für den lunaren Strahl ist vielleicht der stille Teich oder See, der friedlich inmitten eines himmlischen Gartens ruht, und an dem die Seele sich niederlassen kann, um schweigend das Licht des Himmels zu betrachten, das sich auf der Wasseroberfläche widerspiegelt. Auf dem Wasser sind die Blüten der Seerosen dabei, sich zu entfalten. Während die Blütenknospen sich öffnen, um ihr goldenes Herz zu offenbaren, scheint die Seele Teil dieser wunderschönen Blume zu werden; sie atmet den göttlichen Odem aus dem goldenen Herzen der Blüte ein.

Die Farben Violett oder Amethyst werden in der Regel mit dem Mond assoziiert, aber wenn man über den lunaren Strahl meditiert, ist es wohl besser, sich nicht so sehr an irdische Farb-Vorstellungen gebunden zu fühlen. Der Strahl der großen Mutter Mond hat einen grundsätzlichen Amethyst-Ton, aber er gleicht mehr dem Schimmern einer Perle. Denken Sie an die Eigenschaften des Lichtes, wie es vom Meer reflektiert wird, vielleicht sogar des Mondlichtes, oder der Strahlen der Sonne, die leicht von Wolken verschleiert ist, so daß der Wasserspiegel wie Perlen schimmert, still, aber erfüllt von bewegtem Schein. Denken Sie an die Eigenschaft der Kraft, der Schöpfungskraft des großen Ozeans des Lebens. Denken Sie an das große Meer der menschlichen Liebe, des menschlichen Denkens, des Seelenlebens des Planeten, das dieser

Ozean symbolisch darstellt, und denken Sie dann an den Meister, der über dieses Wasser geht und göttlichen Frieden zu allen jenen bringt, die an Gemüt und Körper mühselig und beladen sind. Das ist der wahre Heilungsstrahl, der Strahl, der Leben aufbaut und wiederherstellt, der das Loslassen im Tode bewirkt und dann wieder die Lebensatome sammelt, um neue, junge Körper zu schaffen. Das ist das Leben, das alles neu macht.

Der Geistführer von Seelen, die unter dem lunaren Strahl wirken, wird sich häufig in Gestalt einer schönen Frau zeigen, fein und wunderschön wie die Farben des Himmels und des Landes, wenn sie vom stillen oder sanft bewegten Wasser reflektiert werden. Dieser Geistführer wird immer eine ausstrahlende Stille und Ruhe mitbringen, ein Gefühl tiefen Friedens – nicht einen schwachen, gelangweilten Frieden, sondern einen von Kraft erfüllten Frieden, der hinter seiner Stille eine dynamische Kraft birgt, die stützt und wiederherstellt.

Jenen, die die notwendigen Voraussetzungen schaffen, wird ihr Führer sich nähern und helfen, sich auf eine Ebene himmlischer Weisheit jenseits aller Sorgen und Konflikte zu erheben und sich des göttlichen Planes bewußt zu werden, zu dessen Erfüllung sie als Diener der großen Mutter beitragen können.

MERKUR UND DIE SIEBEN STRAHLEN

Sonne und Mond regieren nur je ein Zeichen des Tierkreises. Die Planeten regieren zwei Zeichen, ein positives und ein negatives; Sonne und Mond dagegen stellen auch die Spitze, den Inbegriff des positiven und des negativen Lebensstromes in der ganzen Schöpfung dar. Sie symbolisieren das ewige Vater/Mutter-Prinzip, von dem alles Leben ausgeht. In gewissem Sinne sind sie also eins. In ihnen erzeugen göttlicher Wille und göttliche Liebe das Kind, das individualisierte menschliche Bewußtsein, dessen astrologisches Symbol der Planet Merkur ist. Merkur regiert das Luft-Zeichen Zwillinge, das dritte Zeichen des Tierkreises. Es ist ein duales Zeichen, dessen Symbol uns an die beiden großen Zwillingssäulen – die eine licht, die andere dunkel – am Eingang zum Tempel der Weisheit erinnert.

Im Anfang sprach Gott: „Es werde Licht", und es ward Licht. Wenn wir uns Licht als Gottesbewußtsein denken und uns erinnern, daß des Menschen bewußtes Denken sich unter dem Einfluß des merkurischen Strahles entfaltet, ahnen wir vielleicht, warum dieser Planet zuweilen als der Träger des Christus-Lichtes bezeichnet wird. Merkur repräsentiert das sich entwickelnde menschliche Bewußtsein, das Kind des Vater-Mutter-Gottes, geboren aus dem vollendeten Gleichgewicht und der Einheit des positiven und des negativen Lebensstromes.

Die zeitlose Weisheit lehrt, daß der Mensch ein Gott im Entwicklungsprozeß sei, und Gottesbewußtsein die vollständige Kontrolle über die positiven und negativen Kräfte einschließe. Im Garten Eden genoß der Mensch das Leben eines glücklichen, sorglosen Kindes, das ganz in der Glückseligkeit des Gottesbewußtseins weilte. Dann, mit dem Erwachen des gottgegebenen Impulses schöpferischer Kraft, aß er die Frucht vom Baum des Wissens von Gut und Böse, und wurde daraufhin aus dem Paradies vertrieben. Seitdem wurden sich Adam und Eva ihrer gegensätzlichen Rollen im Leben bewußt und waren gezwungen, ihr Brot im Schweiße ihres Angesichts zu verdienen.

Außer dem Zeichen Zwillinge regiert Merkur auch das Erde-Zeichen Jungfrau, in dem er erhöht ist. Jungfrau – wir erinnern uns – wird im allgemeinen mit dem Bild eines jungen Mädchen assoziiert, das Garben goldener Ähren trägt. Im Horoskop stehen Jungfrau und das von ihr beherrschte sechste Haus mit der Arbeit in Verbindung, mit der wir unser tägliches Brot verdienen, und mit dem Brot selbst, der Nahrung, die unsere Körper aufbaut und erhält. Weiterhin untersteht Jungfrau der Verdauungstrakt, über den unser Organismus die Nahrung aufnimmt und sich so gesund erhält. Jungfrau hat also mit den Grundfaktoren des alltäglichen Lebens zu tun: Arbeit, Essen und Gesundheit, sowie die Einstellung des Menschen zu diesen Aspekten. Es ist interessant, daß Merkur, der das Denken regiert, so eng mit der Gesundheit zusammenhängt.

Das bewegliche Erde-Zeichen Jungfrau bringt es mit sich, daß das Element Erde flexibler ist und weniger dicht und grob als in den anderen Erde-Zeichen. Es bringt der Seele die Fähigkeiten, allmählich zwischen dem Wirklichen und dem Unwirklichen zu unterscheiden zu lernen, sowie das Licht zu erkennen und zu stärken, das in der Dunkelheit der Materie leuchtet.

Dies ist das Zeichen echter Kommunion, in dem die Seele lernt, die Wirklichkeit der inneren Welten zu erkennen. Das weiße Tuch, das den Kommunionstisch bedeckt, ist Symbol für den Bewußtseinszustand, der es dem Menschen erlaubt, der Aufforderung nachzukommen: „Schmecket und sehet, wie freundlich der Herr ist." Es ist Symbol für die Stille und Hingabe, in der die Seele Gottes Gegenwart gewahren und das Sakrament des heiligen Grals empfangen kann.

Aus astronomischer Sicht ist Merkur der kleinste Planet unseres Sonnensystems. Er steht der Sonne am nächsten und erhält von ihr einen mächtigeren Licht-Segen als jeder andere Planet. Wegen seiner Nähe zur Sonne kann er im

Horoskop nie mehr als 28 Grad von der Sonnenposition entfernt sein; wenn er also nicht im gleichen Tierkreiszeichen zu finden ist wie die Sonne, steht er im vorausgehenden oder folgenden Zeichen. Diese verschiedenen Beziehungen des Merkurs zur Sonne sind von Bedeutung, da sie anzeigen, wie sich das höhere Bewußtsein durch die Seelenlektion entfaltet, die das Sonnenzeichen mit sich bringt.

Der Einfluß Merkurs ist subtil und weitreichend. Obwohl das materiell-körperliche Gehirn hauptsächlich unter der Regentschaft des Mondes steht, können wir den Planeten Merkur mit dem Seelenbewußtsein assoziieren, das das physische Gehirn als äußeres Instrument oder Werkzeug benutzt. Es ist dies der Teil des Menschen, der denken und vernünftige Überlegungen anstellen kann aufgrund der Eindrücke und instinkthaften Reaktionen, die ihn über Gehirn und Sinne erreichen. Er kann sie als Erinnerungen speichern. Ein Teil dieses Bewußtseins ist ganz mit den Problemen des irdischen Lebens beschäftigt, aber es gibt noch einen größeren Teil, der in der himmlischen Welt bleibt und zu dem das niedere Bewußtsein zurückkehrt, wenn es sich vom physischen Körper löst.

In der antiken Sagenwelt war Merkur der geflügelte Götterbote. Abgebildet wurde er mit einer geflügelten Kappe und geflügelten Sandalen als Zeichen seiner raschen Reisetätigkeit. Er steht für die Macht des Denkens, die der menschlichen Seele Flügel verleiht, um sich in unvorstellbare Höhen himmlischer Freiheit zu erheben oder in die Tiefen der Astralwelt hinabzusteigen. Der freie Wille des Menschen liegt in dieser Kraft des schöpferischen Denkens. Auf alle Aspekte des herrlichen, merkurischen Strahles anzusprechen, übersteigt die Möglichkeiten der meisten Menschen unserer Zeit. Nur jene, die den Pfad der Jüngerschaft beschreiten, können damit beginnen, die transzendenten Eigenschaften dieses Planeten zu erfahren, der zu Recht als Bote der Götter bezeichnet wird.

Merkur war auch als der Führer der Seelen Verstorbener durch die Unterwelt bekannt. Nach jeder Inkarnation helfen die Engel Merkurs der Seele, deren ganzes, vergangenes Leben rückblickend zu betrachten, und mit ihrer Hilfe entfaltet sich auch das überbewußte oder transzendentale Denken, das heißt jener Teil des menschlichen Geistes, der die von jedem Erdenleben gespeicherten Erinnerungen birgt. Wie ein Tonbandgerät Sprache und Ton zuverlässig aufzeichnet und die Filmkamera Bilder aufnimmt, so wird dem sensitiven Äther (Akasha) eine Aufzeichnung jedes Gedankens und jeder Handlung früherer Erdenleben eingeprägt. Diesen sensitiven Äther mag man vergleichen mit dem Tierkreis der Seele, mit jenem Rad der Wiedergeburt, das uns veranlaßt, uns in die Umstände erneut zu verkörpern, die wir mit unseren eigenen Gedanken und Reaktionen geschaffen haben. Wenn sie in den Spiegel ihres eigenen Wesens blickt, sieht die Seele ihre Vergangenheit offenbart und gelangt so zu der Erkenntnis, welche weiteren Lektionen sie durch künftige Erfahrungen in irdischen Inkarnationen noch zu lernen haben wird. Diesen Rückblick über das gerade beendete Erdenleben kann man mit dem Verdauungsprozeß im Körper vergleichen. Unter dem genau wirkenden und vollkommenen Gesetz reinkarniert die Seele zu dem Zeitpunkt, an dem die Himmelskörper solche Positionen innehaben, daß sie die notwendigen Lebenserfahrungen anziehen; es besteht nämlich eine vollendete Entsprechung zwischen dem Tierkreis und den Planeten am Himmel und dem Zodiak der individuellen Seele. Licht und Dunkelheit in der Seele sind vermischt und müssen im Laufe der Zeit zu völliger Harmonie und Ausgeglichenheit gebracht werden; das geschieht mit der Hilfe des planetaren Engels, der für die Entwicklung der jeweiligen Seele unter dem Einfluß ihres Strahles verantwortlich ist.

Obwohl jede Seele zahlreiche Erinnerungen in ihrem höheren Bewußtsein mitsichträgt, ist ihr doch als Gnade gegönnt, bei ihrem erneuten Herabstieg in eine weitere Inkarnation vom Wasser des Lethe *) zu trinken, um ihre lange Vergangenheit zu vergessen. Wäre dies nicht so, würde die Last für das bewußte Denken unerträglich schwer. Während die Seele noch unreif ist, wäre das Leben nicht auszuhalten, wenn das bewußte Denken sich aller früheren Gesetzesüberschreitungen, Sorgen, Kümmernisse, Freuden, Liebes- und Haß-Beziehungen erinnerte. Erst wenn wir an Kraft und spiritueller Gelassenheit zugenommen haben, wird es uns erlaubt sein, Erinnerungen an unsere Vorgeschichte in gelegentlichen, blitzartig-intuitiven Einblicken zu erfahren. Solange wir noch nicht reif sind für die vollständige Offenbarung, zeigen sich solche Erinnerungen hauptsächlich in unseren instinktiven Reaktionen gegenüber Menschen und Situationen und durch die unfehlbare Stimme unseres Gewissens.

Der Strahl Merkurs erweckt im Menschen das Bewußtsein, mit dem er denken, ergründen und nach Höherem streben kann, verstehen, genießen und erinnern. Dies ist der Strahl, der Gedanken in Symbole und Gestalten formt, als die sie anderen mitgeteilt werden können. Denken Sie zum Beispiel nur an die gewaltige Fülle von Gedanken und Vorstellungen, die mit dem Symbol des Punktes im Kreis, des Kreuzes im Kreis, eines Sternes oder eines der Tierkreiszeichen assoziiert werden und daher durch das Symbol selbst mitgeteilt werden können. Die Konzentration auf ein Symbol wird es einer Seele mit

---

*) Lethe: einer der 5 Flüsse der Unterwelt, des Hades, der griech. Mythologie. Wer vom Wasser Lethes trinkt, verliert die Erinnerung an das irdische Dasein. (Anm.d.Ü.)

ausreichendem Wissen sofort ermöglichen, sich mit anderen auf der gleichen Gedankenebene auszutauschen. Auf diese Weise helfen die Engel Merkurs, Menschen in Gruppen, in Brüderlichkeit und Verständnis zusammenzuführen. Sie bringen die Seele in die absolute Einheit auf der Gedankenebene in den inneren Welten.

Von Zivilisationen längst vergangener Zeiten in Stein geritzte oder gehauene Symbole vermitteln dem geübten Blick und gebildeten Sinn etwas vom Gedankenleben und Entwicklungsstand jener Kulturen. Mit Hilfe von auf Papier geschriebenen oder gedruckten Zeichen teilen wir anderen unsere Gedanken mit. Das wirkliche Verstehen eines Symbols erfordert oft eingehende Beschäftigung und gedankliche Tätigkeit in vielerlei und komplexer Hinsicht. Das Denken muß bis zur vollen Kapazität geübt und entfaltet werden, und dies gilt für das bewußte, irdische Denken ebenso wie für das überbewußte Denken, das den Zugang zum Tempel der Weisheit in den Himmelssphären öffnet. Der merkurische Strahl ist der Strahl des Lernenden, der Strahl der Seele, die sich nach Weisheit sehnt, nach Ausbildung und Lehrzeit, um Übung und Geschicklichkeit in einer der natürlichen Künste und Wissenschaften zu erlangen.

Merkur regiert nicht nur menschliches Bewußtsein und Denken, sondern auch die Instrumente, mit denen sich Bewußtsein und Denken Ausdruck verschaffen: die Stimmbänder, die Sprache, die Lungen, die Atmung und die Hände. Ohne die Lungen und den Atem gäbe es kein Leben im Körper. Ohne die Stimmbänder und Sprechorgane gäbe es keine Stimme. Ohne das Nervensystem, das auch von Merkur regiert wird, gäbe es keine Bewußtheit. Wir wären blind, taub, stumm und gefühllos. Merkur beherrscht alle diese Ausdruckswege und in der äußeren Welt alle Mittel zu Studium, Lernen, Kommunikation, Fortbewegung und Transport.

Die Sage erzählt, daß Merkur eine Leier schuf, die er Apollo, dem Sonnengott, gab, der auf ihr Musik erklingen ließ, die alle bezauberte, die ihm lauschten. Viele unserer großen Musiker weisen in ihrem Horoskop starke Merkur-Einflüsse auf. Durch die Ausübung ihrer Kunst können sie tiefe Eindrücke im Bewußtsein anderer hinterlassen. Musik und Klang bergen eine gewaltige Schöpfungs- und Zerstörungs-Kraft. Sie können eine Seele ins himmlische Bewußtsein erheben oder negative Gedanken und Emotionen aufwühlen, die kriegerischen Elemente im niederen Selbst.

Auch Worte, seien sie geschrieben oder gesprochen, besitzen eine ähnliche Macht. Sie können die Seele zum Höchsten und Besten erheben, und sie können verletzen und zerstören. Ebenso können die Hände gebraucht werden, um zu dienen und zu heilen, um Schönheit zu erschaffen oder Beschädigtes wiederherzustellen – oder sie können gebraucht werden, um zu Töten und zu Vernichten. Diese Dualität zeigt sich deutlich im Zeichen Zwillinge, das immer dualistische Erlebnisse jenen bringt, die unter seinem Einfluß stehen. Der Strahl Merkurs schenkt Kenntnisse – des Lichtes ebenso wie der Finsternis.

In der Sagenwelt des antiken Griechenlands wurde Merkur auch als junger Bursche dargestellt, der den anderen Göttern ebensooft als Segen wie als Plage erschien. Wenn er nicht unter strenger Kontrolle stand, zeigte er sich durchtrieben und richtete viel Schaden an. So kann auch das irdische Denken destruktiv sein, wenn es nicht unter der Kontrolle des Geistes verbleibt. Die himmlischen Zwillinge werden auch als Knaben dargestellt, und Jungfrau als junges Mädchen. Im Horoskop steht Merkur für junge Leute, besonders Schüler und Studenten, aber auch Brüder, Schwestern, Cousins und Cousinen; kurzum, Merkur steht für Gleichaltrige. Im Leben der Seele ist Merkur Symbol für das junge Bewußtsein in der Entwicklung, das noch Ausbildung benötigt und Übung braucht, und das – wenn es nicht unter der strengen Kontrolle des innewohnenden, göttlichen Willens steht – allzeit bereit ist, etwas Böses im Schilde zu führen, Kraft zu vergeuden, unverantwortlich zu schwatzen und Dinge zu zerpflücken wie ein neugieriges Kind, immer voller Spaß und Vitalität. Wie bei Kindern muß dieses Selbstbewußtsein und die gedankliche Kreativität sich bis zu einem gewissen Punkte frei entwickeln, um der Seele eine Vielfalt von Erfahrungen zu verschaffen.

In diesem Jungendstadium ohne Verantwortung wird die Seele von ihren Händen, dem Schreibwerkzeug und vielleicht vor allem von ihrer Stimme recht unkontrolliert Gebrauch machen, und sie wird dabei nicht erkennen, welche zuweilen verheerenden Wirkungen sie damit bei anderen hervorruft. Diese Gedankenlosigkeit, diese Unkenntnis der Macht des Denkens, andere zu verletzen oder zu heilen, ist die Grundursache sehr schwierigen Karmas. Es ist kein Wunder, daß die Götter sich nach Kräften bemühten, den jungen Merkur beschäftigt zu halten!

An einem bestimmten Punkt der Entwicklung – wenn das Karma genügend Erfahrungen ausgelöst hat, um die Folgen von Denken und Tun zu gewärtigen, beginnt das höhere Denken zu erwachen. Die Seele spürt den Drang, nach Höherem zu streben, die Hilfe Unsichtbarer zu suchen und die Kommunikationsverbindung mit dem höheren Selbst, den höheren Welten zu erschließen. Sobald dieses Verlangen stark genug ist, beginnt die Seele aufrichtig nach Geleit zu suchen. Dann stellt sich die geistige Hilfe mit Gewißheit ein. Der Seelenführer nähert sich und bringt die Seele in Kontakt mit Menschen oder macht sie auf die richtigen Bücher aufmerksam, die weitere Aufklärung geben können. Jede Seele wird, sobald sie innerlich bereit dazu ist, behutsam auf den rechten Weg der geistigen Entwicklung und Disziplin geführt.

Alle Mysterienschulen haben ihre eigenen Methoden, nach denen sie den Anfänger ausbilden; dazu gehören immer Disziplin für Körper und Denken. Eine der allerersten Lektionen beinhaltet das Unterscheiden auf tieferen und immer tieferen Ebenen, bis das ganze Wesen geläutert ist und sich dem Dienst des Christuslichtes weiht. Dieses Training des Unterscheidungsvermögens und der Reinheit des Denkens steht in Verbindung mit dem Erde-Zeichen Jungfrau. Es entspricht dem Pflügen des Ackerbodens als Vorbereitung für die Saat. Die vielleicht wichtigste Lektion ist die Kontrolle und Lenkung der Gedankenkraft, so daß das bewußte Denken allmählich zu einem Instrument wird, durch das das Christus-Selbst, das Sonnen-Selbst, sich ganz manifestieren kann. Zu dieser Vorbereitung gehört auch die Kontrolle der Zunge, damit diese keine unbedachten, kritischen Worte redet, die einen anderen verletzen oder ihn von seinem eigentlichen Ziel abbringen könnten. Das bedeutet auch Kontrolle der Feder, des Schreibens, so daß nur Gedanken schriftlichen Niederschlag finden, die Licht und Inspiration bringen und andere ermutigen, sich im Bewußtsein dem Höchsten und Besten entgegenzustrecken.

Merkur regiert die Lungen und den Atem. Alle Sprecher und Sänger wissen von der immensen Bedeutung der Atemkontrolle bei der Ausübung ihrer Kunst. Auch die Anfänger auf dem geistigen Wege müssen lernen, tief zu atmen, müssen die „Gott-Atmung" üben, die ihnen helfen kann, ihr Gedankenleben zu disziplinieren und zu kontrollieren, bis es einen Zustand von Harmonie, Ruhe, Bereitschaft und Offenheit für das Christus-Denken erreicht.

Menschen, die unter dem merkurischen Strahl in ihrem derzeitigen Leben arbeiten, werden feststellen, daß dieser Planet in ihrem Horoskop in verschiedener Hinsicht herausragt. Er wird sich höchstwahrscheinlich in einer Aspekt-Position zum Aszendenten oder wichtigen Planeten in Zwillinge oder Jungfrau befinden. Das dritte oder sechste Haus des Geburtshoroskopes wird ebenfalls betont sein. Diese Menschen sind die Deuter und Übersetzer von Wort, Ton und Symbol. Ihr Denken wird geübt und ausgebildet, um ein Instrument zu werden, durch das die himmlische Weisheit zur Menschheit gebracht werden kann. Ihre wahre Aufgabe ist die eines Reflektors oder Vermittlers himmlischen Lichtes, der der Menschheit Weisheit und Segen aus der höheren Welt zuführt. Alle, die anderen Informationen mitteilen, alle die die Kommunikation fördern und ermöglichen, fallen unter den Einfluß dieses

Strahles: Schriftsteller, Lehrer, Nachrichtenkorrespondenten, Kuriere, Reisende, alle, die mit Kommunikationssystemen wie Telephon oder Radio zu tun haben oder mit der Informationsbearbeitung durch Computer. Jedes Mittel der Kommunikation, jede Methode mentalen Trainings und gedanklicher Disziplin steht unter diesem merkurischen, dritten Strahl, dem Strahl der Weisheit und Klugheit.

Wer unter dem Einfluß des dritten Strahles arbeitet, besitzt ein sehr aktives Denken. Seine Hauptinteressen liegen im mentalen Bereich und in kulturellen Belangen. Er liest gerne und studiert aus privatem Interesse; in der Regel sind es zahlreiche Gebiete, die ihn interessieren. Ja, sein lebhaftes Denken und sein höchst sensitives, feines Nervensystem werden es ihm vermutlich erschweren, seine Gedanken unter Kontrolle zu bringen und still und empfänglich zu werden für das höhere Denken, das Christus-Denken. Trotzdem ist es wichtig, daß er diese Mühe auf sich nimmt, denn nur so kann er die wunderbare Hilfe der Engel Merkurs erfahren, die sich ihm nähern, um der Seele des ernsthaft nach Weisheit Strebenden emporzuhelfen.

Obwohl psychische, mediale Kräfte mit den Wasser-Zeichen und dem Emotional-Körper assoziiert werden, gibt es bei den Luft-Zeichen ebenfalls die Gabe des intuitiven Kontakts mit den höheren Welten. Dieser Aspekt steht – besonders in unserer Zeit – in Verbindung mit Medialität des mentalen (im Gegensatz zum physischen) Typs. Die Anregung des Kehl-Chakras, die geradezu charakteristisch ist für die Seelen, die sich unter dem Strahl des Merkur entwickeln, kann zu ausgeprägter Hellsichtigkeit führen, aber häufiger die Gestalt der bewußten Inspiration in Sprechen oder Schreiben annehmen. Dieser Inspirationsfluß ist vielleicht hellsichtig als ein Lichtstrom wahrnehmbar, der sich an Kopf- und Kehlchakra konzentriert, während der Betreffende spricht oder schreibt. Man könnte sagen, daß alle wirklich großartige, schöpferische Arbeit auf diese Weise inspiriert ist. Aus diesem Grunde geschieht es, wenn die Weisen in der Ratsversammlung auf höherer Ebene es für richtig entscheiden, daß ein gewisser Gedanke bekannt werden oder eine gewisse Erfindung Verbreitung erlangen soll, daß dieser Gedanke oder die Idee zu der Erfindung oft von mehreren Menschen auf der Erde gleichzeitig und unabhängig voneinander aufgenommen wird.

Zwei Kulturen in der Vergangenheit standen besonders stark unter dem Einfluß des dritten Strahles: die Ägypter und die Indianer Nordamerikas. Es wird bekannt sein, daß die Ägypter eine umfangreiche Symbol- und Bilder-Sprache und -Schrift schufen. Beide Rassen hatten ihre Fähigkeiten, Gedanken zu vermitteln und zu lesen, erstaunlich weit entwickelt. Es wurde schon oft gefragt, warum so viele Geistführer sich in indianischem Gewande oder

Schmuck zeigten. Vielleicht ist eine der möglichen Antworten, daß die indianische Rasse dem merkurischen Strahl unterstand; Indianer sind glänzend in der Lage, Gedankenbilder und Symbole zu erschaffen und ihren Medien zu übermitteln.

Viele Menschen, bei denen heutzutage der merkurische Strahl stark vertreten ist, haben eine oder mehrere wichtige Inkarnationen als Angehörige einer jener beiden Rassen verbracht, möglicherweise als Schreiber, Buchhalter, Geschichten-Erzähler, Sänger, Redner oder Priester der inneren Weisheit. Eine frühere Inkarnation in einem Mönchs- oder Nonnenkloster des mittelalterlichen Europas oder in einem Kloster in Tibet ist ebenfalls wahrscheinlich, denn die Klöster waren bedeutende Hochburgen der Kultur und der Ausbildung in Kunst und Handwerk, die merkurische Seelen anzogen.

Der Führer und Lehrer von Seelen unter dem dritten Strahl wird sich erst dann nähern können, wenn das äußere Denken zur absoluten Stille gelangt. Man wird ihn als auf einem Strahl rein-weißen Lichtes stehend empfangen, das das Bewußtsein durchstrahlt, und es der Seele ermöglicht, klar zwischen dem Wirklichen und dem Unwirklichen, dem Wichtigen und dem Unwichtigen zu unterscheiden, so daß Probleme sich fast wie von Zauberhand lösen werden und das Denken zu Ruhe und Frieden findet. Häufig wird der Geistführer oder -lehrer ein Ägypter oder Indianer sein; manchmal aber auch ein Heiler-Mönch oder ein Jünger der Kräuterheilkunde oder Alchemie.

Die Farbe des merkurischen Strahles ist schwer zu schildern; zuweilen wird sie als reines Gelb der Weisheit geschaut, manchmal aber auch als reines, fast blendendes Weiß wahrgenommen. Wie schon erwähnt, steht der Planet Merkur der Sonne sehr nahe. Seine Funktion im Leben der Seele ist die eines Spiegels, der das Licht der Christus-Sinne im Bewußtsein des Menschen reflektiert und aussendet. Zusammen mit den Strahlen von Sonne und Mond bildet der merkurische Strahl eine Dreiheit von Wille, Liebe und Weisheit, aus der alle anderen Strahlen hervorgehen. Die Seele unter diesem Strahl der Weisheit wird im Laufe der Zeit lernen, das bewußte Denken in so vollendete Verbindung mit dem höheren Selbst zu bringen, daß das ganze Wesen zu einem bereitwilligen Instrument für den kosmischen Christus wird. Diese Kraft des Gottes-Denkens ist der Zauberstab, der geflügelte Merkurstab, der aus Konflikten Harmonie schafft, der die Seele in den Tempel der Weisheit emporhebt und alle Licht-Sucher zur echten Brüderschaft vereint.

VENUS UND DIE SIEBEN STRAHLEN

Seit antiker Zeit hat die esoterische Überlieferung von einer besonderen Verbindung zwischen dem Planeten Venus und der Erde gesprochen und versichert, daß die Gottmenschen von der Venus auf unseren Planeten kamen, um der Menschheit Geleit und Hilfe zu geben und die Lehre von der Bruderschaft des Christus-Sternes zu übermitteln. Die großen Weltlehrer, die von Zeit zu Zeit erscheinen, seien Boten von diesem Planeten, und alle lehrten und bewiesen durch ihr Leben das gleiche Gesetz von Liebe und Brüderlichkeit. In manchen Fällen sollen sie in Raumschiffen zur Venus zurückgekehrt sein, wie im Beispiel des Feuerwagens, der Elias in den Himmel trug. Diese Geschichten finden sich auch in den Schriften theosophischer Autoren wieder, so bei Alan Leo oder bei Edgar Cayce; auch White Eagle hat davon gesprochen, daß der Bruderschaft auf der Venus eine spezielle Rolle bei der Hilfe für die Menschheit zukomme *). Venus steht der Sonne näher als die Erde, und weil sie in Morgen- und Abenddämmerung als hellster Stern am Himmel erstrahlt, nennen wir sie Morgen- und Abendstern.

Sonne, Mond und Merkur gelten aus astrologischer Sicht als neutrale Planeten, weil jeder wohl seine eigene, spezielle Funktion im Leben der Seele besitzt, sein Einfluß aber gefärbt oder weitgehend modifiziert wird seitens des Planeten, durch den er aufgrund seiner Position im Zeichen oder durch eine Aspektierung am engsten verbunden ist. Diese drei Himmelskörper repräsentieren den dreifachen Aufbau des Menschen: Sonne – der Geist; Mond – die astralen und physischen Körper der Persönlichkeit; Merkur – der Mentalkörper, der jeden planetaren Strahl zu schöpferischer Aktivität ausrichtet.

Die Strahlen der anderen Planeten wirken auf diese drei ein, um sie zu entwickeln und reifen zu lassen, so daß der Mensch alle feinstofflichen Körper entfaltet, die er zum vollständigen und vollkommenen Ausdruck seines Geistes benötigt. Interessanterweise stehen die ersten sechs Zeichen des Tierkreises unter dem Einfluß der Planeten, die mit den drei ersten Strahlen verbunden sind: mit Sonne, Mond und Merkur sowie den Planeten ihrer Erhöhungs-Zeichen, Mars und Venus. Merkur ist natürlich in seinem eigenen Zeichen, Jungfrau, erhöht. Wie schon erwähnt, sind die beiden ersten Strahlen gewissermaßen selbständig und stellen das Vater- bzw. Mutter-Prinzip in allem Leben dar. Vom dritten Strahl, vertreten durch den in Jungfrau erhöhten Merkur, stammen alle übrigen vier Strahlen ab. Solange nicht eine Entfaltung des Denkens und der Gedankenkraft – im Gegensatz zu den instinkti-

---

*) Weisheit von White Eagle, S. 47f.

ven, tierhaften Reaktionssweisen – stattgefunden hat, kann sich das eigentlich menschliche Bewußtsein nicht entwickeln und zur Göttlichkeit hin entfalten. Zugleich müssen die Lektionen des wachsenden Denkens durch Erfahrungen in einem physischen Körper gelernt werden.

Der Einfluß von Venus auf diese Entwicklung ist umfassend und schön; er handelt von der Vervollkommnung der Liebe, dem schöpferischen Prinzip in allem Leben. Venus ist der Planet der Einheit, der Harmonie und Schönheit. Über ihr festes Erde-Zeichen Stier steht Venus in enger Verbindung mit Geld, Besitz, Bequemlichkeit und Sicherheit, und über ihr kardinales Zeichen Waage, das siebte Zeichen des Tierkreises, regiert sie Liebe, Ehe und Partnerschaft aller Art. Sie hat mit allen Formen der Kunst und jenen kulturellen Belangen zu tun, die mit den höheren mentalen Seinsebenen verbunden werden. Saturn, das Gegenüber der Sonne und des Mondes, ist in Waage erhöht, und sein Einfluß soll der Seele schließlich vollkommene Ausgeglichenheit in allen Aspekten von Körper, Seele und Geist bringen. Die Erhöhung des Saturns in Waage ist vielleicht ein kleines Gegenstück zum vierten Strahl, dem Strahl von Harmonie und Schönheit; auch Venus hat mit diesem Strahl sehr viel zu tun, wie auch mit dem zweiten und dem sechsten.

Das Wort „Symmetrie" beschreibt vielleicht deutlicher als jeder andere Begriff die Eigenschaft des vierten Strahles im Leben. Diese Symmetrie zeigt sich am besten am Symbol des sechszackigen Sternes, der aus zwei übereinanderliegenden, gleichseitigen Dreiecken gebildet ist, die wiederum vollständiger Ausdruck Gottes im Menschen und des Menschen in Gott ist. Die gleiche Symmetrie begegnet uns tausendfach in Natur und Leben. Alle Schönheit körperlicher Gestalt ist abhängig von Gleichmaß und Proportion. Schönheit verbalen Ausdrucks ist abhängig von Rhythmus – einer anderen Form von Symmetrie –, während Schönheit des Charakters sich in der Fähigkeit zeigt, die widerstreitenden Aspekte in der Seele auszugleichen und zu beruhigen. Die Vorstellung von Gott als dem großen Geometriker des Universums ist ein typischer Gedanke für ein Kind des vierten Strahles, der die Schönheit des Geistes und ihren Ausdruck in der materiellen Form bewundert. Menschen unter jenem Strahl lieben die Schönheit, aber auf verschiedene Weise und in verschiedener Beziehung, zum Beispiel die Schönheit in der Musik, der Literatur oder der Kunst. Schönheit ist für sie aber nicht das höchste Ziel des Daseins wie für eine Seele des vierten Strahles, die die Idee der himmlischen, ewigen Schönheit gar noch mehr anbetet als deren Ausdrucksformen im Physischen. Wir werden, was wir denken, und diese Seelen werden allmählich so durchdrungen von der Idee vollendeter Schönheit, daß sich das unbewußt in jeder Handlung und Bewegung zeigt. Je weiter die Seele entwickelt ist, desto mehr Schönheit und Vollkommenheit schafft sie aus eigener Kraft und Willen in ihrer Umgebung.

In der griechischen Mythenwelt galt Aphrodite – das Pendant der römischen Venus – als die Schaumgeborene, dem Meere Entstiegene, was den Astrologen an ihre Erhöhung im Zeichen Fische erinnert, dem Zeichen des Meeres. Jupiter, der Regent der Fische, ist erhöht im Mondzeichen Krebs, dem Zeichen der Krabbe, die im Meere lebt, und der Mond selbst wiederum ist erhöht im Venus-Zeichen Stier. Diese drei Planeten – Venus, Jupiter und der Mond – sind eng miteinander verbunden und haben alle mit der Erschaffung der verschiedenen Körperlichkeiten zu tun, durch die der Geist, der Gottesfunken, sich manifestieren kann. Alle drei werden mit der Formung von Materie in verschiedenartige und sich ständig weiterentwickelnde Gestalten assoziiert, durch die das Leben, das Licht, leuchten kann. Solche Materie mag rein physisch sein, aber auch den feinstofflicheren Ebenen angehören und mit einer höheren Frequenz schwingen; dennoch handelte es sich um Materie, die mit der Macht des schöpferischen Gedankens geformt wurde.

Venus handelt ferner von der wunderbaren, schöpferischen Macht der göttlichen Mutter, und Seelen, die unter dem starken Einfluß der Venus geboren wurden, wirken mit dem Liebe/Weisheit-Strahl der göttlichen Mutter. Ihre besondere Aufgabe ist die Erschaffung von Schönheit und Harmonie in jedem Aspekt des Lebens.

Im lunaren Strahl verbirgt sich immer Dualität; immer sind die Licht- und die Schattenseite des Mondes vertreten. Während der Mond in dem schönen Venus-Zeichen Stier erhöht ist, erlebt er seinen Fall im Mars-Zeichen Skorpion. Skorpion zieht die Seele geradewegs herunter und hinein in die praktischen Angelegenheiten der physischen Ebene und den Kampf um die physische Existenz, während die Schönheit der Venus die Seele emporzieht in die Harmonie und den Frieden der himmlischen Welt. Während ihrer Inkarnationen ist die Seele immer zwischen diesen beiden Extremen hin- und hergerissen, und der Konflikt geht in wechselnder Hinsicht in jeder folgenden Inkarnation weiter, bis die Seele das Geheimnis des Ausgleichs gefunden hat. Die Seele soll nicht dem physischen Leben entfliehen, sondern es Kraft ihres schöpferischen Denkens meistern.

Stier regiert die Kehle, und aus dem Kehlkopf kommt der Ton, die Stimme, das Wort der Schöpfung hervor. Alle, die sich von Musik schon in geistige Höhen tragen ließen oder deren Nerven von mißtönendem Lärm erschreckt wurden, werden verstehen, daß Ton und Klang eine geheimnisvolle Macht über Materie besitzt. Die Schwingung bestimmter Noten kann Glas zum Zerspringen bringen, und das rhythmische Auftreten einer Kompanie Soldaten kann unter bestimmten Umständen eine Brücke unter ihren Füßen zum Einstürzen bringen. Wissen darüber, wie Klang eingesetzt werden kann, um Gestalt zu erschaffen und zu formen, muß in unserer Zeit erst noch entwickelt werden, aber die Erbauer der Pyramiden, der Anlagen von Stonehenge und anderer Sonnentempel besaßen solches Wissen und gebrauchten es, um scheinbare Wunder der Ingenieurkunst zu vollbringen. Die schöpferische Macht des Tones fällt unter den Einfluß der Venus, und Klang und Musik haben ihre eigenen Gesetzmäßigkeit, die sehr viel mit Mathematik zu tun haben. So erklären wir, wie starke Venus-Einflüsse sich häufig in Gestalt besonderer mathematischer Fähigkeiten zeigen.

Sowohl Merkur als auch Venus wirken über das Gefühlsleben des Menschen. Wenn diese Planeten in einem Horoskop oder den Progressionen stark vertreten sind, lassen sich Empfindungen und Gefühle leicht erregen, und das Leben oder die betreffende Phase des Lebens wird reich an zutiefst emotionalen Erfahrungen sein. Die Emotionen jedoch stehen mit der Astralebene in Verbindung, mit der Entfaltung des Astralkörpers, und ihr Symbol ist das Element Wasser, das Meer. Wir alle können die gewaltige Kraft des Meeres spüren und sprechen auf seine tiefe, unaufhörliche Musik an. Aus dem Meer der Emotionen, aus der verborgenen emotionalen Kraft im Menschen entspringt alle seine Kreativität. Deshalb ist es nicht überraschend, Mars und Venus in den Horoskopen aller schöpferischer Künstler besonders betont zu finden. Mars wird nicht oft als Schönheitsbringer erkannt. Ohne seinen schöpferischen Antrieb auf der physischen Ebene jedoch könnte die Seele auf die von Venus in höheren Sphären geschaffene Schönheit nicht im Äußeren, Physischen, ansprechen. Menschen, die unter dem starken Einfluß von Venus stehen, aber der Energie des marsischen Strahls mangeln, haben Schwierigkeiten, ihren Vorstellungen praktischen Ausdruck zu geben. Sie versuchen es leicht mit allerlei künstlerischen Beschäftigungen, träumen vor sich hin und lassen sich treiben, frönen ihrer Liebe und Neigung zum Vergnügen und schönen Leben. Häufig aber stellen sie gerne das Geld zur Verfügung, das schöpferischen Künstlern die Möglichkeit gibt zu leben, während sie ihre Gedanken und Inspirationen zu äußerer Form gestalten.

Die disziplinierende Kraft Saturns ist ebenfalls notwendig für den vollkommenen Ausdruck des Schönen. Kreative Künstler aller Bereiche müssen lange und fleißig arbeiten, um ihre Technik zu vervollkommnen und ihren schöpferischen Überschwang zu disziplinieren.

Auf der physischen Ebene werden Menschen unter dem Einfluß des Venus-Strahles immer mit der Schaffung von Schönheit, Harmonie, Behaglichkeit und Freude am Leben zu tun haben. Sie kümmern sich um die praktischen

Angelegenheiten, um Sicherheit und Unbeschwertheit, wie sie aus dem klugen Umgang und dem Haushalten mit Finanzen und Besitz erwachsen können. Gerne gehen sie Beschäftigungen in der Mode, Schönheitspflege, Schmuckherstellung und -verkauf nach oder betreiben Innenarchitektur, Landschaftsgärtnerei, Bankwesen, Finanz-, Vermögens- oder Hausverwaltung. Auf der mentalen Ebene mögen sie sich als kreative Künstler erweisen, die mit allen jenen kulturellen Angelegenheiten beschäftigt sind, die das Denken über die Ebene weltlich-alltäglicher Dinge erheben und das Leben verschönern. Auf der emotionalen Ebene zeigen sie ihre Begabung als Tröster, Harmoniebringer und Friedensstifter.

Venus-Menschen sind keine Kämpfernaturen. Sie sehnen sich nach einem stillen, harmonischen Leben und werden fast alles tun, um sich aus Schwierigkeiten und Konflikten herauszuhalten. Das gilt besonders für jene, die im Zeichen Waage geboren sind. In diesem Zeichen manifestiert sich der Harmonie-Strahl der Venus besonders in der Denktätigkeit; er schenkt starke Verstandeskräfte und eine intuitive, klare Auffassungsgabe. Menschen, in deren Horoskop Venus, Waage oder das siebte Haus betont sind, werden sich oft im Zentrum eines Konfliktes wiederfinden und zu kämpfen haben, um den Frieden zwischen zwei widerstreitenden Persönlichkeiten zu erhalten. Sie können beide Standpunkte der Problematik verstehen, schätzen häufig auch die Vertreter beider Seiten und leiden wegen des Konfliktes unter nervlicher und emotionaler Erschöpfung. Waage ist häufig im Horoskop von Staatsmännern, militärischen Führern und solchen Menschen stark besetzt, die eine mächtige, verantwortungsvolle Position innehaben, in der es auf Diplomatie und die Fähigkeit ankommt, nicht nur die Reaktion der Öffentlichkeit zu spüren, sondern auch vorauszusehen, was im Denken der Gegenseite vorgehen würde. In solchen Fällen ist Saturn meist auch hervorgehoben und verleiht die notwendige Kraft und Beständigkeit.

Seelen unter dem Strahl der Venus lernen, auf dem Grat zu gehen, dem mittleren Weg, dem Weg der Balance und Harmonie. Sie müssen lernen, das Zentrum des Lichtes und der schöpferischen Kraft in sich selbst zu finden und dann diesem Licht absolut treu zu sein. Wahre Treue fällt ihnen nicht immer leicht, denn sie wollen gern jedermann gefallen, angenehm sein und zufriedenstellen. Alles, was sie für sich selbst wollen, ist Frieden und Behaglichkeit für Körper und/oder Seele. Um das zu erlangen, sind sie zuweilen versucht, Dingen und Entscheidungen aus dem Wege zu gehen und sich nicht klar auf die Seite zu stellen, die – wie sie innerlich wissen – die richtige ist; darin gleichen sie Pontius Pilatus, der seine Hände in Unschuld, das heißt von der Verantwortung für die Kreuzigung Jesu freiwusch.

Da Venus eine so enge Verbindung mit dem Meer aufweist, überrascht es kaum, daß die eigentlichen Prüfungen für Seelen unter ihrem Strahl die Prüfungen im Gefühlsleben sind, das bekanntlich mit dem Element Wasser assoziiert wird. Oft findet sich der vom Strahl der Venus Beeinflußte von Gefühlsstürmen wie auf einem wilden Meer hin- und hergeworfen und meint, in emotionalen Konflikten untergehen zu müssen. Aber alle diese Erfahrungen sollen seine innere Kraft hervorrufen und prüfen, die Kraft, die in jeder Seele verborgen liegt, und die Kontrolle über die Elemente erlangen und die Wogen der Gefühle beruhigen kann. Als das Boot vom Sturm bedroht wurde, gebot Jesus *„Friede, sei still"*, und Winde und Wellen gehorchten ihm. Wenn die Seele unter dem Strahl der Venus also den Ort der Stille in der Mitte ihres eigenen Wesens finden kann, wird sie lernen, jene schöpferische Kraft anzurufen, 'das Wort Gottes anzustimmen', das allen Konflikt stillen und wie ein Zauber wirken wird auf alle widerstreitenden Elemente in Innen- und Umwelt.

Die Seele, die von emotionalem Leiden geschwächt und erschöpft ist, sucht Trost und Sicherheit, wenn sie sich Gott und der Religion zuwendet. Sie beginnt eine Sehnsucht, ein Streben nach Gott zu fühlen, das nicht zu stillen ist. Sie fängt an zu erkennen, daß nur die unerschöpfliche Liebe des allmächtigen, ewigen Geistes ihr jenen tiefen Frieden und Trost schenken kann, nach dem sie verlangt. Diese Sehnsucht nach Gott bewirkt in der Seele ein fast leidenschaftliches Verlangen zu dienen und anzubeten. Dies ist ein Zug des sechsten Strahles, den White Eagle den Indigo-Strahl nennt, während einige andere Quellen ihm die Farben Rosa oder Gold zuordnen. Wie schon früher gesagt, scheinen sich die Farben je nach der Bewußtseinsebene zu verändern, und so ist es vielleicht am besten, sich nicht zu fest an die eine oder andere Farbe im Zusammenhang mit einem bestimmten Strahl gebunden zu fühlen.

Der sechste Strahl wird im allgemeinen Jupiter zugesprochen, dem Planeten der Religion und der Philosophie, der die Fähigkeiten des höheren mentalen Aspektes anregt und stärkt. Im wesentlichen handelt es sich jedoch um einen Liebe/Weisheits-Strahl, der mit dem zweiten sehr eng verbunden ist und vielleicht am besten durch die Erhöhung der Venus im Jupiter-Zeichen Fische verdeutlicht wird. Venus ist der Planet der menschlichen Liebe und Ehe, und wenn die menschliche Liebe versagt – wie es bei den Kindern dieses Strahles so oft geschieht –, fühlt sich die Seele zu Gott hingezogen, um Trost und Geborgenheit zu finden. So beginnt sie die Bedeutung der mystischen Hochzeit der Seele mit Christus zu verstehen.

Das Streben nach dieser höchsten Vereinigung der Seele mit Gott ist lang und mühsam. Es wird in Mythen, Sagen und Märchen wiedergegeben, auch in

den religiösen Dramen jedes Kulturkreises und aller Zeiten. John Bunyans Werk *Pilgrim's Progress (Pilgerreise zur seligen Ewigkeit)* vermittelt ein außerordentlich wahres und lebendiges Bild der Erfahrungen einer Seele auf diesem Wege. Der Pfad zum inneren Licht ist unausweichlich mit zahlreichen Prüfungen, Versuchungen und Hindernissen beladen, und jede Seele braucht einen weisen Lehrer oder Guru auf dieser Stufe ihrer Entwicklung. Doch die Vollkommenheit des göttlichen Gesetzes ist dergestalt, daß die Seele, wenn sie ihre Suche beginnt, immer zu dem richtigen Lehrer geführt wird. Sagte Jesus nicht: *„Bittet, und es wird euch gegeben; suchet, dann werdet ihr finden?"*
Oft wird der Suchende durch eine Serie scheinbarer Zufälle zu jemandem geleitet, der ihn auf den richtigen Weg stellt, indem er ihn in eine religiöse Gruppe einführt oder ihn mit einer geistigen Wahrheit bekanntmacht, die seine Bedürfnisse zum jeweiligen Zeitpunkt erfüllt. Menschen unter dem sechsten Strahl haben die starke Tendenz, sich mit Persönlichkeiten in Verbindung zu setzen, deren Weisheit, Liebe und geistige Kraft ihnen fast gottgleich erscheinen; einer solchen Persönlichkeit werden sie demütig und hingebungsvoll dienen.
Die Neigung von Seelen unter dem sechsten Strahl, sich an die äußere Form oder Persönlichkeit eines Lehrers zu binden, ist interessant im Hinblick auf die Tendenz der Anhänger aller großen Religionen, im Laufe der Zeit ihre Vorstellungen vom ewigen Licht zu materialisieren. Die orthodoxe christliche Kirche nennt sich die Braut Christi, aber im Laufe der Zeit ist der mystische Sinn dieses Begriffes und auch das Wissen von dem Unterschied zwischen der Persönlichkeit Jesu und dem universalen, kosmischen Christus verlorengegangen, und die Kirche entwickelte sich zu einer äußerlichen Stätte der Anbetung, die sich um die Persönlichkeit Jesu aufbaute, den fromme Christen als die persönliche Inkarnation, die Verkörperung Gottes verehren. Das dies in allen Religionen geschah, liegt grundsätzlich an dem Bedürfnis des Menschen, eine Persönlichkeit zum Anbeten zu haben, um Gott zu finden. In der spiritualistischen Kirche unserer Zeit haben die geliebten Geistführer zuweilen die Stelle des Jesus von Nazareth im Denken und Empfinden jener eingenommen, die nach Gott suchen und streben: die Geistführer ermöglichten eine engere Verbindung mit 'dem Geiste'.
Ein sehr wichtiges Stadium in der geistigen Entfaltung der Seele unter diesem Strahl kommt, wenn sie die wirkliche Beziehung zwischen der Persönlichkeit des geliebten Führers oder Lehrers und dem Licht der Ewigkeit erkennen muß, das universal ist und durch alle Religionen scheint. Das ist eine Phase der Prüfungen, wie sie auch den Jüngern Jesu begegnete, als der Meister sich aus ihrer Mitte entfernte. Im Leben jeder Seele, die sich unter dem

sechsten Strahl entwickelt, kommt einmal ein Zeitpunkt, an dem sich der Lehrer oder Guru, der alles für sie bedeutete, zurückzieht. Dann erkennt die Seele vielleicht, daß ihr Idol auf tönernen Füßen stand und gewärtigt eine Phase der Enttäuschung und Desillusionierung, bis sich ein weiteres Verstehen eröffnet und die Seele über das Persönliche hinweg zum ewigen, zum universalen Licht aufblickt, das hinter ihm steht. Diese Erkenntnis bricht oft in einem einzigen, plötzlichen Augenblick der Erleuchtung und Ekstase herein, der das ganze Leben verwandelt, und der Seele bleibt danach ein wunderbarer Frieden und Vertrauen in die universelle Liebe.

Erst wenn diese Prüfung bestanden ist, geht die Seele des sechsten Strahles in die universale Bruderschaft der Wahrheit ein. Ihr Leben ist nun nicht mehr dem Dienste einer Person gewidmet, sondern dem Licht, das sie als 'den Geliebten, Göttlichen', erkennt. Die Seele erfährt die gleiche Art von Nachfolge und Hingabe und genau das gleiche Bedürfnis nach Brüderschaft und Kameradschaft in ihrer religiösen Hingabe, aber anstatt an eine Sekte oder ein Glaubensbekenntnis gebunden zu sein, kann sie nun demütig vor jedem Altare niederknien und überall, wo Menschen zusammenkommen, um ihrem Herrn zu dienen.

Trotzdem wird die Seele unter dem sechsten Strahl besonders das Bedürfnis spüren, den Dienst am Nächsten und den Dienst für Gott in Gemeinschaft mit jenen zu praktizieren, die eine ähnliche Vision vom universalen Licht gewonnen haben, und sich mit ihnen zusammentun, um sich eingehender mit dem Studium und dem Dienen auf den inneren Ebenen des Seins zu beschäftigen. Seelen, die in dieser Zeit von geheimen Bruderschaften angezogen werden und deren Leben dem Dienst auf den inneren Daseinsebenen geweiht ist, sind häufig jene, die unter dem Einfluß des sechsten Strahles schon einige Fortschritte erzielt haben.

Die göttliche Liebe, die sie in ihrem Herz nun zu spüren beginnen, gibt ihnen das tiefe Verlangen, ihren Mitmenschen heilend und dienend zu begegnen, und sei ihr Dienst noch so bescheiden; und viele von ihnen sind voll der Freude über die sich allmählich entfaltende Gabe des geistigen Heilens. Ihre völlige Hingabe und Liebe zum 'Göttlichen Geliebten' durchstrahlt ihre ganze Persönlichkeit und schenkt den weiter entwickelten Menschenkindern dieses Strahles einen sehr sanften, ja heiligmäßigen Charakter. Wie der goldene Strahl regt auch er das Herz-Zentrum an, das nach seiner Öffnung göttliche Barmherzigkeit ausstrahlt, die an sich schon heilende Kraft birgt.

Wer ein Gespür für die Aura eines solchen Menschen besitzt, wird sich so von Frieden und Vertrauen in die göttliche Liebe erfüllt finden, daß er nicht anders kann, als Heilung und Segen zu empfangen. Die Hingabe, die, verbun-

den mit Verstehen, dem universalen Vater-Mutter-Gott und dem lebendigen Christus entgegengebracht wird, erzeugt in der Seele ein solches Glückseligkeitsgefühl, wie es die Heiligen erlebten, die mit dieser Kraft ein Martyrium im Körperlichen nicht nur furchtlos, sondern sogar mit tiefer Freude und völliger innerer Bereitschaft über sich ergehen lassen konnten.
Die Menschen des sechsten Strahles haben mit einiger Wahrscheinlichkeit frühere Inkarnationen in Indien, China oder Tibet, möglicherweise auch in Persien erlebt. Da der Meister, Jesus, mit dem sechsten Strahl stark verbunden ist, besteht die Wahrscheinlichkeit, daß viele ein Erdenleben zur Zeit seiner Erdentage oder dann zu Lebzeiten der ersten Kirchenväter des frühen Christentum verbrachten und auf die eine oder andere Weise in die frühchristlichen Bruderschaften gefunden haben. Im Laufe der folgenden Jahrhunderte waren sie vermutlich Anhänger der mystischeren Richtungen im Christentum, wie sie von Gemeinschaften wie den Albigensern, den frühen Rosenkreuzern und den Freimaurern vertreten wurden. In noch früheren Zeiten aber standen sie wohl in Verbindung mit den Zentren, in denen der Sonnengott angebetet wurde; solche Stätten gab es auf den britischen Inseln, auf dem europäischen Kontinent, in Ägypten, Mexiko und Peru. Wo und wann auch immer das Licht angebetet wurde, wird man auf Seelen des sechsten Strahles treffen, die sich bemühen, vollkommene Kanäle für dieses Licht zu werden.
Ein vertrautes Symbol der alten Bruderschaften ist die Rose in der Mitte des Kreuzes; dieses Symbol zeigt, wie göttliche Liebe, die im Herzen erwacht, Leiden in himmlische Freude verwandelt. Ist es nicht bemerkenswert, daß die Rose eine Blume der Venus ist? In der Tat regieren der Mond, Jupiter und Venus Rosen verschiedener Farben, und jede ist verbunden mit dem göttlichen Mutter-Prinzip. Das Symbol der Rose am Kreuz ähnelt in gewisser Weise dem Merkurstab, der die Zauberkraft barg, die widerstreitenden Elemente zu versöhnen. Die Engel von Merkur und Venus arbeiten auf einer Ebene zusammen, die weit über der des alltäglichen Bewußtseins liegt; sie wirken durch das höhere oder vergeistigte Denken des Menschen, um Schönheit zu erschaffen.
Die Verbindung von Venus mit dem Meer des universalen Bewußtseins erinnert an die uralte Legende von Oannes, dem Fischmenschen, der am Tage kam, um die Menschen in allen Künsten zu unterweisen, die für eine echte Zivilisation notwendige Voraussetzung sind. Bei Sonnenuntergang tauchte er wieder zurück ins Meer, in dessen Tiefen er sich nachts aufhielt. Diese Legende ist angesichts der traditionellen Aussage interessant, daß die Menschen auf der Erde ursprünglich von Gottmenschen gelehrt wurden, die von

der Venus gekommen seien – interessant auch angesichts der Tatsache, daß der Fisch als Symbol für Jesus Christus und das Glaubensbekenntnis der frühen Christen gebraucht wurde.

Es heißt, daß es auf der Venus weit vollkommeneres und schöneres Leben gäbe, als man es sich auf der Erde überhaupt vorstellen könne. Auf der Venus besteht vollkommene Harmonie und Einheit zwischen den Seelen, und jeder lebt mit seiner oder ihrer Zwillings-Hälfte zusammen. Da gibt es keine Traurigkeit und Trennung, auch der Tod des physischen Körpers ist überwunden, denn die Menschen auf der Venus besitzen Macht über die Materie aufgrund ihres eigenen, schöpferischen Denkens. Das ist die Art von Leben, auf die die Menschen zugehen. Die Geschwister auf der Venus kümmern sich sehr um das Wohl ihres Nachbarplaneten, der Erde. Sie wachen über die Entwicklung der Erdenmenschen mit großer Liebe, und von Zeit zu Zeit schicken sie Boten, große Weltlehrer, die den Menschen helfen, Anleitung und Unterweisung geben. Alle, die unter dem Strahl der Venus arbeiten, haben eine besondere Mission. Die geistig Wachen, die auf die Liebe und Inspiration von den Geschwistern auf der Venus ansprechen, können der Menschheit einige Strahlen von Schönheit und Inspiration vermitteln und manchen praktischen Dienst erweisen, der tröstend und erhebend wirken wird.

MARS UND DIE SIEBEN STRAHLEN

Mars war immer bekannt als der Planet des Feuers, der Krieg, Streit und Zerstörung bringt; ja, man könnte ihn fast als den 'bösen Jungen' in der Planeten-Familie bezeichnen. Aus dem Leid, das mit einem Kriege verbunden ist, erwächst aber häufig so mancher großer Fortschritt im Wissen und gesellschaftlichen Leben, denn die Not in und nach einem Kriege regt die Forschung an, die dann in Friedenszeiten Früchte zum Segen und Fortschritt der Menschen trägt. Gott läßt aus Bösem immer Gutes erwachsen, und das Karma-Gesetz bringt der Seele Schmerz und Leid, die oft die Folgen jener Grausamkeiten sind, die sie sich früher selbst hat zu Schulden kommen lassen. Aus dem Schmerz aber wird Stärke geboren, Ausdauer und Mitgefühl sowie der Wunsch, zu dienen und zu heilen.

Mars ist Instrument des solaren Feuers und der solaren Energie, wie sie sich im Materiellen offenbaren. Mars ist der große Antreiber in unserem Tierkreis.

Durch Widder regiert Mars das Kopfdenken, die Kraft des Intellekts, die im vollkommenen Menschen ganz entfaltet werden und Aktivität in alle Bereiche des physischen Lebens lenken können muß, gleichgültig, ob sie nun praktische, athletische, künstlerische oder wissenschaftliche Geschicklichkeiten verlangen. Nur durch die Entfaltung des menschlichen Denkens und Geistes kann Gott sich im Menschen individualisieren. Angesichts der engen Verbindung zur Sonne, die im Zeichen Widder erhöht ist, überrascht es nicht, daß Mars mit dem ersten Strahl assoziiert wird, dem nach außen gewandten, solaren Strahl der göttlichen Energie, der Schöpfungskraft, der Erneuerung, Organisation und Herrschaft.

Wenn Mars in einem Geburtshoroskop stark vertreten ist, verleiht er alle positiven Attribute wie Mut, Kraft, schöpferische Stärke, Vision, Wille, Entschlossenheit, Freude und Freiheit. Diese Charakteristika können in übertriebenem Maße zu einem überstürzten, impulsiven Handeln führen, zu Tollkühnheit, Stolz, Halsstarrigkeit und Aufsässigkeit. Der kraftvolle, marsische Strahl ist leicht an seinen rein physischen Zügen zu erkennen, wird aber komplexer und subtiler, wenn die solare Energie umgewandelt wird und verlagert auf die astralen, mentalen und höheren mentalen Ebenen.

Auf der physischen Ebene schenkt Mars einen kräftigen, robusten, drahtigen, energischen Körper, der wach, aktiv und immer auf dem Sprung ist. Soviel körperliche Energie muß bei Arbeit im Freien oder sportlicher Betätigung ausgelebt werden, bei der viel körperliche Kraft und Durchhaltevermögen gefordert ist – Arbeit mit Feuer, Eisen (das Metall des Mars) oder mit irgendwelchen Werkzeugen oder Instrumenten zum Schneiden, Hämmern, Formen, Gießen, überall, wo Materie nach dem Willen des Menschen gestaltet wird. Wenn den Mars ein günstiger Aspekt mit Merkur verbindet, spricht das für viel manuelle Geschicklichkeit, die sich als nützlich für Tätigkeiten wie technisches Zeichnen, Konstruieren, Zimmerei, Töpferei, Bildhauerei und das Friseurhandwerk erweisen. Chirurgen stehen oft unter dem Einfluß des Mars, aber auch Metzger, Soldaten und alle, die viel Kraft, Mut oder Kühnheit für ihre Arbeit benötigen. Mit dem marsischen Mut und dem Verlangen, Wissen und Erfahrung auf den verschiedensten Bewußtseinsebenen zu sammeln, verbindet sich immer eine gewisse Freude am Risiko, manchmal sogar Lust zum Spiel mit dem Tode – trotz der starken Lebensfreude, die die marsischen Energien mitsichbringen. Auf den mentalen Ebenen erschafft Mars oft den Menschen, der mit Zunge oder Feder streitet. Gemeinsam mit Merkur schärft er den Verstand und läßt die schriftliche und mündliche Sprache oft knapp, sarkastisch, ironisch, manchmal beißend ironisch werden – aber immer treffsicher. Nur wenigen gelingt es, von so vielen gefürchtet zu werden wie den Menschen, deren niederer Mentalkörper vom Strahl des Mars dominiert wird; sie können ihren Gegner mit den Waffen der Satire und der Lächerlichkeit mitleidlos vernichten. Wenn diese Kraft konstruktiv genutzt wird, haben wir es mit einem Kämpfer für eine gute Sache zu tun; und nahezu alle hervorragenden Streiter für gesellschaftliche oder politische Reformen sind auf die eine oder andere Weise vom Strahl des Mars beeinflußt. Große Politiker, Journalisten und Schriftsteller mit der Energie des Mars haben diese Macht, das Denken der Massen zu bestimmen oder zu beherrschen.

Die hauptsächlich vom ersten Strahl beeinflußte Seele spürt immer ein starkes Verlangen nach Selbstherrschung bzw. danach, daß der göttliche Wille jeden Aspekt ihres Wesens bestimmt. Instinktiv wehrt sie sich gegen das Dominieren eines anderen Menschen und wird automatisch eine Position annehmen, in der sie selbst dominiert oder eine Aufgabe wählen, die ihr das unabhängige Arbeiten erlaubt. Man ist bereit, die volle Verantwortung für sein Tun zu übernehmen und zu ernten, was man gesät hat.

Leicht kann man jene, die unter dem Einfluß dieses Strahles leben, identifizieren. Ihr Verhalten ist einigermaßen dominierend und feurig. Darüber hinaus zeigen sie eine starke Begeisterungsfähigkeit, ein gutes Organisationstalent, ein Verlangen, in allen Dingen an vorderster Front zu stehen, und eine ausgeprägte Vorliebe zu allen abenteuerlichen Projekten, besonders, wenn sie mit Risiken verbunden sind. Durch Zuneigung kann man sie führen, aber nie gegen ihren Willen beeinflussen, denn auch nicht das höchste körperliche Strafmaß wird sie so erschrecken, daß sie einem Pfad folgen würden, den zu gehen sie sich bereits geweigert haben.

Mars zeigt sich im Äußeren oft auch durch einen rötlichen Ton in Haarfarbe und Teint, sowie ein feuriges Funkeln der Augen.

Menschen, bei denen der Aszendent in Skorpion, das negative bzw. Wasser-Zeichen des Mars, fällt oder bei denen Mars in einem negativen Zeichen aufgeht, verbergen oft ihre Energie und Entschlossenheit hinter einer scheinbar ruhigen und zurückhaltenden Persönlichkeit. Sie stürzen sich nicht in Angelegenheiten, die sie nichts angehen, sondern warten behutsam auf ihre Chance, um ihre Ziele durch subtile, aber konsequente Zielstrebigkeit zu erreichen.

Beide Typen jedoch haben eine hervorragende Eigenschaft gemeinsam: Mut. Mars verleiht außerordentlichen Mut, der sich in positiven Typen als Wagemut, Geschicklichkeit und die Fähigkeit äußert, Härten zu ertragen, während negative Typen erstaunliche Ausdauer zeigen und ohne Klagen körperliche Schmerzen ertragen, die weniger Beherzte abschrecken würden.

Wenn Mars in einem Geburtshoroskop schwach vertreten ist, deutet das auf einen Mangel an körperlicher Energie und eine Neigung hin, nachzugeben oder auszuweichen, wenn Hindernisse oder Widerstände drohen, denn der

Strahl des Mars verleiht Mut, Mumm und Ausdauer und die Ruhe des Profis, der sich von Widrigkeiten nicht beirren läßt, sowie allgemein die Fähigkeiten, mit erschwerenden Umständen umzugehen. Ohne diese Stärken besteht die Tendenz, träge, unentschlossen und gleichgültig zu werden. Ein Übermaß marsischen Feuers andererseits, das keine Zügelung und Kontrolle durch einen gut positionierten Saturn und ein starkes Erde-Element erfährt, treibt die Seele in alle möglichen riskanten Unternehmungen, denn es verleitet dazu, sich auf jede Herausforderung einzulassen, ganz gleich, wie töricht dies auch sei. Solche Menschen sind oft streitlustig und sollten deshalb mit Arbeit beschäftigt werden, die sie möglichst vielseitig fordert und alles von ihnen verlangt. Die meisten Menschen, die Erfolg, Ruhm und Namen erlangen, haben einen gut entwickelten marsischen Strahl hinter sich, zusätzlich zu dem Strahl ihrer eigenen, speziellen Linie. Ja, man könnte Mars als den Planeten der praktischen Geschicklichkeit bezeichnen.

Während gewisser Phasen ihrer Entwicklung erlebt die Seele Inkarnationen, in denen sie reichlich materialistisch scheint. Sie muß ganz in die Materie eintauchen, um zu lernen, wie diese praktisch zu beherrschen ist. Die Seele muß sich die Kunst der Selbsterhaltung aneignen, um der Erde einen Lebensunterhalt für sich abzuringen. Der geschickte Krieger muß im Leben eine wichtige Rolle spielen; gleiches gilt für den Ingenieur, den Kolonisator, den Siedler und den Pionier. Ein guter und ehrlicher Geschäftsmann leistet seinen Mitmenschen einen Dienst und lernt dadurch viel über das menschliche Wesen und die Brüderlichkeit. Jesus erhielt eine Ausbildung als Zimmermann – eine marsische Beschäftigung, bei der scharfe Werkzeuge zum Einsatz kommen. Jesus ist auch der große Heiler. Wir feiern den symbolischen Zeitpunkt seiner Geburt um die Wintersonnenwende, bei der die Sonne in das Zeichen des Steinbocks weitergeht, in dem Mars erhöht ist.

Über das feste Wassser-Zeichen Skorpion regiert Mars das Zeugungs-Zentrum und den Geschlechtstrieb. Zusammen mit dem Mond erschafft Mars den Astralkörper, durch den die Seele Schmerz und Lust erlebt, Anziehung und Abstoßung. Das marsische Feuer weckt tiefe und intensive Gefühle, und so lernt die Seele die Tiefen von Leid und Kummer sowie die Höhen der Freude kennen. Solche Intensität des persönlichen Fühlens führt häufig zu impulsiven, unüberlegten und sogar gewaltsamen Handlungen. Werden die mächtigen Gefühle aber dem göttlichen Willen untergeordnet, kann daraus die selbstlose Hingabe für eine gute Sache oder eine Person erwachsen, und der Wunsch- und Begierde-Aspekt werden soweit unter Kontrolle gebracht, daß keine egoistische Empfindung mehr die Gelassenheit oder das erwählte Ziel des Menschen stören oder erschüttern kann. Mit der dynamischen Kraft des wohlkontrollierten Emotionalkörpers wird die Seele zu einer immensen Macht in der Welt; durch Selbstdisziplin gewinnt sie moralische Führerschaft. Ein feines Beispiel dieser auf das Gute der Menschheit gerichteten Kraft ist im Leben von Mahatma Gandhi zu erkennen. Er wirkte offensichtlich auf dem ersten Strahl, dem Strahl von Regierung und Gesetz, dem Strahl des Willens, und wendete dieses Prinzip rücksichtslos bei sich selbst an, um andere dann durch seine eigene, eiserne Selbstdisziplin und selbstlose Liebe zu beeinflussen. Im Alltag begegnen wir zuweilen Menschen mit starken Gefühlen, die sie aber so gut unter Kontrolle haben, daß sie andere mit ihrer ausgeglichenen Kraft und Selbstbeherrschung unmerklich beeinflussen. Sie scheinen von einem Magnetfeld von Kraft und Stärke umhüllt zu sein. Alle emotionale Gewalt muß am Ende zum Dienen aufgebracht werden, zuerst vermutlich zum Dienst an einer geliebten Person, dann einem immer größer wachsenden Kreis von Seelen, die in Not sind und der Hilfe bedürfen.

Auf der mentalen Ebene gibt das Feuer des Mars jenes starke Verlangen, Wahrheit zu finden, das die wirklich großen Wissenschaftler auszeichnet. Darin zeigt sich die enge Verbindung des Mars mit dem fünften Strahl, dem Strahl der Wissenschaft; die Erhöhung des Mars im Zeichen Steinbock macht die Charakteristika seines Strahles weiter deutlich. Er ermutigt die Pionierarbeit in den Bereichen des Denkens, fordert auf zum Prüfen und Experimentieren und gibt die Kraft, dem Schimmer einer Vision zu folgen, bis sie zur Realität wird. Der marsische Strahl leuchtet durch das Element Erde und spornt die Seele zu immer größeren Anstrengungen an. Wir brauchen nur die Biographie eines hervorragenden Wissenschaftlers zu lesen, um zu erkennen, wieviel Aufmerksamkeit und Gedanken er selbst dem scheinbar geringsten Detail widmete. Alles im Leben eines solchen Menschen wird der Suche nach Wissen untergeordnet, die ihm oft Härten abverlangt, die uns fast unerträglich vorkommen, ihm aber kaum der Rede wert erscheinen. Die Freude aus jeder neuen Entdeckung und Erkenntnis ist ihm ein Ausgleich, und es sieht so aus, als riefen die Schwierigkeiten und Hindernisse nur eine weitere, tiefere Dimension des hingebungsvollen Bemühens ins Leben. Wie die Gefühle und Empfindungen von Menschen, die lieben, durch Widerstände oder Opposition nur verstärkt zu werden scheinen, so wächst auch der Eifer jener, die sich der Wahrheitssuche verschreiben, mit jedem Hindernis, das sie überwinden müssen. Ein Martyrium des physischen Körpers ist für sie nichts im Vergleich zum Erfolg bei ihrer Suche. Ein gewisses Maß an Schmerzen freilich ist für den Verfechter einer guten Sache fast immer zu erwarten. Im Mittelalter, als noch rauhere Zustände herrschten, war der Märtyrertod durch Feuer oder Schwert fast an der Tagesordnung. Heute sind es eher materielle

Not und Schwierigkeiten; das zweifellos am schwersten zu verkraftende Hindernis bleibt jedoch das gleiche, auch in unserer Zeit: der Hohn und die Ungläubigkeit jener, die durch Vorurteile oder Voreingenommenheit geblendet sind.

Die Energien des Mars wecken ein Verlangen nach spirituellem, esoterischem Wissen, wenn sie sich auf eine tiefere Ebene konzentrieren. Damit werden die inneren Bereiche gestärkt, und ein unwiderstehlicher Drang kommt auf, bis zu den Geheimnissen der Natur vorzustoßen. Dieser Durst nach Wissen (denn Widder regiert den Kopf) kann die Seele ins Licht oder ins Dunkel führen, je nachdem, ob die okkulten Geheimnisse zu egoistischen Zwecken benutzt werden (wie bei Dr. Faust und Mephistopheles) oder zu Heilung und Erbauung der Menschheit (was der Praxis von Heiligen und Sehern aller Zeiten entspricht).

Symbolisch gesehen, ist Mars der Pilgerseele vergleichbar, die in jedem Menschen steckt: der verlorene Sohn, der das Haus seines Vaters verläßt und durch ferne, fremde Länder reist. Diese Geschichte zeigt, wie das Kind der Sonne in die Materie herabsteigt, um Erfahrungen zu suchen, um auf die Wahrheitssuche zu gehen. Saturn, das Gegenüber der Sonne, repräsentiert die Erde in ihrem dunkelsten, schwersten Zustand, in den äußersten Grenzen des Erlebens in der physischen Materie. Wie bedeutsam ist es dann, daß Mars, der Träger des solaren Feuers, im Erde-Zeichen Steinbock erhöht ist, das Saturn regiert! Das weist deutlich auf den Zweck der wiederholten Inkarnation der Seele in die Materie hin: das göttliche Sonnenfeuer in die physische Manifestation zu tragen, um Wissen zu gewinnen, Erfahrung und Stärke auf jeder Daseinsebene, bis die Seele schließlich lernt, sogar die Atome der Erde zu durchlichten und umzuwandeln. Das wird geschehen, wenn – nach vielem Kämpfen und Leiden, der Kreuzigung des niederen Selbst – das Licht der Sonne, das wahre Selbst, imstande ist, das Bewußtsein des Alltagsdenkens zu erleuchten.

In den anfänglichen Stadien der seelischen Entwicklung wird dieses göttliche Feuer und seine Energie falsch verstanden und mißbraucht. Es wird bedenkenlos verschleudert, und Leben und Liebe gelten nicht viel. Aber im Laufe der Zeit und ausgelöst durch die wechselnden Erfahrungen von Freude und Leid, lernt die Seele, das marsische Feuer zu bewahren und es einzusetzen, um Schönheit zu schaffen, Ordnung und Harmonie im eigenen Wesen und in ihrer Umgebung. Zerstörung und Aufbau spielen eine gleich wichtige Rolle zum Weiterkommen der Menschheit. Alles ist Teil des großen Lebenskreislaufes, in dem die kombinierten Einflüsse von Venus und Mars einen wesentlichen Teil bilden. Die sanft harmonisierende Kraft der Venus muß den Einfluß ihres Partners Mars dergestalt ausgleichen, daß das heftige Feuer des Verlangens in die Wärme und Ausstrahlung selbstloser Liebe und einer felsenfesten Entschlußkraft umgewandelt wird.

Durch das Zeichen Skorpion, das mit den Geschlechtsorganen assoziiert wird, regiert Mars die körperliche Zeugung, Geburt und den Tod. Im Laufe der Zeit jedoch wird die Seele zu der Erkenntnis gelangen, daß der körperliche Tod unwichtig ist, nur eines von vielen Ereignissen auf der langen Reise der Seele durch die Materie. Der große Tod, den es zu konfrontieren und zu überwinden gilt, ist der zweite Tod, der universell mit dem Symbol des vom Licht umstrahlten Lichtkreuzes verbunden wird; er steht in Verbindung mit Widder, dem Feuer-Zeichen des Mars, der den Kopf des Menschen und sein begrenztes, persönliches Bewußtsein regiert.

Der zweite Tod, dem wir alle uns zu stellen haben, tritt ein, wenn die Seele die Vision Christi geschaut und nur noch das Verlangen hat, eins zu werden mit jener herrlichen Gegenwart. In diesem Augenblick stirbt alles persönliche Verlangen und Wollen mit der freiwilligen Übergabe der Seele an die Liebe Gottes. Damit ist die Übergabe aller Eigenheit verbunden, jener Individualität, die man sich so hart verdient hat. So wird es der Seele möglich, für die Welt zu sterben und ins kosmische Bewußtsein zu erwachen. Das ist der Sinn der Erhöhung der Sonne im Zeichen Widder, dem Zeichen des Lammes Gottes. Das Licht der ewigen Sonne, der Quelle des Lebens, strahlt in seiner Fülle durch das menschliche Bewußtsein des Christusmenschen. Ostern, das Fest der Auferstehung, des vergöttlichten Menschensohnes, ist zur Zeit des Frühlingsvollmondes, wenn die Sonne in Widder und der Mond in Waage steht.

JUPITER UND DIE SIEBEN STRAHLEN

Der Planet Jupiter wird als großer Wohltäter und Glücksbringer betrachtet. Er vermehrt die hoffnungsfrohen, geselligen, erfreulichen Seiten des menschlichen Wesens und bringt in der Regel auch materiellen Wohlstand. Menschen mit Jupiter in der Nähe des Aszendenten oder des MC (der Himmelsmitte) in ihrem Geburtshoroskop scheinen oft weit mehr als eine durchschnittliche Zuteilung Glück mitbekommen zu haben.

Zwischen Jupiter und Merkur besteht eine enge Verbindung, denn beide Planeten beherrschen die beweglichen Zeichen, jene Zeichen also, die mit dem Denken und der Entwicklung von Weisheit und Verständnisvermögen zu tun haben. Traditionell werden Jupiter die Füße, Hüften und Schenkel zugeordnet, die ja die Mobilität, die Fortbewegung des Körpers ermöglichen. Weiterhin regiert Jupiter das Blutgefäßsystem und den Blutstrom. Die subtile, fast magische Rolle, die das Blut zum Aufbau und zur Erhaltung des Körpers spielt, erinnert uns an die alles durchdringende Macht Jupiters in unserem Leben.

Die Engel Jupiters sind die Baumeister des physischen, körperlichen Tempels, aber auch des großen, gewaltigen Tempels des Universums. Der Planet Jupiter wacht über die ganze menschliche Aura. Auf jeder Stufe erschaffen die Engel-Baumeister einen Körper, durch den die Seele auf der jeweiligen Daseinsebene wirken kann.

Ohne einen physischen Körper kann eine Seele auf der Erde nicht tätig werden. Unter bestimmten Umständen vermag sie sich aus Aura und Drüsensystem eines bereitwilligen Mediums Ektoplasma zu ziehen, das es ihr ermöglicht, ein vorübergehendes physisches Instrument zu bauen, aber selbst mit diesem ist ihr Handlungsspielraum sehr begrenzt. Außerdem muß sie auch Körper besitzen, die aus Substanz von den höheren Astral- und den Mental-Ebenen geschaffen sind, um am hiesigen Leben teilzuhaben.

Unter der Anleitung der Engel Jupiters baut die Seele sich über viele Erdenleben hinweg alle diese Körper und erwirbt die Fähigkeiten, die sie benötigt, um aktiv auf jeder Ebene des Bewußtseins tätig zu sein. Durch die Macht derselben Engel werden die Aufzeichnungen aller Erdenleben im permanenten Atom aufbewahrt, das bei der Zeugung eines neuen physischen Körpers geschaffen wird und den Plan enthält, nach dem dieser Körper und sein Leben sich entfalten. Der Zyklus der Wiedergeburt geht weiter, bis die Seele eine Stufe erreicht, auf der sie sich einen so reinen und strahlenden physischen Körper erschaffen kann, daß dieser nicht mehr sterblich ist, das heißt, er wird jederzeit zur Verfügung stehen, wenn die Seele seiner bedarf, um auf der physischen Ebene zu wirken. Ein Meister kann seinen physischen Körper anlegen, wann immer er dies wünscht. Jupiter hat mit der Erschaffung und Erhaltung von Körpern für die Seele zu tun, von Körpern auf jeder Daseinsebene, von der schwersten, dichtesten und grobstofflichsten Materie bis hin zu dem strahlenden Körper, dem himmlischen Lichtkörper, mit dem der Mensch auf der höchsten oder innersten Ebene bekleidet ist. Jesus, der große Meister des Fische-Zeitalters, führte die Macht des Geistes deutlich vor Augen, die den physischen Körper unsterblich machen kann, und verhieß seinen Jüngern, daß er seinen Tempel in drei Tagen wiederaufbauen würde. Drei ist die Zahl Jupiters. Wir haben die enge Verbindung zwischen Jupiter, Mond und Venus bereits erwähnt. Astrologisch wird sie bestätigt durch die Erhöhung des Mondes in Stier, dem Zeichen der Venus; durch die Erhöhung der Venus in Fische, dem Zeichen Jupiters, und durch die Erhöhung Jupiters in Krebs, dem Zeichen des Mondes. Diese drei Himmelskörper regieren über den äußeren, den Form-Aspekt des Daseins als dreifacher Ausdruck der göttlichen Mutter und des Liebe/Weisheits-Strahles.

Jupiters Zeichen, Schütze und Fische, sind beide ihrem Wesen nach dualistisch und spiegeln die Dualität der großen Mutter wider, den positiven und den negativen Lebensstrom, die Tag- und die Nachtseite des Mondes. Diese Zeichen gehören den Elementen Feuer und Wasser an – was dafür spricht, daß Jupiter mehr durch Empfindungen, Impulse und Intuition wirkt als durch den Verstand und logisches Denken (die Domäne seines komplementären Planeten Merkur). Menschen unter diesem Strahl werden häufig Vorahnungen oder Augenblicke erleben, in denen sie etwas voraussehen können, was ihnen in materieller Hinsicht Glück bringen mag. Der echte Jupiter-Mensch spielt gerne und versucht sein Glück in Aktivitäten wie Rennen (Schütze regiert auch Pferde!), Fußball-Toto (Fische regiert die Füße) und anderen sportlichen Wettspielen.

Auf etwas edleren, höheren Ebenen des Denkens und Bestrebens schenkt Jupiter blitzartige Einblicke oder Augenblicke religiöser Ekstase, in denen die Seele das kosmische Bewußtsein berührt und himmlische Inspiration erlangt – möglicherweise auf dem Gebiet der Künste oder der Philosophie.

Wie Merkur regiert auch Jupiter Bewegung und Reisen, aber in größerem Maßstabe. Die im Zusammenhang mit merkurischen Einflüssen stattfindenden Reisen sind eher eine Routine oder rein geschäftlicher Art; Jupiter-Reisen sind abenteuerlich, weit und erkundend. Ein echter Jupiter-Mensch sucht immer die größere Freiheit weiterer Horizonte und breiteren Wissens. Dieser rastlose Drang zur Ausdehnung beschränkt sich nicht auf das Physische; er kann sich auch als das Verlangen zeigen, in die Tiefen des Unterbewußten oder Überbewußten vorzustoßen. Jupiter war nach der Vorstellung der Weisen alter Zeiten der Herrscher des Himmels und der Weiten des Ozeans. Sein Zeichen Schütze zeigt den Bogenschützen, der den Pfeil zum Himmel empor richtet, während das Jupiter-Zeichen Fische die beiden Fische im Meer des universellen Lebens abbildet.

Die Dualität des Jupiter-Strahles begegnet uns immer wieder in Farben und Mythen in Gestalt jener seltsamen Wesen, die einen Menschenkopf auf ihrem Tierkörper trugen und damit Symbol der uralten Wahrheit sind, daß die Seele des Menschen sich im Laufe der Zeit aus dem Bereich des rein animalischen Bewußtsein zu erheben und einen vollkommeneren Körper zu erschaffen hat, auf dessen Flügeln sie dann in die Sphären der himmlischen Existenz aufsteigen kann. Die Zentauren des griechischen Mythos sind solche symbolischen Verkörperungen des Jupiter-Strahles, der sich durch sein positives Zeichen Schütze offenbart.

Das bewegliche Feuer-Zeichen schenkt einen geschmeidigen, kraftvollen, langgliedrigen, aktiven Körper. Die Schütze-Geborenen sind die geborenen Sportler, die sich im Freien tummeln und alle Arten körperlicher Aktivität lieben. Doch – so unbeschwert sie in ihrer Jugend auch sein mochten – die meisten Schützen entwickeln in reiferen Jahren ein Interesse für religiöse und philosophische Themen. Ja, Jupiter steht dem sechsten Strahl der Religion und Philosophie sehr nahe, auch der geistigen (im Gegensatz zur materialistischen) Wissenschaft.

In jeder Seele, die sich unter dem Strahl und Einfluß Jupiters entfaltet, wurzelt das tiefe, das instinktive Verlangen, sich Gott entgegenzustrecken, Gott zu finden, denn Jupiter ist vor allem der Planet der Religion – der Religion von der bigottesten Orthodoxie bis hin zum umfassendsten und tiefsten Verständnis spiritueller Wahrheit. Denn tief im Innern jeder Seele Jupiters liegt ein Sinn für Verehrung: ein sicheres Wissen von einem Wesen, das anzubeten sei, einer Kraft, die das Dasein des Menschen regiert. Gleichgültig, wie sehr dieses Wissen vielleicht von Materialismus und Leichtfertigkeit verdeckt oder mit einem Schulterzucken abgetan wird, erkennt der echte Jupiter-Beeinflußte doch diese Kraft. Der weltliche Schütze genießt nach Kräften das angenehme Leben, einschließlich harter Drinks. Der weltliche Fische Geborene sucht vielleicht sein Heil in Alkohol, Drogen oder anderen sinnlichen Reizen, aber selbst jene, die das heruntergekommenste Leben führen, empfinden eine fast abergläubische Ehrfurcht vor dem Übernatürlichen. Instinktiv spüren sie, daß es eine Macht gibt, die ihnen Glück oder Pech zuführt. Menschen, die sich plötzlich bekehren lassen, sind in der Regel von Jupiter beeinflußt. Diese Aufklarung ihres Sehvermögens, die plötzliche 'Erleuchtung' und das neue Verstehen treten ein, wenn die Seele in einem Augenblick intuitiven Gewahrseins sich angerührt fühlt – und den Ruf ihres eigenen Lehrers vernimmt. Das erinnert uns daran, daß der große Meister des Fische-Zeitalters seine Jünger aufrief, „Menschen-Fischer" zu werden; sie aber verließen augenblicklich ihre Netze (die Netze der Weltlichkeit) und folgten ihm nach. Diese Erleuchtung kommt nicht aufgrund logischer Denkprozesse, sondern durch eine plötzliche Erkenntnis der göttlichen Liebe. Wenn die Seele dieses Erwachen der göttlichen Liebe einmal gespürt hat, kann sie nicht mehr anders, als ein Jünger auf dem geistigen Weg zu werden und ihre Bereitschaft zu zeigen, die damit verbundene Disziplin aufsichzunehmen; sie verlangt nur noch nach der Einheit, dem Einssein mit dem großen Licht, das sie erschauen durfte. Der echte Jupiter-Mensch ist ein hingebungsvoller Lichtsucher und –

Nachfolger. Die Kurzcharakteristik dieses Strahles der religiösen Hingabe zeigt sich jedoch wohl am besten – es wurde bereits erwähnt – in der Erhöhung der Venus im Zeichen Fische.

Menschen unter dem Einfluß Jupiters sind von Natur aus gesetzestreu und verhalten sich gerne in Übereinstimmung mit den Gebräuchen und Konventionen der Gesellschaft, in der sie sich aufhalten. Wenn sie sich spirituell weiter entwickeln, sehen sie sich zumeist früher oder später gezwungen, die Fesseln der Orthodoxie abzuschütteln. Die Jupiter-Bestrahlten lassen sich nicht durch enge Grenzen binden, denn sie wissen, daß es immer auch noch größere Höhen und Tiefen gibt, die es zu entdecken gilt, und sie müssen die Freiheit haben, auf eigene Weise die Wahrheit zu suchen. Sie haben auch den Wunsch und die Fähigkeit, anderen etwas von dem Licht zu vermitteln, das sie gefunden haben. Sie sind die geborenen Ratgeber und Instrukteure. Ihre Fähigkeit, Intuition mit intellektuellem Wissen zu verbinden, kann ihnen manch seltenen Einblick in die Bedürfnisse ihrer Schüler schenken.

Jupiter regiert den Blutstrom, der Leben und Nährstoffe in alle Bereiche des Körpers bringt. So gehören auch die Verteilung von Nahrung und allen anderen notwendigen Dingen zum Einflußbereich dieses Planeten, das heißt die Seefahrt und andere Arten der Beförderung an ferne Orte. Jupiter ist auch für die Veröffentlichung und den Vertrieb von Büchern zuständig, die Verbreitung von Wissen und Information über die ganze Welt.

Fische, das negative Wasser-Zeichen, zeigt die gleiche Dualität wie der feurige Schütze, besitzt aber wesentlich mehr subtilen Einfluß. Das Symbol des Zeichens sind zwei Fische, die in entgegengesetzte Richtungen schwimmen und doch miteinander verbunden sind. Das ist wieder ein deutliches Bild der beiden großen Seelenkräfte, die im Menschen wirken; die eine zieht ihn zur Erde herab, die andere empor, und beide bewegen sich im zweiten Ozean des manifestierten Lebens, das Jupiter repräsentiert. Durch seine Herrschaft im Zeichen Fische ist Jupiter mit dem feinen Einfluß Neptuns verbunden, der Fische auf einer höheren Ebene regiert und mit dem siebten, dem Strahl des echten Mediums, assoziiert wird. Große Medien, denen es möglich ist, die Ebene der göttlichen Wahrheit zu erreichen, finden fast immer Jupiter und Neptun (oder die mit ihnen verbundenen Zeichen) in ihrem Horoskop betont. Dieser Strahl schenkt der Seele eine einzigartige Fähigkeit, die Grenzen des physischen Gehirns und des rein irdisch-sterblichen Bewußtseins hinter sich zu lassen und die Weisheit des höheren Denkens auszusprechen. Es hat den Anschein, als ob diese Menschen manchmal einen großen universalen Computer anzapfen könnten, der alles Wissen enthält, um die notwendigen Informationen auf die Erde herabzuholen. Solches Wissen kann nur dann

kommen, wenn die individuelle Seele ihr Gefühl des Getrenntseins verliert und lernt, sich mit allem Leben zu verbinden und verschmelzen zu lassen. Sie erkennt: „Alle sind nur Teile eines gewaltigen Ganzen; dessen Leib ist die Natur, und dessen Seele ist Gott."
Ähnlich, wie ein kleiner Dorn im kleinen Zeh das Wohlbefinden des ganzen Körpers bei einem langen Spaziergang beeinträchtigen kann, so weiß das Denken Gottes von jeder Disharmonie, selbst im entferntesten Teil des Universums. Jesus sprach: *„Kauft man nicht zwei Sperlinge um einen Pfennig? Und doch fällt keiner von ihnen auf die Erde ohne euren Vater".* Dieses Leidens-Gewahrsein, diese Bewußtheit der Not und Bedürfnisse anderer – seien es nun menschliche, tierische oder pflanzliche Mitgeschöpfe – ist eine wesentliche und typische Eigenschaft des Wasser-Zeichens Fische, des Zeichens der universalen Sympathie und des Mitgefühls. Menschen, die unter starkem Fische-Einfluß stehen, spüren innerlich die Not und das Leid anderer, was ihnen häufig den Impuls gibt, ihr Leben der Pflege und dem Dienst an anderen zu widmen, die ihrer bedürfen.
Im Horoskop wird das Zeichen Fische mit dem zwölften Haus assoziiert, das traditionell „das Haus der Selbst-Auflösung" genannt wird. Dies ist das Haus jenes unbewußten und unterbewußten Selbst, das unser Handeln in der äußeren Welt weit mehr beeinflußt als wir erkennen, denn es birgt die Aufzeichnung aller Gedanken und Taten unserer Vergangenheit, die uns im festen Griff des Karma-Gesetzes halten können.
Fische und das zwölfte Haus regieren Orte, die durch Einschränkung oder Zurückgezogenheit charakterisiert werden können – zum Beispiel Klöster, Gefängnisse und Krankenhäuser –, aber auch Gebäude, die große Organisationen beherbergen, in denen der einzelne Arbeiter fast so anonym bleibt wie die Ameise im Hügel, die Zelle im Körper oder ein Tropfen im Ozean. Oft fühlen sich Fische-Geborene durch öde Routine-Aufgaben in ihrer Freiheit eingeschränkt. Das zwölfte Haus steht für die Gefangenschaft des Menschen in seinem physischen Körper und dessen durch karmische Auflagen begrenztes Gehirn. Es zeigt auch den Ausweg, der sich dem Menschen bietet: Durch Meditation und Streben nach Höherem werden der Seele Flügel wachsen, auf denen sie sich emporheben kann – der Fisch kann in den universalen Ozean entkommen.
Jesus, der große Heiler und Offenbarer der Wahrheit, der Lehrer für das Fische-Zeitalter, ist auch der Meister an der Spitze des Jupiter-Strahles, und sein Einfluß ist hinter jeder Gruppe und jedem Individuum zu spüren, die selbstlos arbeiten, um das Leiden auf der Erde zu vermindern, um Trost zu bringen und Wissen. Mit seinen Heilungswundern stellte Jesus immer wieder

seine Macht über die physischen Atome unter Beweis. Er verstand wohl, daß körperliche Krankheit ihren Ursprung in unterbewußten Störungen der Seele findet, in eben jener Selbstauflösung, an der wir alle uns dauernd beteiligen, wenn wir negativen oder destruktiven Gedanken nachgeben oder nachhängen. Wieder und immer wieder gingen den Heilungswundern Jesu seine Worte voraus: *„Deine Sünden sind dir vergeben"*, die die Seele aus dem Gefängnis ihrer eigenen Schuld entließen. Dann erhob die heilende Ausstrahlung Jesu die Seele aus ihren Grenzen heraus in die Ekstase des göttlichens Einsseins empor, in der sie in Wahrheit erfuhr: *„Ich und der Vater sind eins"*. Das heilende Licht, die strahlende, lebendige Kraft flutete durch Nerven und Blutbahnen, erneuerte die kranken Gewebe und stellte die Harmonie von Leib und Seele wieder her. Einer von White Eagles Patienten erinnerte sich daran, auf solche Weise geheilt worden zu sein, und sagte: „Mir war, als ob mein ganzer Blutstrom zu flüssigem, lebendigem Golde verwandelt würde."

Diese Heilungskraft Jesu ist heute noch ebenso mächtig wie zu allen Zeiten, und jeder, der sich danach sehnt, Leiden zu lindern, kann sich üben, ihr Werkzeug zu werden. Solche Seelen sprechen auf den Strahl Jupiters an, unter dessen Einfluß sie lernen können, mit den Heilungsengeln zusammenzuarbeiten, den Baumeistern der Form, um kranke Körper und geplagte Gemüter zu heilen. In antiken Zeiten waren die Priester der Sonnen-Tempel auch Heiler, und die Kranken kamen zu ihnen, wenn sie ihrer Hilfe bedurften.

Jupiters Einfluß weckt und unterstützt das auf Gott gerichtete Streben der Seele und erzeugt den Wunsch, sich ein kleines Heiligtum, einen stillen Platz zu schaffen, wo der Kontakt mit der Kraft des Christus-Geistes gepflegt und geübt werden kann. Dieses private Heiligtum ist wie ein äußeres Symbol des Grals, der heiligen Stadt Gottes oder des Kreisumfangs, der das Licht, die Sonne umgibt. Merkur, der Regent im Zeichen Jungfrau, ist mit dem Korn, dem Brot der Kommunion verbunden, und Jupiter, der Regent im Zeichen Fische, wird mit den Trauben und dem Wein assoziiert, dem göttlichen Blut und Ozean des Lebens, in dem der Mensch lebt und sich bewegt und sein Dasein hat. Daraus erkennen wir, wie sehr der Strahl Jupiters dem des Mondes, der großen Mutter, verwandt ist; der Mutter-Aspekt Gottes empfängt das Licht und schafft, bildet ihm einen Körper.

Diese enge Verbindung mit dem Mutter-Prinzip und der Vollendung des Seelentempels macht Jupiter mit seiner Erhöhung im Zeichen Krebs zum Inbegriff des siebten oder Amethyst-Strahles. Dieser Strahl ist vielleicht am schwierigsten zu beschreiben, denn er ist der subtilste von allen und hat hauptsächlich mit den höheren, spirituelleren Körpern zu tun. Aus diesem

Grunde kann keine Seele anfangen, sich unter dem Einfluß dieses siebten Strahls zu entfalten, solange sie nicht ihr niederes Selbst dem höheren in gewissem Maße untergeordnet hat. Die Farben Purpur und Violett werden mit dem siebten Strahl assozziert, auch mit dem Königtum, und die Seele, die vollständig gelernt hat, in ihren höheren, geistigeren Körpern zu wirken, ist in der Tat königlich. Sie gleicht einem Magier, der sich des Dienstes und seiner Befehlsgewalt über die Elementar-Welten sowie des Tier-, Pflanzen- und Mineralreiches sicher weiß. Sein Wissen ist umfassend, universell. Er verbindet die Geduld und Genauigkeit des Wissenschaftlers mit der Hingabe der Eltern für ihr Kind oder des Heiligen für seinen Gott, mit der Kraft des Kriegers; und alle diese Eigenschaften setzt er allein im Dienste der Brüderlichkeit ein.

Der siebte oder Amethyst-Strahl verbindet sich mit ritueller und zeremonieller Magie; er ist der Strahl des echten Mediums. Deshalb ist ein gewisses Maß an Entwicklung der feinstofflichen Körper erforderlich, bevor eine Seele anfangen kann, mit diesem Strahl zu arbeiten. Alle Priester mit einer Liebe zum Rituellen stehen unter dem Einfluß des siebten Strahles, zumindest bei der Ausübung ihres Dienstes. Die römisch-katholische Kirche insgesamt untersteht dem siebten Strahl. Wer bereits in solchen Kirchen gebetet hat, kann die Kraft wohl wahrgenommen haben, die von den Priestern geschaffen wird und eine tiefe Wirkung auf die Seelen der Anbetenden ausübt. Diese Kraft ist an sich weder gut noch böse und wird durch Ritual und Zeremoniell frei, je nach dem Maße des Verständnisses auf Seiten des Priesters, der gerade seinen Dienst versieht. Wird die Kraft aufgebracht, um Macht über andere zu gewinnen, so wird sie zur negativen Kraft. Der echte Weißmagier ruft magische Kräfte nur dann an, um sie zu gebrauchen, wenn sie dem Wohle des Ganzen dienen, niemals jedoch für seinen persönlichen Vorteil oder um Macht über eine andere Seele zu gewinnen. Dieser Unterschied muß ganz klar von jeder Seele verstanden sein, die mit dem siebten Strahl arbeitet.
Gefahr kommt auf, wenn das mentale Wissen und die intellektuelle Entwicklung eines Menschen das spirituelle Wachstum übertrifft, denn so etwas kann zu mentaler und geistiger Arroganz führen. Manche Geheimnisse der Magie sind mit dem Denken zu verstehen und ohne besondere seelische Voraussetzung zu praktizieren; dabei wird aber eine Kraft hervorgerufen, die bald außer Kontrolle des werdenden Magiers gerät, was zu schwerwiegenden und unglückseligen Folgen führt. Die wohlbekannte Geschichte vom Zauberlehrling ist eine humorvolle, aber bedeutsame Darstellung dessen, was passieren kann, wenn magische Prozesse in Gang gebracht werden, bevor die Seele die

notwendigen Voraussetzungen besitzt, um die entstehende Situation zu beherrschen.

Viele Seelen fühlen sich in unserer Zeit von Gruppen angezogen, die sich mit Okkultem, Medialem oder Magischem beschäftigen und so auf den Einfluß des siebten Strahles ansprechen. Sie haben eine Entwicklungsstufe erreicht, auf der sich ihre höheren Körperhüllen zu entfalten beginnen, und sie spüren das Verlangen, die Geheimnisse des inneren Lebens kennenzulernen. Manche finden durch eigenes Leid auf den Weg, nachdem ihnen orthodoxe Lehren keine befriedigenden Antworten bieten konnten, und so suchen sie weiter oder wenden sich dem Leben des Geistes zu, um hier ihr Glück zu finden. Viele solche Seelen erinnern sich unterbewußt an frühere Erdenleben, die sie im antiken Ägypten oder in prähistorischen Zivilisationen verbracht haben, und in denen sie schon einmal mit magischen Praktiken – weiß oder schwarz – zu tun hatten. Falls sie seinerzeit schwarze Magie ausübten, kann das Karma aus jenen Inkarnationen die Ursache für ihr Leiden in der heutigen Inkarnation sein oder dazu geführt haben, daß sie von einer angstvoll-unwiderstehlichen Faszination zur Beschäftigung mit der Magie getrieben werden. Häufig begegnen ihnen viele Schwierigkeiten auf ihrem Weg der spirituellen Entfaltung. Das Karma muß bereinigt werden und die Seele bedarf der Läuterung, bevor sie sich aufmachen kann, um mit den ihr anvertrauten Talenten ein Diener der großen Weißen Loge zu werden.

Der siebte Strahl steht in sehr enger Verbindung mit dem zweiten, und viele Seelen werden die beiden Farben Gold und Amethyst in ihrer Aura tragen. Den goldenen Strahl, der hauptsächlich in den Einflußbereich der Sonne fällt, assoziierten wir mit dem Strahl des Vater- oder patriarchalischen Aspektes. Der Amethyst-Strahl jedoch, der eine so enge Verbindung mit dem Mond aufweist, wird mit dem Strahl der Königin, der Mutter oder Oberpriesterin des Tempels assoziiert, mit der voll entwickelten Seele. Die Verbindung des Mondes mit magischen Riten und zeremoniellem Zauber findet im Hause statt, und jede Frau, die es von Natur aus liebt, ein schönes Heim zu bereiten, arbeitet im kleinen unter dem Einfluß des siebten Strahles. Wir merken nämlich nicht immer, daß ein gewisses magisches Element aus der reibungslosen 'Routine' zu Hause erwächst, oder daß hier eine schöpferische Macht wirkt, die ihren Schwerpunkt in der Mutter findet. Von ihr hängt es weitgehend ab, welche Atmosphäre im Hause herrscht und wie zauberhaft und schön häusliche Feste wie eine Geburtstagsfeier oder gar Weihnachten werden. Die Römer erkannten solche Zusammenhänge, und jeder Herd war ihnen als Schrein für die Hausgötter heilig, während die Mutter in gewissem Sinne als deren Hohepriesterin galt. Vielleicht zeichnet sich die Tendenz ab, daß sich mehr Frauen als Männer von okkult-esoterischen und magischen Gruppen angezogen fühlen. Das mag zum Teil mit darauf zurückzuführen sein, daß zur Weiblichkeit eine besondere Empfänglichkeit für psychisch-mediale und spirituelle Kräfte gehört.

Selbst hier, in der häuslichen Welt, ist das Bedürfnis nach Liebe und Verständnis statt bloßer mentaler Entwicklung festzustellen. Häusliches Unglück kann verursacht sein von einer peniblen Hausfrau oder Mutter, die sich mehr um ihre zum Ritual gewordenen Haushaltspflichten kümmert als um Glück und Wohlbefinden ihrer Familie. Manche Frauen sehnen sich im Herzen danach, geistige Gaben zu entfalten, um der Menschheit zu helfen, während sie noch durch die täglichen Pflichten des häuslichen und Familienlebens gebunden sind. Sie können aus der Tatsache Trost schöpfen, daß es kein besseres Übungsgebiet für die harmonische Entfaltung spirituellen Gewahrseins gibt als die Pflichten des wahren Nestbauers und Haushaltsführers, wenn sie getreu und liebevoll wahrgenommen werden. Denn das Zuhause ist wie ein Tempel, und wenn die Lektionen des Familienlebens ganz gelernt sind, kann die Seele mit sicherer Basis die umfassendere Magie des Universums studieren.

Seelen, deren Entwicklung hauptsächlich vom siebten Strahl beeinflußt wird, haben zweifellos Inkarnationen hinter sich, in denen sie irgendeine Art von Ausbildung in einem Tempel hatten. Vermutlich haben sie in den Tempeln von Atlantis, Ägypten, Griechenland oder Rom gedient. In späteren Inkarnationen hat möglicherweise die römisch-katholische Kirche ihre Dienste beansprucht – oder sie ist mit ihnen kollidiert, wie im Falle der Albigenser und der Rosenkreuzer, die als Ketzer zu leiden hatten. Magische Zentren in England und überall in der Welt werden solche Seelen noch anziehen, und vermutlich werden sie diese Stätten besuchen, an denen sie in früheren Leben gewirkt haben. Die Freimaurerei fällt unter den starken Einfluß des siebten Strahles, und die meisten Menschen, die es in ihrem heutigen Leben in eine der Logen zieht, werden reichlich Amethyst oder Violett in ihrer Aura tragen. Neptun (der, wie wir uns erinnern, das Zeichen Fische auf einer höheren Ebene regiert), ist eng verbunden mit dem siebten Strahl der zeremoniellen Magie. Wenn er durch Stellung oder Aspektierung in einem Horoskop hervorgehoben ist, zeigt dies klar, daß die höheren Körperhüllen angeregt werden müssen, bevor die Seele anfangen kann, unter dem siebten Strahl weiterzuschreiten. Dieser ist der Strahl des geborenen Mediums, Hellsichtigen oder Sehers. Die Seele, die über ihren physischen oder niederen Mentalkörper vom siebten Strahl beeinflußt wird, hat keine Schwierigkeiten bei der Entfaltung medialer Kräfte; diese werden ihr schon angeboren sein und als natürlicher Teil ihres Wesens erscheinen. Solche Medialität ist nicht alltäglich, und wenn sie entdeckt wird, braucht der Mensch besondere Aufmerksamkeit und Übung, damit die psychischen Gaben sich in der richtigen Weise entfalten und die Seele vor den Härten des Alltagslebens geschützt wird. Nur wenige Menschen haben eine Vorstellung von der extremen Sensitivität des geborenen Mediums. Die wenigen Medien dieser Qualität, die es zur Zeit gibt, werden zu grob behandelt und können durch Überlastung oder die ungünstigen Umstände, unter denen sie ihre Gaben demonstrieren müssen, arbeitsunfähig werden. In den Kulturen der Antike und früherer Epochen wurden solche besonders gegabten, seltenen Seelen mit größter Behutsamkeit behandelt, und ihre Talente kamen nur im Tempel und unter der Anleitung und Aufsicht von Priestern und Weisen zum Einsatz. Das wird abermals der Fall sein, wenn die Menschheit erst einmal den unvorstellbaren Wert eines Sehers wieder zu schätzen weiß, der eine neue Vision des Himmels jenen übermitteln kann, die vom Materialismus geblendet sind.

Die Kooperation von Engels- und Elementar-Kräften zur Vollendung einer bestimmten Aufgabe kann durch Ritual und Zeremonie erreicht werden, bei dem Schönheit des Klanges, Schönheit der Form, Schönheit der rhythmischen Bewegung, Schönheit der Farbe und sogar schöner Duft eine Rolle spielen. Der echte Weißmagier versteht, wie wichtig Schönes für die Seele ist, wenn diese sich der himmlischen Welt nähern soll. Das ist ein Grund, warum so viele Kunstformen und -werke religiösen Zwecken gewidmet und geweiht wurden. Ritueller Tanz ist im Westen unserer Zeit kaum gebräuchlich, aber viele, die sich vom Pfad der Magie angezogen fühlen, haben in der Vergangenheit bereits an solchen Bewegungen teilgenommen.

Auch das Schauspiel kann zum Einsatz gelangen, um das höhere Selbst und die imaginativen Kräfte der Seele anzuregen. Das war in den Tempeln der Antike und in der Frühzeit der Kirche bekannt, als Wunder- und Mysterienspiele regelmäßig zur Aufführung kamen; auf diese Weise trug die Kirche zur Anregung des geistigen Gewahrseins ihrer Kinder bei. Jupiter und Mars sind gewöhnlich im Horoskop der Menschen stark vertreten, die sich zu Bühne und Schauspiel hingezogen fühlen. Die feineren Seelenhüllen sind es, die von der magischen Kraft angesprochen werden, und nur wenige Menschen sind sich der Wirkung des Schauspiels bewußt, die einen gewissen emotionalen Zustand im Zuschauer hervorruft. Der echte Priester-Magier weiß immer um die Bedürfnisse der ihm anvertrauten Seelen; er hat sich eingehend mit der menschlichen Psychologie beschäftigt und ist offen und empfänglich, möglicherweise sogar hellsichtig, für jede Reaktion in seiner Umgebung. Der Schwarzmagier benutzt die Macht der mentalen Herrschaft, um seine Schüler zum Gehorsam zu zwingen. Der Weißmagier aber, der Priesterkönig, gebraucht ausschließlich die Macht der Liebe und verläßt sich allein auf sein liebevolles Verstehen der Bedürfnisse des Menschenherzens sowie auf jene Formen der höheren Magie, die das innere Licht in den ihm anvertrauten Seelen wecken.

Wenn der siebte Strahl den mentalen Körper regiert, besteht immer ein Interesse an psychischen Phänomenen oder eine Sensitivität, die es der Seele ermöglichen wird, Inspiration mentaler Art aus höheren Ebenen zu empfangen. Inspiriertes Schreiben geht oft auf einen vom Amethyst-Strahl dominierten Mentalkörper zurück. Wenn der Astralkörper unter dem Einfluß des siebten Strahles steht, fühlt sich die Seele nicht nur an spirituellen Angelegenheiten interessiert, sondern entwickelt auch einen sehr starken Sinn für Schönheit, wie sie mit den fünf Sinnen wahrzunehmen ist. Das mag sich in Musik, Tanz, Malerei oder Schauspielkunst ausdrücken, ja in allen Aspekten der Kunst, die der äußeren Form bedürfen. Wagners Ideal von einer Verschmelzung von Musik und Drama, Farbe, Duft und Klang, die eine magische Wirkung auf das Publikum haben sollte, war ein typisches Produkt des siebten Strahles.

Die himmlische Ebene ist natürlich die eigentliche Manifestationsebene für die Gaben des siebten Strahles. Auf den unteren Ebenen sind die Gefahren unklug gebrauchter psychischer und magischer Kräfte zu real, und alle, die den Weg des geistig Strebenden kennen, sprechen die gleichen Warnungen vor dem Herumspielen mit psychischen Kräften aus. Wenn der siebte Strahl jedoch den geistigen Körper regiert und nur auf der höchsten Ebene ausgedrückt wird, befindet sich die Seele tatsächlich auf dem Weg des Adepten, das heißt in dem Zustand, in dem der Mensch seinen angestammten Platz als Meister seiner selbst und über die Elemente einnimmt. Dieser Strahl schenkt geistige Vision, weit und universal, auch ein intuitives Verstehen von Bedürfnissen nicht nur der Menschen, sondern auch der Angehörigen weniger weit entwickelter Naturreiche. Ein solches Verstehen zeigte sich bei Seelen wie Franz von Assisi, der eine geheimnisvolle Macht über Tiere besessen zu haben scheint. Es ist ganz interessant, sich Gedanken darüber zu machen, welche Stelle heilige Tiere in den großen Religionen der Vergangenheit und des Ostens eingenommen haben; Jupiter und Neptun schenken mit ihrem Einfluß oft eine tiefe, verstehende Liebe zu Tieren.

Die ganz entfaltete Seele unter dem siebten Strahl trägt in der Tat den königlichen Purpur: nicht den dunklen, schweren Ton, der für materielle Macht steht, sondern ein Gewand aus kraftvollem Amethyst-Licht, das ihre Herrschaft über das Reich des Selbst anzeigt. Dieser Mensch hat die Stufe der

Meisterschaft erreicht, auf der das niedere Selbst ganz in das höhere aufgegangen ist. Mit anderen Worten, mit den Worten der Alchemisten: das Grundmetall wurde in reines Gold verwandelt.

SATURN UND DIE SIEBEN STRAHLEN

Saturn steckt die äußersten Grenzen der Seelen-Reise in die Materie ab. Hier muß sie lernen, die ihr innewohnende göttliche Kraft zu gebrauchen, um aus Chaos Ordnung zu schaffen, aus Häßlichem Schönheit, und aus Streit Frieden. Saturn gibt der Seele den Willen, die Scholle der Materie zu durchbrechen und die Saat auszubringen, um schließlich das goldene Korn zu ernten. Man könnte fast sagen, daß erst durch die Einschränkung von Saturn mit seinen engen Ringen das Feuer des göttlichen Geistes tief in die Materie herabgezogen wird, um sich zu individualisieren. Saturn ist der Planet des sich entfaltenden Selbst, deshalb werden seine Strahlen in der jungen, unerfahrenen Seele oft starken Egoismus fördern. Wenn die Seele schon erstarkt ist, erhält sie von Saturn den Willen und die Entschlossenheit, ihr Ziel zu erreichen, was auch immer es koste, und alle ihre Kraft, alle schöpferische Macht zu konzentrieren, um zu erlangen, was sie sich vorgenommen hat. Die Seele kann, wenn sie dieses Ziel erst erreicht hat, sehen, wie klug oder wie töricht ihre Bemühungen gewesen sind. Saturn ist über sein Luft-Zeichen Wassermann mit dem elften Haus des Horoskopes verbunden, dem Haus der Wünsche, Hoffnungen und des Verlangens. Das ist astrologisch ein Anzeichen dafür, daß die Seele mit ihrem Willen und konzentrierter Gedankenkraft erreichen oder erlangen kann, was sie will – zu seinem Preis.
Wenn der Saturn-Strahl schwach ist und die Willenskraft nicht gut auf ein Ziel konzentriert, dann ist die Seele auf Gedeih und Verderb ihren Empfindungen und Impulsen ausgeliefert und spricht auf jede Laune oder Idee an, die ihren Weg kreuzt. Solche Menschen geraten oft unter den dominierenden Einfluß eines stärkeren Charakters, oder sie werden am Ende wie Schmarotzer in ihrer Abhängigkeit von anderen. Ihnen mangelt es an Voraussicht, sie sind verantwortungslos und kommen mit dem Leben nicht zurecht. Sie tendieren dazu, sich hilflos durchs Leben treiben zu lassen.
Unter dem Einfluß Saturns muß der Wille der Seele kräftig wachsen. Dies betrifft zuerst den Eigenwillen, den Willen also, sich als eigenständiges Wesen zu individualisieren, um die in einem selbst angelegten Möglichkeiten kennenzulernen. Bei jungen Seelen äußert sich dies als überaus starker Selbsterhaltungs-Instinkt, der auch törichte, unsinnige Formen annehmen kann, je

nachdem, auf welcher Ebene sich der Einfluß Saturns in der jeweiligen Inkarnation am stärksten manifestiert. So sind dann vielleicht aus Angst um physische Bedürfnisse alle Anstrengungen einer Inkarnation darauf gerichtet, Geld anzuhäufen und den Besitz festzuhalten, denn Geld verleiht Macht und scheinbare Sicherheit. Sicherheit auf emotionaler Ebene sucht man vielleicht, indem man andere beherrscht, um sich ihre Gefühle zu erhalten – eine Art emotionaler Erpressung; und mentale Sicherheit mag man durch den Erwerb von Wissen erhalten. Auf einer bestimmten Stufe der Selbstentwicklung glaubt die Seele allen Ernstes, daß der Zweck jedes Mittel heilige, und sie richtet ihren Willen rücksichtslos und unnachgiebig auf das Ziel, ihre eigenen Wünsche zu erfüllen, andere zu überfahren und physisch, mental oder emotional zu beherrschen. Daraus entsteht schweres Karma, das konfrontiert und ausgeglichen werden muß durch demütiges und liebevolles Dienen, wenn die Seele sich wieder auf den Heimweg, auf den Weg zur Wiedervereinigung mit den göttlichen Eltern, begibt.

Einem echten Saturnier ist fast noch wichtiger als sein Leben seine Unabhängigkeit und das Gefühl, niemandem verpflichtet zu sein. Aber er spürt auch keine Notwendigkeit, seine Existenz durch harte Arbeit oder Pflichterfüllung zu rechtfertigen. Seine resolute Willenskraft basiert auf einer mentalen Starrheit, die auch zu körperlicher Steifheit und arthritisch-rheumatischen Symptomen führen kann. Häufig sind Knie und Knöchel davon betroffen, die dem Einfluß Saturns unterstehen. Es ist wohl angemessen, daß am Ende jede Seele ihren Stolz und Eigenwillen, ihren Egoismus aufgeben und auf den Knien den Großen Geist, ihren Schöpfer, um Hilfe bitten muß.

Aufgrund seiner Erhöhung im Zeichen Waage – dem Venus-Zeichen des Gleichgewichts, der Symmetrie und der Schönheit – wird Saturn zum Inbegriff des vierten Strahles, der den von ihm Beeinflußten einen instinktiven Sinn für Schönheit schenkt sowie das Verlangen, die ewige Schönheit zu schaffen und zu verbreiten, die nur in Ausgeglichenheit, im Gleichmaß zu finden ist. Vielleicht erscheint es befremdlich, wenn so die angeblich düsteren, schweren Einflüsse Saturns mit dem Strahl der Schönheit verbunden werden – bis man erkennt, welches gewaltige Maß an schwerer Arbeit, Disziplin, Hingabe und Konzentration notwendig ist, um in irgendeinem Bereich echte Schönheit zu erschaffen.

Der vierte Strahl zeigt den Punkt des Gleichgewichtes an zwischen dem Ausströmen von Leben und Schöpfungskraft in die Materie und der langsamen Verwandlung von Materie in Geist. Wie bereits gesagt, ist es nicht einfach, den Strahlen und Planeten Farben zuzuordnen. Die Quellen widersprechen sich in diesem Punkte, und die Farben sind je nach der Ebene verschieden, auf der sie sich manifestieren. White Eagle spricht Saturn den grünen Strahl zu. Es ist interessant, daß diese Farbe häufig auch mit dem polaren Gegenüber Saturns, dem Mond, assoziiert wird. In der Numerologie verbindet man die Zwei mit der grünen Farbe, und zwei ist die Zahl des Mondes. Saturns Zahl aber ist die Acht, die dritte Potenz der Zwei. In der Johannes-Offenbarung lesen wir über die heilige Stadt, das neue Jerusalem: *„Und die Stadt liegt viereckig, und ihre Länge ist so groß wie die Breite... Die Länge und die Breite und die Höhe der Stadt sind gleich."* Der Mond ist Symbol der Seele des Menschen, und es ist Aufgabe der Engel des Saturn, den Seelentempel zu gestalten und zu formen, bis die vollkommene Harmonie von Körper, Seele und Geist erreicht ist, die symbolisch angedeutet wird durch die Kubikzahl der Zwei, durch die drei gleichen Dimensionen des Würfels.

Stellen Sie sich die kühle Stille einer Waldlichtung an einem heißen Tage vor. Unter Ihnen erstreckt sich meilenweit das Flachland bis zum Meer, und die Wolkenschatten huschen über die Hügel und Wälder; sie bilden eine Vielzahl neuer Farbtöne, wohin sie fallen. Sehen Sie eine Wiese blühender Butterblumen, ein lange Hecke... und dann stellen Sie sich irgendein Element dieser Szene, die sich vor Ihnen ausbreitet, ohne die Farbe Grün als Hintergrund vor. Sofort verändert sich die Wirkung. Der Eindruck von Harmonie und Frieden würde fehlen, und die heilsame, wiederherstellende Kraft der Natur wäre nicht so offensichtlich. Diese Empfindung wird bestätigt durch die Erleichterung, die wir fühlen, wenn nach dem langen, blendenden Weiß der schneebedeckten Landschaft das Tauwetter einsetzt, und das Gras wieder grün zum Vorschein kommt.

Die Meditation über eine grüne Landschaft und deren Bedeutung für den Menschen wird eine Vorstellung von der Funktion des grünen Strahles vermitteln. Saturns Einfluß weist, wenn er ganz verstanden wird, den Weg zu Harmonie und Brüderlichkeit. Menschen, die weitgehend unter diesem Strahl stehen, bemühen sich unaufhörlich, Harmonie zu schaffen, ganz gleich, ob sich dies im Physischen in Form einer ordentlichen, hübschen Umgebung zeigt oder auf der mentalen oder emotionalen Ebene in einer harmonischen Beziehung zu Gott. Eines der deutlichsten Charakteristika der Menschen unter dem grünen Strahl ist ihre Ruhe und Ausgeglichenheit, die die gleiche Wirkung auf die Menschen in ihrer Umgebung ausübt wie das kühle, linde Grün der Natur; auch Taktgefühl und Diplomatie scheinen feste Bestandteile ihres Charakters zu sein.

Die Schönheit der Erde und des Himmels weckt in Seelen des grünen Strahles ein Gefühl der Ehrfurcht und Anbetung, und sie geben sich aufrichtig Mühe, Schönheit und Harmonie zu erschaffen, wie sie es verstehen. Ihre Vi-

sion des Idealen läßt sie einen sehr anspruchsvollen Maßstab an alles legen, das sie in Angriff nehmen, und sie sind äußerst unzufrieden, wenn sie ihrem eigenen Maßstab nicht gerecht werden. Sie erwarten auch von anderen, daß sie nach diesem Ideal leben, und aus diesem Grunde können sie sehr fordernd und offensichtlich unsympathisch werden, wenn es ihnen am rechten Verständnis fehlt; ansonsten sind sie immer sehr fair und gerecht.
Die Menschen unter dem vierten Strahl neigen dazu, einen Pfad der Mäßigung, einen Mittelweg zu gehen, denn sie sind davon überzeugt, daß nichts schädlich sein kann, solange man es nicht übertreibt. Das heißt aber nicht, daß sie im Laufe ihrer Entwicklung nicht auch Extremen begegneten. Wenn das Gewicht nicht ausgeglichen verteilt ist, dann senkt sich die eine Waagschale, und Ähnliches gilt auch für die Seele. Wenn man also in einer Inkarnation zu sehr dem Ego frönte, mag in der folgenden das starke Verlangen, das Gleichgewicht wiederherzustellen, zu extremen Puritanismus bis hin zur Selbstkasteiung führen. Eine Inkarnation außerordentlicher Machtfülle mag von einer anderen gefolgt werden, in der das Leben der Seele sehr eingeschränkt und die Persönlichkeit stark gedemütigt wird. Das gilt in gewissem Maße für alle, aber es zeigt sich besonders deutlich in der Entwicklung der Menschen, die vom vierten Strahl beeinflußt sind, bis die heftigen Gegensätze allmählich ausgeglichen werden und die im Innern wurzelnde Liebe zu Gleichgewicht und Symmetrie sich auch im äußeren Selbst zu manifestieren beginnt. Der unter dem Einfluß des vierten Strahles voll entwickelte Mensch ist so herrlich gelassen und ausgeglichen; er besitzt soviel Toleranz und Verständnis, daß man sich kaum vorstellen kann, er habe einmal Extreme irgendeiner Art erlebt. Der heftige Extremismus der jungen Seele auf dem Entwicklungsweg andererseits macht es einem schwer zu glauben, daß diese Seele unter dem Einfluß des vierten Strahles steht.
Die griechische Hochkultur der Antike, zu deren Blütezeit das Motto galt, ein gesunder Geist wohne in einem gesunden Körper, verkörperte die Eigenschaften des grünen Strahles vielleicht besser als irgendeine andere Zivilisation des derzeitigen Evolutionszyklus'. Dies gilt weitgehend auch für die frühe ägyptische Kultur zu jener Zeit, als die architektonischen Meisterleistungen am hervorragendsten waren. Auch China und Indien hat der grüne Strahl beeinflußt. Wenn dieser Einfluß in einer Zivilisation besonders stark hervortritt, scheint er sich vorrangig in deren herrlicher Architektur Ausdruck zu geben. (Hier stellen wir auch den Einfluß der Natur fest; sie inspiriert und beherrscht manchmal auch die architektonischen Formen). Der Zauber des Klanges bei der Erschaffung von Harmonie und auch beim Heilen wird von den Menschen besonders gut verstanden, die sich unter dem

vierten Strahl entwickelt haben. Häufig finden wir Seelen des vierten Strahles, die ihr Leben der Musik widmen, da sie diese als die nächste Entsprechung der ewigen Schönheit empfinden.

Wenn der grüne Strahl den physischen und den niederen Mentalkörper beeinflußt, wird eine Liebe zur Harmonie im äußeren Leben deutlich. Solche Menschen werden Freude an rhythmischen Gewohnheiten zeigen, ihr Leben sauber, ordentlich und systematisch führen und vermutlich auch einen guten Geschmack bei Kleidung und Einrichtung erkennen lassen. Reibungen und Spannungen sind diesen Menschen so zuwider, daß sie aufmerksam die Schwächen ihrer Mitmenschen beobachten und viel Geschicklichkeit im Umgang mit ihnen entwickeln. Der vierte Strahl beeinflußt häufig Regierungsbeamte, die in irgendeiner Weise in der Öffentlichkeit stehen, auch Architekten, die sich nach den Proportionen und Formen in der Natur richten, fernerhin Kräuterheilkundige, Osteopathen und Chiropraktiker, deren Ziel und Ideal es ist, Gesundheit und Heilung zu vermitteln, indem sie das körperliche Leben mit der Natur und Gott in Harmonie bringen. Jene, die sich anstrengen, Gesundheit und Heilung durch Bewegungskultur und Tanz zu verankern, geben ein praktisches Beispiel für das Wirken des grünen Strahles.

Auf der mentalen Ebene verleiht Saturn, der Herrscher des vierten Strahles, intellektuelle Kraft und Raffinesse mit einem klaren Sinn für Logik. Das feinste Beispiel für das Wirken des vierten Strahles im mentalen Bereich ist der geborene Diplomat. Die Sicherheit, mit der der geborene Staatsmann eine schwierige Situation handhabt, in der das menschliche Element so ungewiß ist wie eine Tonne Sprengstoff, ist ebenso wunderbar wie der Drahtseilakt eines Artisten. Ein feiner, unparteiischer Humor und das Taktgefühl, das aus Beobachtung und Verständnis des Menschlichen erwächst, sind geschickt vereint mit Logik; ruhiges, gelassenes Verhalten und gewinnende Manieren verstärken die Überzeugungskraft des Mannes. Ein Staatsdiener, der sich unter dem Einfluß des grünen Strahles schon weit entwickelt hat, offenbart sich zwangsläufig als Friedenstifter.

Der ganzen Kraft und Schönheit des vierten Strahles kann keiner Ausdruck geben, der noch nicht gelernt hat, die Brücke Saturns zu überqueren, das heißt die Brücke, die die Seele im Laufe vieler Erdenleben baut und die das höhere mit dem niederen Selbst verbindet. Die meisten Menschen sind sich vor allem der Dinge bewußt, die ihr eigenes, materielles Leben betreffen, und sie sprechen nur auf Schmerz und Lust des persönlichen Selbst und der Sinne an. An einem bestimmten Punkt der Entwicklung jedoch zerbricht diese begrenzte Sicht. Das geschieht oft durch eine vernichtende, schmerzliche Erfahrung, die den Menschen zwingt, seinen Blick vom Begrenzten, Persönlichen abzuwenden und auf das universelle Leben zu richten. Die Erkenntnis, daß das göttliche Leben das menschliche durchdringen muß, beginnt zu dämmern als ein Sehnen nach dem vollkommenen Ausdruck Gottes im Menschen. Das ist der Anfang vom Bau der saturnischen Brücke. Wie bereits gesagt, ist der Ausdruck göttlicher Schönheit in der Materie die instinktive Sehnsucht des Menschen unter dem vierten Strahl. Solange die Seele nicht in gewissem Maße für das göttliche Leben erwacht, wird ihr die Ausrichtung fehlen, und sie wird vermutlich keine deutlich erkennbare Verbindung mit irgendeinem Strahl zeigen. Dies gilt besonders für Seelen des fünften, sechsten und siebten Strahles, die für ihre Manifestation im äußeren, physischen Leben das Erwachen der Seele aus ihrer Gefangenschaft in den Sinnen als Voraussetzung brauchen.

Menschen unter dem Einfluß des saturnischen Strahles sind bei der Handhabung der praktischen Belange des Lebens in ihrem Element. Sie besitzen eine realistische Einstellung zu Zeit und Energie, und sie kennen Vorzüge und Wert von Ordnung, Systematik und Organisation im Umgang mit materiellen Problemen. In der Regel sind sie sehr zeitbewußt, und so werden gute 'Saturnier' weder ihre eigene Zeit noch die eines anderen verschwenden. Der Saturn-Beeinflußte versucht, in seinen Unternehmungen und Beziehungen vollkommen zuverlässig zu sein. Aus Erfahrung ist er realistisch, und deshalb macht er keine voreiligen Versprechungen; was er aber anpackt, führt er so genau und perfekt aus, wie er kann.

Steinbock, das Erde-Zeichen Saturns, ist mit dem zehnten Haus im Horoskop verbunden. Das zeigt deutlich, daß Saturn den Rahmen für die physische Existenz des Menschen erstellt. Das zehnte Haus ist das Haus eines von beiden Elternteilen: dessen, der die größere Macht über das äußere Leben des Kindes besitzt. Es zeigt die Position dieses Elternteils in der Welt und definiert damit den Platz des Kindes in der Gesellschaft. Im späteren Leben steht das zehnte Haus für den Arbeitgeber, die Karriere, für Ehrgeiz und praktische Erfolge in der Welt. Steinbock beeinflußt die gewissenhaftesten, ordentlichsten und zuverlässigsten Arbeiter-Menschen, die fähig sind, sehr verantwortungs- und vertrauensvolle Positionen einzunehmen. Sie eignen sich gut als Arbeitgeber; sie sind gerecht und fair, aber streng und genau. Auch wenn sie zurückhaltend wirken, lieben sie ihre Familie und sind in ihrer Zuneigung äußerst treu und zuverlässig.

Ein stark entwickeltes Pflichtgefühl ist charakteristisch für die Seele unter dem Strahl Saturns; es wird sie in Positionen führen, in denen ihr Macht und Autorität – häufig in Regierung oder Management – anvertraut sind. Oft findet man solche Menschen in leitenden Stellungen großer Organisationen.

Nicht selten jedoch werden sie auch 'graue Eminenzen', die Macht hinter dem Thron; hier können sie alle Informationen und Kontakte in den Händen halten, die notwendig sind, um Verfügungen der Autorität durchzusetzen.

Über sein Luft-Zeichen Wassermann (komplementär dem Sonnen-Zeichen Löwe) lehrt Saturn die Seele, wie das schöpferische Feuer der Sonne mit Gedankenkraft zu konzentrieren ist, um Ordnung aus dem Chaos der Urmaterie zu schaffen. Diese Macht ist es, die Gedanken sich zu physischer Gestalt verfestigen läßt. Die derzeitige gedankliche Ausrichtung entsteht aus den Denkgewohnheiten der Vergangenheit, die gesammelt werden und sich allmählich zu Form kristallisieren und die eigentliche, physische Gestalt des Körpers ebenso hervorbringen wie den Rahmen des physischen Lebens. Das zeigt sich deutlich daran, wie Gedanken unseren Gesichtsausdruck und die Körperhaltung bestimmen, die im Laufe der Jahre sich immer stärker prägen lassen.

Saturn trägt der Seele immer Umstände zu, die sie akzeptieren muß: Angst, Einschränkung, eine Last wie ein Kreuz, die anscheinend kein Entkommen bietet. Im Bereich des physischen Körpers kann das ein sich jeder Behandlung widersetzendes Leiden sein, das das äußere Leben schwer behindert; es kann sich aber auch hauptsächlich als materielle Armut oder in Form von Unterdrückung durch strenge Lehrmeister zeigen. Auf seelischer Ebene zeigt es sich möglicherweise als eine Spielart mentaler Behinderung oder als ein Angst-Komplex. Es kann sich als eine Fessel im häuslichen Bereich manifestieren, zum Beispiel als die Verantwortung für die Pflege eines kranken Angehörigen. So mag es zu Enttäuschung, Herzeleid oder zum Opfer von Vergnügen, Freiheit, Ausgelassenheit und Selbstverwirklichung kommen. Auf mentaler Ebene besteht vielleicht eine Einschränkung durch die Grenzen sehr enger Anschauungen, Kritiksucht, mangelnder Ausbildung oder Schwierigkeiten in der Kommunikation und Beziehung mit anderen. Jede Seele, die inkarniert ist, spürt auf die eine oder andere Weise die Disziplinargewalt Saturns, die sie irgendwie zurückhält, bremst, einen Mangel, Enttäuschung oder Gefangensein spüren läßt und so die Eigenschaften Geduld, Demut, Ausdauer und Beständigkeit weckt.

Die Seele, die an den Punkt in ihrer Entwicklung gelangt ist, an dem sie sich vom Materialismus abkehrt und den Angelegenheiten des Geistes zuwendet, fängt an, die Macht Saturns nicht mehr als etwas Zerstörerisches zu empfinden, sondern als Wegweiser zum Sieg über die Materie durch Kontrolle des Denkens. Sie lernt, wie gutes, positives, liebevolles Denken nicht nur den physischen Körper, sondern auch die Lebensumstände verwandeln kann.

Es ist nicht ohne Bedeutung, daß der jüdische Sabbat auf den Samstag fällt, den Tag Saturns. Er wurde zum Tag der Ruhe und des Abstandnehmens von den praktischen, irdischen Angelegenheiten bestimmt, zum Tag der Wiederherstellung und Erneuerung der Beziehung zwischen Seele und Gott. Die wichtigste Lektion für alle, die die Einschränkung und Begrenzung durch Saturns Einflüsse spüren, verlangt, daß sie in Gedanken von allen ihren Problemen zurücktreten, von Konflikten und Beschränkungen des äußeren Lebens, um sich nach innen zu wenden und Denken und Seele auf das Licht Gottes zu konzentrieren, das im Herzen wohnt. Es ist die Aufgabe Saturns, die Seele zu lehren, den eigenen Willen in absolute Harmonie und Übereinstimmung mit dem Willen Gottes zu bringen. Jede Seele hat ihren eigenen Sabbat sehr nötig – jene Phasen, in denen sie von den Strahlen Saturns gezwungen wird, in die Stille zu gehen und Gott zu erfahren. Begrenzung oder Einschränkung des eigenen Willens werden anfänglich vom Karma auferlegt, wenn die Seele aber erst die Notwendigkeit erkennt, sich ständig zu bemühen, auf das Göttliche ausgerichtet zu sein und dann verantwortungsbewußt mit den praktischen Angelegenheiten des Lebens umzugehen, wird das schwierige Karma leichter. Wenn der göttliche Wille das Leben zu erhellen beginnt, fangen auf fast wunderbare Weise Harmonie und Ordnung an, sich zu offenbaren, und das ganze Leben wird mit dem Licht Gottes in allem Tun kraftvoll und strahlend.

Vielleicht mutet es seltsam an, den prosaischen und praktischen Saturn mit dem Strahl der Magie zu verknüpfen, aber wer etwas von der Macht kontrollierten und konzentrierten Denkens versteht, wird erkennen, warum die zeremonielle Magie sowohl unter den Einflußbereich Jupiters als auch Saturns fällt. Da Saturn die Seele zwingt, mit den Problemen und Verantwortlichkeiten im physischen Leben zurechtzukommen, hilft er dem Menschen auch, seine Gedankenkraft so zu konzentrieren, daß er den göttlichen Willen zum Wirken bringt, der physische Atome neu schaffen und ordnen kann und so offenkundige Wunder zu vollbringen vermag. Auf einer höheren Ebene gilt Saturn also als der Planet des Adepten, der die absolute Kontrolle über die Elemente seines eigenen Wesens und dadurch über die physischen Atome der äußeren Welt erlangt hat.

Interessanterweise regiert Saturn den indischen Subkontinent, von dem Lehre und Praxis des Yoga ausgingen, einer Form körperlicher, mentaler und spiritueller Selbstdisziplin, die schließlich zur Herrschaft über die physischen Atome führen kann. Yoga bedeutet Verbindung, Einheit und deutet so eine Verbindung des menschlichen mit dem göttlichen Willen an. Saturn regiert auch das Alter, in dem die Begrenzungen im physischen Körper am schmerzlichsten spürbar werden, und in diesem Zusammenhang ist es von Interesse, daß Yoga den Alterungsprozeß des Körpers zum Stillstand bringen kann. Michael Volin und Nancy Phelan, zwei Yogalehrer, schreiben: *„Ein kaum bekannter Zweig des Yoga, der Avatara-Yoga *), ist diesem Anhalten des Alterungsvorgangs gewidmet. Er umfaßt die bestgehüteten Lehren über die Gesetze der Reinkarnation und körperliche Techniken, die den Erscheinungen der Jahre die Stirn bieten. Obgleich es nur sehr wenige vollkommene Avatare in der Geschichte der Menschheit gegeben hat, beschäftigten sich zahlreiche Weise in den geschlossenen Klostergemeinschaften Tibets, Indiens und Chinas mit diesen geheimen Methoden zur Bewahrung der mentalen und körperlichen Kräfte über außerordentlich lange Zeit hinweg.*

Der echte Yogi betrachtet seinen Körper als einen Tempel des lebendigen Geistes, und sein höchstes Ziel ist die Befreiung dieses Geistes durch Yoga, also die Verbindung mit Gott. Zu diesem Zweck muß der Körper zur Vollkommenheit trainiert und unter die vollständige Kontrolle des menschlichen Geistes gebracht werden. Weil sich aber die mentale Entwicklung viel langsamer vollzieht als die körperliche, muß das körperliche Altern verzögert werden, so daß die Reife von Leib und Seele zur gleichen Zeit zu genießen sei." **)

Die Macht Saturns wird oft symbolisch dargestellt durch versperrte Tore, die Gefängnistore des eigenen Karmas, die sich erst öffnen, wenn die Entlassung verdient ist. Aber es gibt auch die Tore des großen Tempels des Universums, die sich öffnen, um den Initiaten einzulassen, der gelernt hat, das Lösungswort auszusprechen. Saturn steht für jenen geraden und engen Pfad, auf dem die Seele in das Himmelreich eingehen kann. Er steht für das göttliche Gesetz, das aus Chaos Ordnung schafft. Saturn ist der große Prüfer der Seele, der keinem erlaubt, zur nächsten Stufe weiterzuschreiten, solange nicht die anstehende Lektion gut und recht gelernt und der damit verbundene Aspekt des Gleichgewichtes in der Seele wiederhergestellt ist. Jede Seele wird auf die Waagschale Saturns gelegt, und so wird bestimmt, was notwendig ist, um ihr zur Vollkommenheit zu verhelfen. Die Aussage: Saturn ist in Waage erhöht, ist eine weitere Art auszudrücken, daß eine perfekte Ausgeglichenheit zwischen den positiven und negativen Elementen im Wesen des Menschen bestehen muß, bevor dieser die Herrschaft über die physischen Atome und die Freiheit vom Rade der Wiedergeburt erlangen kann.

Als Regent im Zeichen Steinbock ist Saturn der Herr der Wintersonnen-

---

*) *„Avatara:* Einer, der die höchste Stufe der Entwicklung erreicht hat und damit die Macht über den Tod und die Freiheit vom Rade der Wiedergeburt. Eine gänzlich befreite Seele, die in einen physischen Körper einkehrt, um darin zur Erlösung der Menschheit zu wirken."

**) *„Yoga over Forty,* 1965, S. 18

wende; Mond, der das Zeichen Krebs regiert, ist sein Gegenüber und damit Herr der Sommersonnenwende. Das zeigt deutlich, wie die Seele der Menschen sich gewissermaßen in dem großen Zyklus oder Kreislauf Saturns ernährt, der so oft als der alte Vater Zeit dargestellt wird. Diese Beziehung zwischen Saturn und Mond ist von tiefer, geistiger Bedeutung. Durch Krebs – das 'Tor des Menschen' – steigt die Seele in die Inkarnation hinab, was einem geistigen Tode gleichkommt. Durch Steinbock, das 'Tor der Götter', steigt sie, vollendet, wieder hinan, in den Himmel. Venus und Mars regieren die anderen beiden Arme des Kreuzes im Kreise (im Zyklus) der Sonnenwenden und Tagundnachtgleichen. Mars ist in Steinbock erhöht (dem Zeichen Saturns), während Mond und Saturn in den Zeichen der Venus erhöht sind. Ein anderer Name der Venus ist Eros, die Weltseele, und eine andere Anordnung der Buchstaben E-R-O-S ist *Rose,* und damit sind wir bei dem Symbol angekommen, mit dem die Mystiker des Mittelalters das erhabene Mysterium des Kampfes der ans Kreuz der Materie gebundenen Seele ausdrückten, der im Laufe der Zeit die duftende Rose menschlicher und göttlicher Liebe zum Erblühen bringt. Wir feiern an Weihnachten, zur Wintersonnenwende, also nicht nur eine menschliche Geburt, sondern ein tiefes, kosmisches Mysterium.

In der griechischen Mythologie war die Phase, in der Saturn die Welt regierte, das Goldene Zeitalter. Die Menschheit geht heute dem Wassermann-Zeitalter entgegen, und der Strahl von dessen Regenten Saturn wird allmählich auf allen Bewußtseinsebenen und in allen gesellschaftlichen Schichten immer deutlicher spürbar werden. In dem Maße, in dem der Mensch lernt, die Kraft seines Denkens zu disziplinieren und Gebrauch von ihr zu machen, wird er auch auf den Strahl des Uranus ansprechen, der das Zeichen Wassermann auf einer höheren Ebene beherrscht; er ist – wie Neptun – ein Planet mit magischer Kraft. Uranus wird Menschen zu Unternehmungen in der Gruppe zusammenführen, und besonders jene, die sich der Heilung und Veredelung ihrer Nächsten durch die Kraft des Denkens gewidmet haben. Unter Wassermann-Einflüssen wird der Mensch – befreit von dem dominierenden animalischen Aspekt seines Wesens – seiner wirklichen Beziehung mit Gott und dem Universum sowie seiner geschwisterlichen Verbundenheit mit allen anderen Menschen bewußt werden und damit vom Zustand des Menschlichen in den des Göttlichen weiterschreiten, zur Gottmenschlichkeit.

DIE PLANETEN JENSEITS VON SATURN

Wir haben uns jetzt mit den planetaren Strahlen von Sonne, Mond, Merkur, Venus, Mars, Jupiter und Saturn beschäftigt und damit die siebenteilige Ordnung behandelt, die in den Mysterienschulen und der klassischen Philosophie verankert ist. Wie wirken sich aber nun die Entdeckung des Uranus im Jahre 1781, des Neptun 1846 und Plutos 1930 aus? Vielleicht werden wir noch weitere Entdeckungen machen – hat aber dann die siebengliedrige Ordnung, die auf eine so lange Tradition zurückblicken kann, überhaupt noch einen Sinn?

Vielleicht wäre es präziser zu sagen, daß diese Planeten wiederentdeckt wurden, denn obschon sie offensichtlich Zeit unserer geschichtlichen Überlieferung unbekannt waren, gibt es in der okkulten Tradition doch Hinweise darauf, daß sie in früheren Entwicklungszyklen bekannt gewesen sind. Aufzeichnungen darüber sollen in Tempeln und Pyramiden an abgelegenen Orten auf der Erde existieren, sogar unter dem Meere. Wir müssen uns vor Augen führen, daß die historischen Überlieferungen nur eine erstaunlich kurze Zeitspanne umfassen, wenn man sie mit den Zyklen menschlicher Entwicklung vergleicht, die in der Vergangenheit bereits aufgetreten und wieder verschwunden sind. Unsere Geschichte reicht nicht einmal ein platonisches Jahr zurück, das ist der Zeitraum von 25920 Erdenjahren, in dem die Erdachse den Pol der Ekliptik einmal umläuft.

Im Laufe dieser sogenannten Präzessionszyklen sind viele Zeitalter gekommen und vergangen. Viele Lebenswogen wurden ausgeatmet – jedesmal mit einer Vielzahl göttlicher Lebensfunken. Diese Saatkörner des Gotteslebens entwickeln sich in der Dunkelheit der Materie, zunächst zum ganz menschlichen und dann zum göttlichen Bewußtseinszustand; nach diesem geht das Menschengeschlecht zu neuen Anstrengungen in neue Welten weiter.

Bei Wachstum und Entwicklung des menschlichen Geistes in jedem Zyklus helfen die Engel der sieben Strahlen, die mit den Planeten und dem Tierkreis zusammenhängen. Sie wirken ständig auf und durch den Menschen; sie lösen materielle Körper auf und bauen neue, die den Seelen genau jene Erfahrungen ermöglichen werden, die sie brauchen, um die verborgen innewohnenden göttlichen Eigenschaften zu entfalten. Wissen über diesen Evolutionsplan wurde von Zyklus zu Zyklus von Gottmenschen vermittelt, denen es obliegt, die kindliche Menschheit auf Wege voll Weisheit und Frieden zu lenken. Sie sind die Priester-Könige, unter deren weiser Führung die jungen Seelen sich entwickeln wie glückliche Kinder, bis die Zeit gekommen ist, da sie kräftig genug sind, um auf eigenen Füßen zu stehen.

Je tiefer die Menschheit in die Materie eintaucht, desto weiter ziehen sich die Weisen zurück, um ihrer verantwortungsvollen Aufgabe von den inneren Daseinsebenen aus nachzugehen. Aufzeichnungen über das Wissen und die Errungenschaften früherer Entwicklungszyklen sind verloren, sofern sie nicht an den Stätten früherer Sonnentempel überall auf der Welt überdauerten. Aber in jedem Zyklus kommt es zu einem Punkt, an dem die Menschheit die äußersten Grenzen und stärksten Bindungen der Materialität erreicht hat und umkehrt, um den Rückweg ins Vaterhaus anzutreten. Dabei muß sie das innere Licht wiederentdecken, den göttlichen Willen, Weisheit und Liebe, die in der Finsternis leuchten und in Fülle zu offenbaren sind. An diesem Punkt der Entwicklung muß die Menschheit – wie Lazarus in der Geschichte aus dem Neuen Testament – aus dem Grab des Materialismus geweckt werden durch den Ruf des lebendigen Christus.

Zu allen Zeitaltern sind die Boten und Diener des kosmischen Christus die Engel der sieben Strahlen. Diese Strahlen sind Teil des großen kosmischen Planes, und obschon innerhalb unseres Sonnensystems – wir wir festgestellt haben – gewisse Planeten eine Art Brennpunkt für die Strahlen bilden, sind diese doch so gewaltig und subtil, daß man sie nicht irgendeinem bestimmten Planetenkörper zuschreiben kann. So kommt es zum Beginn des Wassermann-Zeitalters zur Entdeckung von Planeten, die in diesem Entwicklungszyklus bisher unbekannt gewesen sind, die aber laut White Eagle in ferner Vergangenheit bereits bekannt waren: Die Engel von Uranus, Neptun und Pluto nähern sich der Seele des Menschen und helfen ihr beim Erwachen aus der Grabeshöhle des Materialismus.

Wir brauchen nur die deutlichen Veränderungen zu betrachten, die in der Welt des Menschen eingetreten sind, seit diese drei Planeten entdeckt wurden, und wir erkennen, daß irgendeine außerordentliche Macht die Beschleunigung der Schwingungen und Ereignisse auf der Welt bewirkt haben muß, die weitreichende Veränderungen herbeiführten und Auswirkungen sowohl im Leben des einzelnen als auch der Völker zeitigen. Vielleicht das erste äußere Zeichen dieser belebenden Beschleunigung trat 1789 mit der Französischen Revolution ein. Sie war inspiriert von den typisch uranischen Idealen Freiheit, Gleichheit und Brüderlichkeit. Während die tatsächlichen Erfolge der Französischen Revolution weit hinter deren Zielen und Idealen zurückblieben, war doch Hoffnung entflammt in den Herzen der unterdrückten Menschen in Europa, ja sogar überall auf der Welt. Wie Funken, die zu Revolutionen entbrannten, wurden die Forderungen nach Freiheit und Gleichheit auf der ganzen Welt laut und sind noch immer zu hören. Der einzelne wird sich seiner Bedürfnisse bewußt, seiner Rechte und auch der immensen

Macht, die die seine ist, wenn er sich mit anderen für eine gemeinsame Sache zusammenschließt.

Seit der Entdeckung des Uranus hat ein rapides Wachstum in Wissenschaft und Technik die Industrie hervorgebracht und revolutioniert, was zu drastischen Veränderungen in Leben und Anschauungen gewöhnlicher Menschen in vielen Ländern führte. Die daraus resultierenden politischen, wissenschaftlichen und gesellschaftlichen Umwälzungen kulminierten in den großen Kriegen und sozialen Konflikten unseres Jahrhunderts, und alle sind Anzeichen für den erwachenden Geist im Menschen, der dem Zeitalter des Wassermanns entgegengeht.

Auf die gleiche Weise leitete die Entdeckung Neptuns große Veränderungen ein, wenngleich auf subtilerer Ebene; sie führten zur Wiederentdeckung der Macht des Menschen, das Mysterium des Todes zu durchdringen. Drei große spirituelle Bewegungen kamen in der westlichen Welt kurz nach der Neptun-Entdeckung im Jahre 1846 auf: der moderne Spiritualismus, die Theosophie und die Christliche Wissenschaft. Obgleich diese Bewegungen sich sehr voneinander unterscheiden, hat doch jede auf ihre Weise dazu beigetragen, daß der Mensch sich von den Begrenzungen seines materialistischen Denkens freimachte und sich der Neuentdeckung der Schätze auf den inneren Daseinsebenen zuwandte.

Kurz nach Entdeckung des Pluto brach der zweite Weltkrieg aus, die ersten Atombomben wurden abgeworfen; später entwickelten sich die Raumfahrt und zukünftige Möglichkeiten einer realen Kommunikation mit anderen Planeten im All. Neue Drogen haben ein zunehmendes Gewahrsein und Wissen über die verschiedenen Bewußtseinszustände gefördert, und das Interesse an außersinnlicher Wahrnehmung wächst noch weiter.

Es scheint also auf der Hand zu liegen, daß diese drei Planeten – Uranus, Neptun und Pluto – eine wichtige Rolle beim Erwachen des menschlichen Geistes aus der Dunkelheit und Begrenzung rein irdischer Vorstellungen spielen und ihm den Weg in die Herrlichkeit und Freiheit des kosmischen Bewußtseins öffnen. Obwohl manche Astrologen diesen drei Planeten die Herrschaft über Tierkreiszeichen zuordnen, habe ich nicht das Gefühl, daß sie die traditionellen Herrscher in irgendeiner Hinsicht entmachten. Ich glaube eher, daß sie in dem Maße, in dem die Seele für geistige Wahrheit erwacht, den Einflußbereich der planetaren Regenten erweitern und neue Horizonte eröffnen und verborgene Kräfte im Bereich der planetaren Strahlen entfalten, mit denen sie verbunden sind.

URANUS

Ein interessantes Merkmal des Uranus ist seine Eigenumdrehung. Die Äquatorebene dieses Planeten steht fast senkrecht auf der Bahnebene, im Gegensatz zu den Verhältnissen bei anderen Planeten. Uranus scheint also wie eine Kugel auf seiner Sonnenumlaufbahn entlangzurollen, anstatt sich wie ein Kreisel auf ihr zu drehen. Eigenartigerweise machen auch Menschen, die von Uranus stark beeinflußt werden, den Eindruck, als müßten sie anders sein als alle anderen. Sie stellen eine eigenartige Unabhängigkeit unter Beweis, die es einem praktisch unmöglich macht, sie in irgendeine allgemeine Denk- oder Verhaltenskategorie einzuordnen. Sie müssen ihre eigenen Arbeitsmethoden und ihre eigene Lebensweise entwickeln.
Obwohl Uranus eine so gewaltige und in manchen Aspekten auch umwälzende Wirkung auf die Menschheit ausübt, ist der eigentliche Einfluß dieses Planeten zu subtil, als daß der durchschnittliche Mensch ihn spüren könnte, solange er nicht eine gewisse Stufe der Entwicklung, einen gewissen Abstand vom Materialismus erreicht hat. Uranus wurde schon oft der Aufwecker genannt, der Lichtblitz. Er kann auf zutiefst beunruhigende Weise plötzliche und völlig unerwartete Veränderungen im Leben derer erzwingen, die seinem Einfluß unterstehen. Seine Wirkung auf unser träges, materielles Denken ist wie die eines elektrischen Schlages, und sie veranlaßt uns, aufzufahren und achtzugeben, zwingt uns, aus Faulheit oder Selbstzufriedenheit zu erwachen. Ohne jeden Zweifel verbindet Uranus sehr viel mit dem Zeichen Wassermann, dem Luft-Zeichen der Brüderlichkeit, Freundschaft, Unabhängigkeit und Gedankenfreiheit, jedoch ist sein Einfluß wesentlich dynamischer als der des ruhigen, freundlichen Zeichens, das traditionell von Saturn regiert wird. Man könnte Uranus fast mit einem Laserstrahl vergleichen, einem Strahl reiner Wahrheit, der Dunst und Nebel durchdringt, die Illusionen und Kompliziertheiten des äußerlichen Lebens der Menschen offenlegt. Zusammen mit seiner drängenden, wahrheitssuchenden Eigenschaft regt er auch eine Sehnsucht nach Freiheit an, eine Sehnsucht, die Einschränkungen alter Gewohnheiten abzuschütteln und vorwärtszudrängen auf der Suche nach einer Offenbarung, einer neuen Gesellschaftsordnung, neuen Wegen des Lebens und des Liebens. Es ist leicht zu erkennen, wie dieser belebende Strahl der Wahrheit und Einfachheit die romantische Bewegung des vergangenen Jahrhunderts inspiriert hat. Viele große Reformer, Musiker und Dichter jener Zeit haben Uranus in ihrem Horoskop an hervorragender Stelle.
Der gleiche klare Strahl der Wahrheit, der das Denken von Wissenschaftlern und Erfindern erhellt und sie dazu bringt, die Naturkräfte der Erde zu ent-

decken und zu nutzen, weckt auch das Herz des Menschen für die inneren Wahrheiten des geistigen Lebens. Er verursacht damit so etwas wie eine Ablehnung von Glaubensbekenntnissen und Dogmen traditioneller Religionen im großen Stil und entzündet im Menschen den Drang, wieder nach der göttlichen Quelle, nach dem Ursprung der Wahrheit und des Lebens zu suchen, nach den lebendigen Wassern des Geistes. Das allgemeine Gefühl der Desillusionierung in bezug auf die Religion ist eines der grundlegenden Probleme, vor denen die Gesellschaft in der heutigen Zeit steht; es kann viel Verzweiflung in die Herzen jener einlassen, die den wunderbaren Plan noch nicht schauen können, der sich in jedem Leben entfalten wird. Trotz der Verwirrung und des Leids überall auf der Welt, die sich aus dem Abbau der alten Ordnungen ergeben haben, besteht doch ein weitaus größeres Gewahrsein um die Probleme der Menschheit, und von lichten Seelen werden überall große Anstrengungen unternommen, um die Probleme zu lösen. Die Entwicklung von Mitteln zur weltweiten Kommunikation hat uns mit Völkern in fernen Gebieten der Erde näher zusammengerückt, so daß wir von ihrer Not, von ihren Bedürfnissen erfahren. So wurde uns auch geholfen zu erkennen, daß ein großer Teil unseres Lebensstandards von anderen Menschen abhängig ist, von weltweiten Trends, Ernten und Problemen. Dies ist eine typische Erscheinung beim Herandämmern des Wassermann-Zeitalters, der Zeit eines Luft-Zeichens.

Traditionell ist Saturn der Herrscher dieses Zeichens; Saturn, der Planet der Verantwortung. Je stärker der Einfluß des Wassermannes wird, desto bewußter wird sich die Menschheit insgesamt ihrer Verantwortung als einer Gemeinschaft und für das Leben an sich. Wir alle werden es vor Augen geführt bekommen, daß wir mit jedem Gedanken und jeder Handlung das Leben der ganzen Welt beeinflussen. Genau dies ist der Punkt, an dem die Kraft des Uranus die Seele wecken kann, ihr eine klare Vision schenkt und die Motivation zu brüderlichem Handeln. Erst wenn dieses Verantwortungsgefühl wächst, kann der Mensch ganz auf den uranischen Strahl ansprechen, der die Macht besitzt, sein Leben zu verwandeln.

Uranus wirkt voll Kraft und Intensität im Leben. Doch sein Einfluß ist subtil und bleibt vielleicht eine lange Zeit unentdeckt, um dann tatkräftig zu explodieren. Er wirkt gleichermaßen auf der körperlichen, mentalen und emotionalen Ebene, und je nach den Progressionen in einem Horoskop, kann er die Seele auf jeder dieser Ebenen ansprechen – manchmal auch in allen drei Aspekten zugleich. Auf der physischen Ebene führt sein Einfluß zu unerwarteten Veränderungen, zur Durchkreuzung bestehender Pläne und plötzlich eintretenden Ereignissen, die vielleicht katastrophal erscheinen. Oft erweisen sich solche Geschehnisse später als der Beginn eines geistigen Erwachens. Uranus vernichtet mit entschlossener Kraft, plötzlich und unwiderruflich alles, was überholt ist und das Einfließen einer frischen, neuen Lebensflut behindert. Der Meister Jesus sagte:„*Man füllt nicht jungen Wein in alte Schläuche.*" Dieses Wort trifft die uranische Wirkungsweise genau; sie bringt eine Seele dazu, ihrem eigenen Weg zu folgen, ohne Rücksicht auf bestehende Gebräuche und Konventionen.

Auf der mentalen Ebene ist Uranus dynamisch. Nur eine starke und wohl ausgeglichene Seele kann dem Lichtblitz des Uranus widerstehen, der zunächst verblüffend und verwirrend wirkt und vielleicht scheinbar törichte Verhaltensweisen auslöst. Aber die uranischen Denker sind die Vorhut der Menschheit. Sie scheinen von einer Kraft angetrieben zu sein, die außerhalb von ihnen steht und sie drängt, Wahrheit zu suchen, neuen Wegen des Denkens zu folgen und manchmal andere mitzureißen, ihnen zu folgen. Der Uranier ist der Individualist, der völlig unabhängig, selbständig Denkende, der die Wahrheit für sich selbst finden muß. Er kann nicht akzeptieren, was ihm gelehrt wird oder gar, was er liest, sondern muß die Bestätigung durch den Lichtblitz in seinem Innern abwarten, die Bestätigung des uranischen Strahles. Dieser ist die treibende Kraft, die einem in den Horoskopen der meisten großen Führer und Pioniere im Denken auffällt, gleichgültig, ob sie in Wissenschaft, Kunst oder Religion hervorragten. Sie scheinen einem unwiderstehlichen Drang gefolgt zu sein wie einem Licht, das sie leitete.

Die Wirkung des Uranus auf der mentalen Ebene wird sich in den kommenden Jahren noch deutlicher spüren lassen, wenn der Mensch beginnt, die dynamische Kraft des Denkens für die Kommunikation und die Manipulation von Materie einzusetzen: eines der Geheimnisse, die dieser Planet dem menschlichen Bewußtsein enthüllen wird, wenn es sich weiter entfaltet. Uranus führt gemeinsam mit Saturn, dessen Strahl er aber auch auf eine höhere Ebene transzendiert, den Menschen zur Entdeckung der göttlichen Magie.

Auf der emotionalen Ebene ist Uranus ebenso dynamisch und zeigt die ganze Leidenschaftlichkeit, Energie und Intensität des Mars. Wenn der uranische Strahl die Gefühle beeinflußt, gilt es die wahren Wertvorstellungen zu erkennen. Das ist eine Zeit, in der der Unterschied zwischen echter Liebe – das ist die Liebe des Geistes – und der Sklaverei starker Begierde und Emotion festzustellen ist. Auch in diesem Bereich hat die Seele oft aus plötzlichem Verlust zu lernen; aus Enttäuschung oder Trennung gewinnt sie Zugang zu der Wahrheit, daß es in der echten Liebe kein Getrenntsein geben kann, da Liebe die Kluft des Todes zu überbrücken vermag. Die Kraft des Uranus bringt uns plötzliche Erkenntnis und Erleuchtung sowie eine Offenheit für das höhere Bewußtsein.

Gleichgültig, auf welcher Ebene der Strahl des Uranus sich manifestiert – gelegentlich sind von ihm auch alle drei Aspekte betroffen – er kommt wie ein Blitz, der die Seele aufweckt, sie öffnet für eine neue oder tiefere Wahrheit. Im Grunde genommen repräsentiert Uranus den Gotteswillen im Menschen. Er kann eigentlich keinem bestimmten Planeten oder Tierkreiszeichen zugeordnet werden. Oft wurde er schon als der heimatlose Wanderer bezeichnet. Wenn er die Seele anrührt, bewirkt er eine Wandlung – wie es Saulus auf der Straße nach Damaskus geschah, als ein blendendes Licht ihn traf und von einem mit Vorurteilen behafteten Menschen in den Apostel Paulus verwandelte. Wenn der Strahl eine Seele in ihrer Tiefe anrührt, kann sich diese nicht mehr länger durch gewöhnliche, weltliche Interessen gebunden fühlen. Sie hat ein Licht gesehen, dem sie nun folgen muß.

Obwohl Uranus und Wassermann vor allem mit durchschnittlichen, gewöhnlichen Menschen zu tun haben – im Gegensatz zu ihren Führern und der Aristokratie –, kann sich doch ein echter Uranier als Teil einer großen Herde nicht wohlfühlen. Er muß einen individuellen Weg gehen, er muß völlig unabhängig und frei werden, dem Licht im Innern seines Wesens zu folgen. So wird er unausweichlich zum Anführer, zu einem wahren König in seiner jeweiligen Berufung. Er ist auch autokratisch und wird Gehorsamsverweigerung oder Auflehnung nicht dulden. Es ist auf eigenartige Weise paradox, daß der Strahl des Uranus, der häufig einen Aufstand des gemeinen Volkes hervorbringt, auch die autoritärsten Führer beeinflußt, die mit dem Feuer ihrer Begeisterung und ihrer eigenen, geradezu magnetischen Ausstrahlung andere anziehen. Es spielt keine Rolle, in welchem Bereich des Lebens sie dient: die Seele die unter starkem Einfluß des uranischen Strahles steht, wird sich ihrer Aufgabe voll und ganz widmen. Alle anderen Überlegungen, selbst persönliche Beziehungen, werden diesem Licht untergeordnet, das den Menschen voranträgt und ihn zwingt, sich ganz der Aufgabe seiner Wahl zu widmen – und die Willenskraft des Uranus ist ungeheuer mächtig.

Dieser Planet scheint die unbeugsame Entschlossenheit von Saturn, die feurige Leidenschaftlichkeit und intensive Hingabe von Mars mit den mentalen Kräften Merkurs zu vereinen. In vielerlei Hinsicht ist er mehr mit der ätherischen als mit der physischen Ebene verbunden. Er weist vielleicht eine sehr harmonische Position in den Luft-Zeichen auf und scheint einen mächtigen Einfluß auf das Nervensystem zu besitzen. Interessanterweise sind wohl die meisten Krankheiten unserer modernen Zeit nervlich oder psychisch bedingt, und solche Leiden sprechen häufig besser auf geistige Heilung oder psychologische Behandlung an als auf medikamentöse Medizin. Auf den äußeren Ebenen regiert Uranus Tätigkeiten in den Bereichen Elektrizität, Rundfunk, Elektronik, Luftfahrt und möglicherweise auch interplanetarer Kommunikation, darüber hinaus alle Randbereiche der Medizin. Er regiert Wissenschaftler, Erfinder, Astrologen, Geistheiler und alle jene, die in fortschrittlichen Bewegungen mit einer altruistischen Zielsetzung wirken. Weiterhin finden sich in seinem Einflußbereich jene, die sich für eine Ernährungsreform interessieren oder weiterreichende Vorstellungen fördern. Erweist sich der Einfluß des Uranus als stark und findet er im Horoskop nicht an anderer Stelle einen Ausgleich, in Form eines sehr gesunden Menschenverstandes und eines gut entwickelten Sinnes für Humor, läßt er den Menschen leicht fixiert und dogmatisch in seinem Denken werden, und seine Ideen erscheinen dann immer abwegiger. Seine Tendenz, andere zu zwingen, den gleichen Weg zu gehen, kann ihn seiner Freude und Kameraden entfremden. Der uranische Wille ist es, der sich hier zu manifestieren beginnt, aber es fehlt ihm noch das Gegengewicht ehrlicher Überlegung im Interesse des freien Willens anderer. White Eagle lehrt, daß der Einfluß des Uranus stark mit der Entfaltung des dritten Auges verbunden ist. Dieses wird als die Epiphyse identifiziert, das Zentrum der Weisheit im Kopf, das von Licht erfüllt wird, wenn das schöpferische Feuer der Kundalini sich dem Rückenmark entlang nach oben erhebt. Aufgrund seiner Verbindung mit Wassermann und dessen komplementären Zeichen Löwe, steht Uranus auch in enger Beziehung zur Wirbelsäule und dem Herz-Zentrum. Ja, in der esoterischen Astrologie wird er oft mit der kleinen Sonne verglichen, dem Christusfunken im Herzen, und häufig ist es sein Einfluß, der dieses innere Licht erweckt und nährt, bis es allmählich alle in der Natur zerstreuten und voneinander getrennten Elemente zusammenführt und anzieht, bis das ganze Leben dem Dienen im Einflußbereich des jeweiligen Grundstrahles der Seele gewidmet ist. Vielleicht kann man wirklich sagen, daß der Mensch unter uranischem Einfluß erst anfängt, sich selbst zu erkennen und eine Vorstellung von der eigenen , speziellen Mission zu bekommen.

Wenn sie diesem Weg des Dienens mit selbstloser Hingabe folgt, gewinnt die Seele allmählich die vollkommene Kontrolle über die widerstreitenden niederen Elemente ihres Wesens, die das Symbol des in der Erde verschlossenen Schlangenfeuers andeutet. Die Sonne, die in das Herz-Zentrum scheint, nimmt zu an Kraft und Herrlichkeit, um das irdische Denken und das ganze Wesen zu erhellen und es der Seele zu ermöglichen, von nun an in ihrem solaren Körper zu wirken. Der Mensch scheint dann wie von Licht gekrönt und ist nun zu einem König unter den Menschen geworden.

Es ist die Aufgabe des Uranus, verborgene Kräfte im Menschen hervorzurufen, die im Zeitalter des Wassermannes zu ihrer vollen Entfaltung gelangen werden – in dem Zeitalter, in dem die Menschheit ihre Reife erreichen sollte. Interessanterweise, und obwohl die Seele der Menschheit in einer Phase ihrer zyklischen Reise seines Einflusses nicht bewußt war und auch nicht auf ihn ansprach, scheint Uranus mehr als jeder andere Planet nicht nur mit den großen Zyklen der Erde, sondern auch mit den kleineren Zyklen des menschlichen Lebens in Verbindung zu stehen. Es hat sogar den Anschein, daß – während die Sonne den Vater repräsentiert, den großen Baumeister des Universums und den großen Architekten des Alls – Uranus den Meister der Freimaurer repräsentiert, den Geometriker des Universums im Mikrokosmos, im Menschen. Je mehr die Menschen auf den Strahl des Uranus ansprechen, der nun auf sie gerichtet ist, desto leichter werden die schmerzlichen Kämpfe im Bereich der sich wandelnden gesellschaftlichen Ordnung ein Ende finden. Wenn Denken und Seele sich dem Geist des neuen Zeitalters öffnen, werden sich auch physische Körper verändern, vollkommener in ihrem Gesundheitszustand werden und anmutiger in Haltung und Proportion. Die Leiden, die zur Zeit das materielle Leben erschweren, werden im Laufe der Zeit verschwinden, denn Uranus, der König im Menschen, wird sich erheben, um sein Reich in Harmonie und Frieden zu führen.

NEPTUN

Neptun, dessen Einfluß vielleicht der subtilste und im Vergleich zu allen anderen Planeten der am schwersten zu verstehende ist, wurde im Jahre 1846 entdeckt. Wenn sein Strahl in einem Horoskop stark vertreten ist, kann dies entweder wunderbare, spirituelle Erleuchtung bedeuten, oder große Verwirrung bis hin zu Degeneration und Selbstauflösung – zur edlen Inspiriertheit des Genies oder der unbeherrschten Gier des Trinkers oder Drogensüchtigen. Neptuns trügerischer und doch transzendenter Einfluß ist ebenso schwer zu beschreiben, wie man mit wenig Geschick und Material die Myriaden von Farben und wechselnden Stimmungen des Meeres malen kann, das er nach alter Tradition beherrscht. Auf Seelen, die darauf ansprechen, wirkt seine Macht unwiderstehlich, aber andere Menschen, die mit beiden Füßen fest im Boden des Materialismus verankert sind und deren Imagination kaum je von verborgenen Wahrheiten angeregt und inspiriert wurde, werden wohl schwerlich etwas davon spüren. Aber wenn der Neptun-Einfluß sie zu berühren beginnt, kann sich der scheinbar sichere Grund, auf dem sie stehen, sehr rasch als Treibsand entpuppen.

In der spirituellen Symbolik wurde das Element Wasser schon immer mit den Emotionen und mit psychischen Fähigkeiten assoziiert. Der Einfluß des 'Meereskönigs' offenbart sich auch hauptsächlich in diesen Bereichen. Viele Astrologen glauben, daß Neptun den Jupiter als eigentlichen Regenten im Zeichen Fische verdrängt, und alle stimmen dahingehend überein, daß er in diesem Zeichen am harmonischsten Ausdruck findet, obwohl er wohl leicht in jedem der Wasser-Zeichen wirken kann.

Es hieß auch schon, daß Neptun einen höheren Aspekt, eine subtilere Offenbarung des Planeten Venus darstelle, die natürlich in Fische erhöht ist. Gewiß bewirkt die Verbindung Neptuns mit vielen Formen musikalischer, dichterischer und künstlerischer Genialität das Ihre, um diese Theorie zu unterstützen. Neptun scheint auch häufig dann aktiv zu sein, wenn die Emotionen in Liebesaffären ungewöhnlicher Art erregt sind – sei es nun eine eigenartig idealistische oder eine außerordentlich verwickelte Beziehung. Neptuns starke Verbindung mit dem Meer und der Umstand, daß er, wenn er in einem Horoskop sehr betont ist, dazu neigt, psychische Fähigkeiten zu wecken, deuten eine Verwandtschaft mit dem Mond an, der die Gezeiten beherrscht und traditionell mit Magie assoziiert wird. Ja, Neptun scheint sogar die drei Planeten, die sehr viel mit dem Bau und Aufbau von Form und Schönheit zu tun haben, zusammenzufassen: Venus, Jupiter und Mond – aber in seiner aktiven Wirkung ist er subtiler als jeder einzelne dieser drei Himmelskörper. Er scheint der Seele irgendwie ihre Gefangenschaft in der Materie bewußt zu machen und in ihr ein Gewahrsein der feineren Welten zu wecken, die innerhalb und jenseits der grobstofflichen Erde existieren, so daß die Seele zuweilen Schwierigkeiten hat, zwischen beiden Welten zu unterscheiden. Neptun ist eng verbunden mit Träumen und Visionen, mit außerkörperlichen Erlebnissen und jenen Ebenen des Bewußtseins, die sich unter der Wirkung von Droge oder Hypnose erschließen. Seine Beziehung zu Fische ist von Bedeutung, denn hierbei handelt es sich um ein duales Zeichen, das mit einem Leben mit Einschränkungen – zum Beispiel in einem Gefängnis, Krankenhaus oder Kloster, in einer Anstalt oder Institution – zu tun hat, aber auch mit der Freiheit des kosmischen Bewußtseins, des Eins- und Eingestimmt-Seins mit dem göttlichen Leben.

Wenn Neptun wichtige Planeten im Horoskop stark aspektiert, sorgt er für dauernde Ruhelosigkeit und das Gefühl, durch die Umstände gefangen und eingeschränkt zu sein, sowie die Sehnsucht nach etwas, das innerhalb der Grenzen des irdischen Daseins unerreichbar ist. Es ist, als wäre das ganze Wesen auf besondere Weise sensibilisiert, als besäße es ein gesteigertes Bewußtsein für Lust und Schmerz, Schönheit und Häßlichkeit, Freude und Kummer. Der physische Körper wird oft sehr stark auf die chemische Wirkung bestimmter Nahrungsmittel und Drogen reagieren, die bei anderen Menschen kaum oder gar keine Wirkung zeigen. Die Emotionen werden leicht erregt, die Stimmungen wechseln rasch, und die lebhafte Vorstellungsgabe kann sich ebenso leicht Riesen und Kobolde vorstellen wie die strahlendsten Visionen von der Ewigkeit. In der Regel besteht ein starker Wunsch nach Perfektion. Er kann, zusammen mit der gesteigerten Sensitivität, das Leben von Zeit zu Zeit so überwältigend werden lassen und die innere Unruhe so dominierend, daß die Seele vielleicht ihre Zuflucht in Drogen oder Alkohol sucht oder das Leben in konfusen Tagträumen verplempert. Die inneren Sehnsüchte, die so schwer zu stillen sind, lassen sich nur befriedigen durch eine Art künstlerischer oder spiritueller Erfahrung, in der das begrenzte menschliche Selbst sich dem kosmischen Bewußtsein entgegenstrecken kann, um es zu berühren.

Die bewußte Einheit des Endlichen mit dem Unendlichen ist schließlich das Geschenk des neptunischen Strahles an die Seele, aber sie kann erst dann eintreten, wenn die Seele das irdische Leben gemeistert hat und ihre volle Verantwortung und Pflicht angenommen hat, die sie von Saturn erhält. Das beste 'Gegenmittel' gegen das nebulöse, ruhelose Verlangen nach dem Unerreichbaren ist denn in der Tat ein guter, kräftiger Saturn-Strahl im Horoskop, der für einen gesunden, wohlfundierten Menschenverstand und die Willenskraft sorgt, die für die Arbeit notwendig sind. Oft steht diese in karmischer Verbindung mit Umständen, die die Seele zwingen, hart zu arbeiten und sich abzumühen, die sie zwingen, sich einem ständigen Training in Selbstdisziplin zu unterwerfen, das allein die Seele zu einem Instrument verwandeln kann, durch das göttliche Inspiration fließen und Herz, Gemüt und Hände gebrauchen kann, um im Dienen die Welt zu segnen. Charles Carter kam nach seiner lebenslangen astrologischen Forschungsarbeit zu dem Schluß, daß Talente im Bereich irgendeines der sieben planetaren Strahlen noch eine Zugabe von Uranus und Neptun zu brauchen scheinen, um sie zur Genialität zu steigern *). Es steht außer Zweifel, daß die Wirkung dieser beiden Planeten jeder Persönlichkeit einen undefinierbaren Zauber schenkt, eine Anziehungskraft, die andere Menschen bezaubert und auf eine höhere Bewußtseinsebene erhebt, auf der sie einen Blick in ein Reich der Schönheit werfen können, die sie nie für möglich gehalten hätten.

---

*) *An Encyclopaedia of Psychological Astrology,* 1937, S. 87

Ohne den Ausgleich durch einen starken Saturn ist der Strahl Neptuns voller Fallen und Tücken für den Unbedachten und Unkritischen. Neptun steht mit dem zwölften Haus in Verbindung, dem Haus der Selbstauflösung und der heimlichen Feinde – und der gefährlichste dieser Feinde lauert in der eigenen Seele. Neptun ist landläufig bekannt als der Planet der Täuschung, des Betruges, der Heimtücke, der falschen Versprechungen und der daraus resultierenden Desillusionierung, der Enttäuschung. Er löst einen fast unwiderstehlichen Drang aus, Eintritt in jene geheimnisvolle Innenwelt zu suchen, in das tiefe Meer des universalen Bewußtseins, das auch unter dem Begriff Akasha bekannt ist und die Geheimnisse von Vergangenheit, Gegenwart und Zukunft birgt. Die wenigen Seelen, die das Recht dazu verdient und erworben haben, scheinen im Stande zu sein, alles Wissen aus dieser Quelle zu beziehen.

Aber solche Seelen sind sehr selten. Sie haben schon in der Vergangenheit viel Leid, Schulung und Disziplin hinter sich gebracht, und meist ist auch in ihrem derzeitigen Leben der Weg steil und schwierig. Wir brauchen nur das Leben und Werk des großen Mediums Edgar Cayce zu betrachten, um eine Vorstellung davon zu erlangen, welche Schwierigkeiten zu überwinden sind und was für eine tiefe Hingabe verlangt wird. *) Der Weg des geborenen Mediums – oder des geborenen Musikers, Schauspielers, Schriftstellers, Priesters oder Wissenschaftlers – ist nie leicht. Er erfordert ständig Schwerarbeit und eine Aufopferung und absolute Hingabe für den jeweiligen, speziellen Weg des Dienens, wie sie der durchschnittliche Mensch nicht zu geben bereit wäre und auch kaum verstehen kann. Den opferbereiten Seelen bringt die Kombination der Strahlen von Uranus und Neptun ein Gewahrsein einer Macht, die viel gewaltiger ist als sie selbst und sie immer mehr zum Dienen anspornt, zu einem eifrigen Streben nach Vollkommenheit. Dafür werden sie mit seltenen Momenten des Einblicks und der Erleuchtung belohnt, die ihnen die geleistete Arbeit im Vergleich als nichts erscheinen läßt. Solche Menschen versuchen nie, ihren Eintritt in die Innenwelt zu erzwingen; sie sind ihrer von Natur aus bewußt. Sie empfinden eine hohe Achtung für die Dinge, die verborgen bleiben sollen, bis die Seele für ihre Offenbarung bereit ist. Instinktiv verstehen sie, daß im rechten Augenblick der Weg geebnet sein wird. Sie scheinen in allen ihren Anstrengungen und Schwierigkeiten von einem sicheren, festen Glauben an diese unbesiegbare Macht getragen zu sein.

Das Herumprobieren mit psychischen Kräften kann für den durchschnittlichen Menschen äußerst gefährlich sein, denn wenn der Eintritt in die innere

---

*) SUGRUE, *Edgar Cayce – sein Leben* (Droemer/Knaur, München 1983)

Welt erst erzwungen ist, kann die Seele von Dingen überwältigt werden, die außerhalb ihrer Kontrolle liegen. Ein Mensch, der seine spirituelle Entwicklung forciert, gleicht einem Schwimmer, der seine eigenen Kräfte überschätzt und ins Meer geht, ohne den Stand der Gezeiten oder die örtlichen Strömungsverhältnisse zu beachten oder sich um die Warnungen zu kümmern, die ihn schützen wollen. Sehr bald wird er sich in Schwierigkeiten befinden, wenn unbekannte Strömungen ihn weiter und weiter von der Sicherheitszone wegreißen.

Neptuns Strahl manifestiert sich nicht so plötzlich und dramatisch wie der des Uranus, sondern fast unbemerkt, still, wie die Flut, die den Wasserspiegel langsam steigen läßt, und das, was man eben noch für sicheren Grund hielt, entpuppt sich als Treibsand. Die psychischen Fähigkeiten, die von Neptun gefördert werden, stellen die Seele am meisten auf die Probe; sie suchen und bohren nach jeder Schwäche des Charakters und vergrößern sie mächtig. Dies gilt besonders für jede Form von Stolz oder Eitelkeit sowie Trägheiten. Das werdende Medium braucht den Schutz durch eine tiefe Bescheidenheit und Einfachheit, aber auch die Kraft der Unterscheidung zwischen Wahrem und Falschem. Wer versehentlich die psychische Tür aufstößt, erliegt oft den Illusionen großartiger Phänomene: seine „Geistführer" oder „Kontrollgeister" tragen noble, prominente Namen und reden von einer außerordentlichen Mission. Recht oft kommt es auch zur Um- oder Besessenheit durch irgendein Wesen des Astralreiches. Eine Heilung solcher Fälle ist kaum möglich, solange die Seele nicht selbst merkt, in welcher mißlichen Lage sie sich befindet und aufrichtig den Wunsch hegt, frei zu werden. Oft hängen solche Menschen unbewußt an ihrem Zustand, weil er ihnen ein gewisses Selbstwertgefühl vermittelt und sie in den Mittelpunkt des Interesses stellt. Psychisches Verhaftetsein kann ebenso 'suchtbildend' sein wie Drogen oder Alkohol, und solche 'Medien' enden oft in den Räumen einer Heilanstalt oder womöglich im Gefängnis. Eine unklug forcierte psychische Entwicklung in der Vergangenheit erzeugt zuweilen das Gefühl, gefangen zu sein; dann ist die Seele durch eine frustrierende schlechte Gesundheit oder Behinderung gefesselt. Eine ungleiche psychische Verbindung in der Vergangenheit kann sich in der Belastung durch einen kranken Angehörigen widerspiegeln; in diesem Falle sind geduldiges Dienen oder demütiges Annehmen der Pflege durch andere gefordert. Wer in einer solchen Partnerschaft des Dienens und Annehmens gebunden ist, erhält die Gelegenheit, die Qualitäten Demut, Mitgefühl und Geduld zu entfalten.

Derart einschränkende Umstände geben Anlaß zum ruhigen Nachdenken und Meditieren, um die Kraft der Unterscheidung und solche Weisheit zu ent-

falten, die es der Seele ermöglicht, allmählich mit den gewaltigen psychischen und emotionalen Gezeiten umzugehen, die Neptun mit sich bringt – wie der Mond die materiellen Gezeitenwechsel auf der Erde bewirkt. Tatsächlich ist ein schlichter, liebevoller Dienst, besonders in Gestalt von Heilbehandlung und Pflege anderer Menschen, der erste Schritt auf dem sicheren Weg in die innere, seelische Welt. Dieser Weg ist der Pfad der Liebe und Hingabe, den alle großen Weltlehrer gewiesen haben. White Eagles Heilungsfürbitte-Werk ist ein Beispiel für die Art des Dienens, die dem Menschen einen sicheren Weg bietet, seine innewohnenden Kräfte zu entfalten.
Jede Seele gelangt schließlich an einen Punkt, an dem sie – der Welt des Materialismus müde geworden – nach geistiger Wahrheit dürstet. In dieser Phase ihrer Entwicklung beginnt sie auf die Strahlen von Uranus und Neptun anzusprechen. Dann muß sie – wie der Christ in John Bunyans *Pilgerreise zur seligen Ewigkeit* – einem langen, schwierigen Weg folgen und sich einer Reihe von Prüfungen und Versuchungen stellen, die ebenso große Herausforderungen bilden wie jene, die wir aus Mythen und Märchen kennen. Die Geschichten von Drachen und gefährlichen Bestien, die den Schatz hüten und den Weg versperren, auf dem der Held den Anweisungen genau Folge leisten muß, wenn er siegreich sein will, sind symbolische Darstellungen der Gefahren, die der Seele begegnen, wenn sie den Schatz der inneren Welten entdecken will, den Neptun hütet. Den okkulten Gesetzen muß man strikt gehorchen, sonst folgt die Strafe auf dem Fuß. In der griechischen Mythologie zähmte Poseidon (Neptun) ein geflügeltes Streitroß, Pegasus. Dieses Tier war kaum zu bändigen, wenn der Reiter es aber erst bezwungen hatte, trug es ihn blitzschnell bis ans fernste Ende des Himmels. Dies ist ein passendes Bild, um zu schildern, mit welcher Kraft Neptun der Meisterseele helfen kann, das Meer des kosmischen Bewußtseins zu betreten und augenblicklich das Wissen zu finden, das sie braucht, um ein Problem zu lösen.

Wie Uranus mit der Epiphyse verbunden ist, dem dritten Auge, so wird der Strahl Neptuns mit der Hypophyse assoziiert; er hilft dem menschlichen Bewußtsein, sich zum Gottesbewußtsein zu erweitern. Die fortgeschrittene Neptun-Seele befindet sich in vollkommener Einstimmung auf und Übereinstimmung mit dem Kosmos, und jeder ihrer Gedanken und jede Handlung gibt der Harmonie der Sphären Ausdruck. Obgleich ein solcher Mensch seinen Nächsten liebevoll innerhalb der Grenzen von Zeit und Raum dienen wird, reicht seine Vision über den Tag und das Zeitalter hinaus in die Ewigkeit, wo er die Herrlichkeit Gottes schaut. Doch obwohl er die Zyklen unendlicher Größe versteht, ist seine Sensitivität so beschaffen, daß er der Bedürfnisse selbst des unendlich Kleinsten sehr bewußt ist. Sein Herz geht aus in zärtlichem Mitgefühl zu allem Leben.

Wenn die Strahlen von Uranus und Neptun in der Seele vollkommen aktiv und harmonisiert sind, steigt das heilige Feuer der Wirbelsäule entlang nach oben, entzündet die sieben Lichter (Chakren) und läßt den Sonnenkörper des Menschen in ganzer Herrlichkeit erstrahlen. Wie die aufgehende Sonne Myriaden von Farben auf dem sanft bewegten Meer ihr Licht widerspiegeln läßt, so strahlt das Christuslicht durch alle, nun zur Vollkommenheit entfalteten Körper des Menschen. Das ist die Verwirklichung des Christus-Bewußtseins in der menschlichen Seele.

PLUTO

Pluto, ein kleiner und sehr ferner Planet, wurde erst im Jahre 1930 entdeckt. Seine Äquatorebene ist etwa 17,5° zur Ebene der Ekliptik geneigt. Seine Umlaufbahn ist so exzentrisch, daß Pluto zeitweilig einen geringeren Abstand zur Sonne hat als Neptun. Seit seiner Entdeckung haben Astrologen auf der ganzen Welt versucht, seinen Einfluß auf das Leben derer festzustellen und zu definieren, in deren Horoskop er eine wichtige Position besetzte; und das Mosaik seines Charakters füllt sich zusehends mit weiteren Aspekten.

Es hat den Anschein, daß Wissenschaftler auf eigenartige Weise geführt werden, wenn sie neu entdeckten Planeten einen Namen geben, denn wir können in jedem Fall feststellen, daß die Mythen und Legenden, die sich um die Götter der Antike ranken, nach denen die Planeten genannt werden, einen Schlüssel zu den spirituellen Prinzipien bilden, die mit dem jeweiligen Himmelskörper verbunden sind. Pluto ist dafür ein gutes Beispiel.

Bevor die Römer die griechische Philosophie kennenlernten, besaßen sie kaum oder überhaupt kein Wissen über irgendeine Form des Weiterlebens nach dem Tode. Sie glaubten, daß im Innern der Erde ein großer, dunkler, leerer Raum sei, den sie Orkus nannten. Nachdem sie Griechenland erobert hatten, übernahmen die Römer allmählich auch seine Philosophie und begannen die Vorstellung von einem Weiterleben in der Unterwelt zu akzeptieren; den Herrscher der Unterwelt aber nannten sie Pluto; sein griechischer Name war Hades. In späterer Zeit wurde Pluto oft mit Plutos (griech.: Pluton/Plutos) verwechselt, dem Gott des Reichtums und des Goldes, der auch in der Unterwelt leben sollte, und so wurden im Laufe der Zeit aus zwei Göttern einer.

Die vielleicht bekannteste Geschichte um Pluto ist die seiner Entführung von

Persephone, der Tochter Demeters, der Göttin des Frühlings. Es heißt, das Mädchen Persephone oder Proserpina habe mit ihren Freundinnen Frühlingsblumen gesammelt, als sie zu ihrer Überraschung eine wunderschöne Narzisse erblickte, die hundert Blüten trug. Der Duft dieser Blüten war vollendet, und Persephone fühlte sich unwiderstehlich davon angezogen. Als sie sich bückte, um die Blüten zu pflücken, öffnete sich vor ihren Füßen plötzlich ein gähnender Abgrund, und Pluto erschien, auf einem Wagen sitzend, der von vier schwarzen Pferden gezogen wurde. Er griff nach dem Mädchen, nahm sie mit in die Unterwelt und machte sie zu seiner Königin. Ihre liebende Mutter, von Kummer geplagt, suchte jeden Winkel der Erde nach ihr ab – ohne Erfolg. Da sie die Göttin der Ernte war und zuviel zu tun hatte, um ihren Pflichten nachzukommen, gab es eine Hungersnot auf der Erde. Aufgrund der Gebete der ganzen Welt schickte Zeus (Jupiter) seinen zuverlässigen Boten Hermes (Merkur) in die Unterwelt, um Hades (Pluto) zu ersuchen, Persephone ihrer Mutter zurückzugeben. Pluto gestattete ihre Rückkehr, gab ihr in seiner List aber einige Granatapfel-Kerne, die sie in ihrer Aufregung aß, ohne etwas dabei zu denken. Persephones Glück, wieder bei ihrer Mutter zu sein, wandelte sich bald in Schmerz, als sie entdeckte, daß Pluto sie immer noch beanspruchte, denn jeder Unsterbliche, der in der Unterwelt etwas zu essen zu sich genommen hatte, mußte dort für immer bleiben. Zeus jedoch, dem Vater aller, gelang es, einen Kompromiß zu erreichen, der es Persephone erlaubte, sechs Monate im Jahr zurückzukehren. Während dieser Zeit erblühte die Erde in Frühling und Sommer; Herbst und Winter hielten Einzug, wenn sie die anderen sechs Monate in die Unterwelt zurückkehren mußte.
Interessant ist hier – in der Geschichte der Himmelszwillinge Castor und Pollux gibt es übrigens einen gleichen Kompromiß –, die Aufteilung des Lebens zwischen Erde und Himmel. Der unsterbliche Pollux stieg in die Unterwelt hinab, damit sein Zwillingsbruder Castor, der sterblich war, mit ihm abwechselnd leben konnte. Merkur, der Herrscher im Zeichen Zwillinge, wird immer mit seinem Merkurstab abgebildet, auf dem die beiden Schlangen ineinander verflochten und in vollendeter Harmonie nach ihrem Kampfe wiedergegeben sind, und wird damit erneut zum Symbol des vollendeten Gleichgewichts, das zwischen dem positiven und dem negativen Lebensstrom aufrechtzuerhalten ist – also zwischen den beiden Zuständen des Lebens, der Erde und dem Himmel.
Der plutonische Einfluß auf das menschliche Leben zeigt eine Dualität, die der des Merkur nicht unähnlich ist. In der Tat gibt es eine recht enge Verbindung zwischen Pluto und Merkur, denn letzterer hat nach der griechischen

Mythologie (und dort unter dem Namen Hermes) die Seelen der Gestorbenen in den Hades geführt.

Dieser Zusammenhang zwischen Pluto und Merkur ist interessant, denn die planetaren Prinzipien treten in einer Siebenheit auf. Wenn eine Siebenheit vollständig ist, beginnt eine neue Reihe oder höhere Oktave. Wenn wir also Uranus mit der Sonne als Symbol des individualisierten Willens in Verbindung setzen, Neptun jedoch mit dem Mond als Symbol der universalen Seele oder Psyche, dann ließe sich daraus folgern, daß Pluto eventuell eine höhere Ebene oder Oktave des merkurischen oder Weisheitsstrahles darstellt.

Die Geschichte von Persephone, die Granatapfelkerne aß, erinnert uns auch an die Geschichte der Eva, die die Frucht vom Baume des Wissens aß und daraufhin aus dem Garten Eden vertrieben wurde. In beiden Fällen geht es um das Weisheitsprinzip und um den Verzehr einer Frucht, was schon deshalb interessant ist, weil Merkur den Verdauungstrakt regiert.

Merkur hat mit dem Erwerb von Wissen zu tun, mit jeder Art von Kommunikation mittels gesprochenen oder geschriebenen Wortes, auch mit Reisen. Vielleicht ist es von Bedeutung, daß seit der Entdeckung Plutos eine so gewaltige Entwicklung der Kommunikationsmöglichkeiten auf der Erde stattgefunden hat, daß Entfernung praktisch keine Rolle mehr spielt und die Menschheit nun der interplanetaren und sogar der interstellaren Kommunikation entgegenblickt. Auf ähnliche Weise hat auch der Computer die Welt der Forschung und Wissenschaft durch seine neuen Möglichkeiten der Speicherung und Bearbeitung von Informationen verwandelt.

Weitere Untermauerung erhält die Vorstellung einer engen Verbindung zwischen Merkur und Pluto durch den verstorbenen Astrologen Cyril Fagan, der in einem Artikel in *Astrology* im Januar 1939 darauf aufmerksam machte, daß viele große Dramatiker und Romanautoren Pluto an hervorragender Stelle in ihrem Horoskop aufwiesen. Er stellte fest, daß Literatur und Journalismus Menschen mit einem starken Pluto sehr zusagten und veröffentlichte eine eindrucksvolle Liste der führenden Literaten der Welt, deren Horoskope dieses Argument bestätigten.

Die meisten modernen Astrologen jedoch nehmen Pluto als den höheren Regenten des Zeichens Skorpion an, das von Generation, Regeneration und Geheimnissen handelt. Es besteht kein Zweifel daran, daß ein auffallend starker Pluto in einem Geburtshoroskop den Menschen anspornt, nach Verborgenem zu suchen, Geheimnisse aufzudecken, Neuland zu erschließen und sich auf verbotene Territorien zu begeben. Aus der griechischen Mythologie erfahren wir, daß Pluto dem Leib der Erde entsprang, und die Rückkehr Persephones jeden Frühling ist in gewisser Hinsicht ein Ans-Licht-Bringen oder eine Wiedergeburt dessen, was verborgen ist. Seit der Entdeckung Plutos im Jahre 1930 gelangen zahlreiche geistige Wahrheiten an die Öffentlichkeit, die zuvor streng geheim gehalten und verborgen waren. Auch die Entwicklung der Freudschen Psychoanalyse um die Zeit der Entdeckung Plutos lenkte viel öffentliche Aufmerksamkeit auf sexuelle Probleme, die bis dahin unaussprechlich waren, als Tabu galten und nun offen diskutiert wurden.

Die medizinische Forschung hat Behandlungsweisen entwickelt, die durch ihre Wirkung auf die endokrinen Drüsen das hormonelle Gleichgewicht des ganzen Organismus beeinflussen und damit die mentale Einstellung des Patienten beträchtlich verändern können. Das hat zur Produktion der Antibabypille geführt, die – zusammen mit der Lockerung der Abtreibungsgesetze – erreichte, daß der Mensch den uralten und heiligen Gesetzen der Sexualität spotten konnte. Alle diese Entwicklungen sind deutlich skorpionische Trends, und da sowohl Pluto als auch Skorpion viel mit Bestrafung und Wiedergutmachung zu tun haben, wird der Mensch vermutlich eines Tages feststellen, daß er einen hohen Preis zu bezahlen hat, nachdem er sich die Freiheit nahm, den Lebenskräften zuwiderzuhandeln und im Hormonsystem herumzupfuschen, was in so enger Verbindung mit noch verborgenen Faktoren des Seelenlebens steht.

Bleiben wir bei der Mythologie: Pluto regiert die Unterwelt der menschlichen Seele, mit anderen Worten: das Unterbewußtsein. Die moderne Psychologie und die alten Philosophien des Ostens lehren gleichermaßen, daß die Macht des Unterbewußtseins und ihr Einfluß auf das äußere Verhalten des Menschen nicht hoch genug eingeschätzt werden können. Tief im Unterbewußtsein verborgen liegen Erinnerungen an frühere Erdenleben, die hauptsächlich bestimmen, wie wir heute in alltäglichen Situationen reagieren; sie bilden die karmische Aufzeichnung des einzelnen. Seit der Entdeckung Plutos hat das Interesse am Weiterleben nach dem Tode, an außersinnlicher Wahrnehmung und an der Reinkarnation außerordentlich zugenommen, und diese Themen werden heutzutage ausführlich diskutiert. Experimente mit Versuchspersonen in Hypnose haben gezeigt, daß hinter der Schwelle des bewußten Denkens eine vollständige Aufzeichnung von Leben und Inkarnation vor der Geburt vorhanden sind. Das amerikanische Medium Edgar Cayce hat viel verborgenes Wissen über die früheren Leben der verschiedensten Menschen sowie über die Einflüsse zutage gefördert, die sich auf das derzeitige Leben und seine Probleme ergeben, sein Pluto stand bei der Himmelsmitte und in einem Quadrat-Aspekt zu Uranus, der nur 1° vom Aszendenten entfernt war. Grace Cooke, White Eagles Medium, besaß einen klaren Blick in Vergangenheit und Zukunft und konnte mit jenen, die sich in der inneren

Lichtwelt aufhielten, Kontakt aufnehmen und sich verständigen; ihr Horoskop zeigte eine Pluto-Neptun-Konjunktion im achten Haus mit einer Aspektierung zu Mond und Merkur.

Die langfristigen Aufzeichnungen in der menschlichen Seele gehören zum Aufgabenbereich Merkurs, der – wie der Chronikengel in der Schrift – jeden Gedanken und jede Handlung der Akasha-Substanz im Seeleninnern einprägt. Sie haben gesehen, wie Saturn die Seele wägt und Jupiter gleichsam das Wachs darstellt, in das der Schreiber Merkur seine Aufzeichnungen einprägt. Mythen, Sagen und Legenden deuten übereinstimmend auf eine weitere Verbindung zwischen Merkur und Pluto hin, dem Hüter dieser Aufzeichnungen, der die Unterwelt regiert, die Innenwelt des menschlichen Wesens. Pluto ist der Türhüter jenes geheimnisvollen Weges zwischen den beiden Welten – zwischen Leben und Tod, Tod und Wiedergeburt –, den zu allen Zeiten die Menschen sich bemüht haben zu verstehen und zu queren. Pluto durchtrennt die Silberschnur, die die Seele mit dem irdischen Körper verbindet, und erlaubt der Seele zur rechten Zeit zur Inkarnation auf die Erde zurückzukehren. Er hütet auch den Schlüssel zum Tor der verborgenen Geheimnisse, die sich der Mensch durch lange Schulung und Lehrzeit verdienen muß, durch einen Einweihungsprozeß. Pluto ist auch zuständig für die Strafe, die fällig wird, wenn man sich den Eingang durch dieses Tor erzwingt.

Obwohl Pluto soviel Macht über das menschliche Leben und Schicksal besitzt, ist sein Einfluß – wie der von Uranus und Neptun – doch zu subtil, um für den durchschnittlichen Menschen spürbar zu sein. In den meisten Fällen wird seine Position im Geburtshoroskop auch 'stumm' bleiben, wenn er nicht nahe am Aszendenten, an der Himmelsmitte oder in starker Aspektierung zu anderen Planeten steht – wie in den Horoskopen der genannten Personen. Charles Carter bezeichnet Pluto als den ruhenden Vulkan, der nur zu gewissen Zeiten aktiv ist, dann aber große Veränderungen bewirkt – die völlige Schließung der Tür der einen Lebensphase und die Öffnung zu etwas ganz und gar Neuem.

Bei seiner so engen Verbindung mit der Schöpfungskraft gibt Pluto – wie auch Mars – einen starken Drang nach Selbstausdruck, Abenteuer und Abwechslung. Er schenkt Mut, Energie, Unabhängigkeit und Schwung, und sein Einfluß macht sich vor allem in Zeiten größerer Veränderungen bemerkbar: bei einer Eheschließung, der Geburt eines Kindes (besonders des ersten), beim Beginn einer neuen Karriere, und vor allem bei der Veränderung, die wir als Tod bezeichnen – und die, wie alle anderen Veränderungen, auch ein Anfang ist. Solche Übergangsphasen lassen sich in der Regel auch aus den anderen Aspekten und Faktoren des Horoskopes ablesen, aber wenn Pluto wirklich aktiv ist, werden es tief- und weitreichende Veränderungen sein in bezug auf das Erdenleben der Seele und ihre Entfaltung. Plutos Kraft ist vermutlich im Leben derer am deutlichsten zu spüren, die dazu bestimmt sind, große Gruppen von Menschen zu beeinflussen, und bei denen, die bereit sind, den Weg nach innen, zur Initiation, zu beschreiten. Pluto kann die Öffnung der Tür zwischen den beiden Welten gestatten und die solare Kraft freisetzen, die der Seele die Stärke verleihen wird, ihre vereinbarte Aufgabe auszuführen – aber in jedem Falle ist ein Preis zu bezahlen, ist ein Opfer des Wunsch- und Begierde-Aspektes notwendig.

White Eagle lehrte – und die astrologische Erfahrung bestätigt dies –, daß Pluto einen Einfluß auf die Arbeit in Gruppen ausübt, besonders in jenen geheimen, inneren Gruppen, die seit Urzeiten die Kommunikationsverbindung mit der großen Bruderschaft des Lichtes in der unsichtbaren Welt aufrechterhalten haben, und darüber hinaus mit der universalen Bruderschaft des Lebens im ganzen Kosmos. Die Aufgabe dieser Gruppen war es zu allen Zeiten, jene in die inneren Mysterien einzuführen, die sich als reif und bereit dazu erweisen. Der Weg wird von magischen Riten und geheimen Formeln geschützt, die jenen, die sich noch im festen Griff des Materialismus befinden, als bedeutungslos vorkommen; werden sie aber mit dem nötigen Wissen und Ermächtigung gebraucht, können sie eine völlig neue Welt erschließen – eine Unterwelt oder innere Welt.

Im Laufe des Wassermann-Zeitalters, des Zeitalters der universellen Brüderlichkeit, werden solche inneren Geheimnisse, die während unseres Entwicklungszyklus der Menschheit bisher so streng gehütet waren, allmählich zu Allgemeinwissen werden – in dem Maße, in dem das geistige Gewahrsein des Menschen sich entfaltet und die Menschheit insgesamt die Bereitschaft zur Initiation in die Mysterien der solaren Kraft zeigt. Die Atomenergie, die durch materielle Mittel freigesetzt worden ist, bedeutet nichts im Vergleich mit der Sonnenenergie, die aus dem Innern des menschlichen Wesens erschlossen werden wird – mit den Begriffen der Alchemie: jene magische Kraft, die das unedle Metall in reines Gold zu verwandeln vermag.

Es ist nicht ohne Bedeutung, daß Pluto, der Herrscher der Unterwelt, und Plutos, der Gott des Reichtums und des Goldes, im Laufe der Zeit zu einem Gott verschmolzen. Hier liegt bestimmt ein Schlüssel zum Geheimnis der Alchemie, der Macht des Steins der Weisen, unvorstellbare Schätze zu erschließen. Es besteht kein Zweifel, daß ein echter Eingeweihter oder Meister materielle Atome verwandeln und Gold und Reichtümer in Hülle und Fülle erschaffen könnte. Aber er wird diese Macht niemals leichtfertig gebrauchen oder auf eine Weise, die das Karma eines anderen beeinflußte. Der rechte

Umgang mit der Macht ist die äußerste Prüfung der Weisheit, und ihr Mißbrauch muß Strafe und Wiedergutmachung nachsichziehen, die vom Gott der Unterwelt bestimmt werden.

Es wäre jedoch ein Fehler, den Einfluß Plutos als ungünstig zu bezeichnen. Vielleicht kann man ihn – wie den Einfluß Merkurs – neutral nennen, aber er besitzt auch die Macht, die tieferen, umfassenderen Eigenschaften des Planeten deutlicher zu offenbaren, mit dem er im Horoskop die engste Verbindung aufweist. Es ist wohl wahrscheinlich, daß die wahre Bedeutung Plutos noch nicht ganz zu verstehen ist, solange die Menschheit nicht eine Stufe der geistigen Entwicklung erreicht hat, auf der sich die Schläue der Schlange in den Überblick der großen Adlers verwandelt, der dem Licht der Sonne entgegenfliegt. Die Spannweite und Herrlichkeit des plutonischen Strahles kann nur der Eingeweihte ganz verstehen und nutzen, der sich von ihr auf neue Arbeitsgebiete führen läßt – vielleicht zu interplanetaren Bruderschaften auf anderen Sternen.

DAS BILD DES KOSMOS

Wenn wir, ausgehend von den Gedanken im ersten Kapitel, den Frühlingspunkt, 0° Widder, als das sich entfaltende Bewußtsein der Menschheit als ganzer annehmen (analog dem Aszendenten im Horoskop des einzelnen, der die Art des physischen Bewußtseins zeigt, durch das sich die inkarnierende Seele manifestieren wird), stoßen wir auf eine Reihe interessanter Entsprechungen, wenn wir der Progression, dem Vorrücken dieses Punktes durch den siderischen Tierkreis im Laufe des platonischen Jahres folgen.
Wir müssen dabei im Sinn behalten, daß sich der Prozeß der menschlichen Entwicklung nach unseren Begriffen über ungeheure Zeiträume erstreckt. Ein vollständiger Groß-Zyklus durch den Tierkreis dauert um die 25920 Jahre, und im Laufe dieser Zeit inkarniert sich jede Seele viele, viele Male. In jeder Inkarnation spricht sie auf alle Tierkreiszeichen an, aber in welchem Maße dies im einzelnen geschieht, hängt von dem Alter der Seele ab. Wenn wir einen größeren Vergleichsmaßstab anlegen und bedenken, daß allein der Körper des Menschen circa zwanzig Jahre braucht, um seine Reife zu erreichen, wird uns klar, daß die unsterbliche Seele des Menschen wohl eine Reihe von platonischen Jahren braucht, bevor sie die Meisterschaft über die Materie erlangt.

In unserem irdischen Jahreslauf markiert der Frühlingspunkt den Beginn eines Wachstumszyklus in der nördlichen Hemisphäre, den auf der Südhalbkugel der Zeitpunkt der Herbst-Tagundnachtgleiche (0° Waage) anzeigt. Zwischen zwei einander gegenüberliegenden Zeichen besteht soviel Entsprechung, daß man sie immer als die beiden Pole des gleichen, grundlegenden Prinzips betrachten sollte – die beiden Seiten der gleichen Münze.
Deshalb markieren die beiden Tagundnachtgleichen, 0° Widder und 0° Waage, im großen Evolutionszyklus sowohl einen Anfang als auch ein Ende. Es ist hierbei interessant anzumerken, daß Neujahr im antiken Ägypten im Herbst gefeiert wurde, bei 0° Waage. Damals galt Waage – und nicht Widder – als das erste Zeichen des siderischen Tierkreises.
Im Laufe des platonischen Jahres bewegt sich der Frühlingspunkt im Uhrzeigersinne durch die Sternbilder; dabei muß er das Zeichen Waage durchlaufen, bevor er den Equinoktialpunkt erreicht, an dem beide Tierkreise im gemeinsamen Gleichgewicht stehen, so daß sich jedes Zeichen vor seinem polaren Gegenüber befindet.

Erscheint es nicht logisch, daß am Ende des platonischen Jahres, im Waage-Zeitalter, ein Wägen und Messen der Ernte erfolgt, genau wie wir im Herbst unseres Erdenjahres den gleichen Anlaß begehen? Das wäre die Zeit für die Trennung der Spreu vom Korn, wenn die Seelen, die soweit gereift sind, daß sie vom Rad der Wiedergeburt gelöst werden können, weitergeschickt werden in neue Schaffensbereiche, während die anderen, die ihren Weg noch nicht beendet haben, eine Zeit der Ruhe und Erquickung erhalten, bevor sie sich in einen weiteren Zyklus, ein weiteres 'Arbeitsjahr' begeben? Das wäre die Wahrheit, die im ägyptischen Totenbuch dargestellt ist, in dem eine Seele gezeigt wird, die auf der Waage gewogen wird. Man glaubt, daß dieses Bild das Abwiegen der Taten der einzelnen Seele nach ihrem Tode bedeutet, aber echte religiöse Symbole sind zumeist auch so zu deuten, daß sie nicht nur individuelle Bedeutung besitzen, sondern auch für die Menschheit als ganzes gelten, und umgekehrt.

In seinem Buch *Zodiacs Old and New* brachte Cyril Fagan 1951 eine höchst interessante Zusammenfassung seiner Forschungen, die er mit den antiken Aufzeichnungen Ägyptens, Babylons, Assyriens, Griechenlands und Roms vorgenommen hatte. Seine Entdeckungen erweisen sich für jeden mit Esoterik Beschäftigten als äußerst interessant und geben Hinweise auf die zutiefst mystischen Aspekte des Christentums und anderer Religionen. Fagan zieht den Schluß, daß die antiken Ägypter den Fixstern Spica (29° Jungfrau) als Markierungsstern, als Ankerplatz gleichsam, für den ganzen siderischen Zyklus betrachteten.

Da das Vorrücken des Frühlingspunktes durch die Tierkreissternbilder im Uhrzeigersinn geschieht, gelangt der Frühlingspunkt, nachdem er das Zeichen Waage durchzogen hat, in eine Konjunktion mit Spica, die im Sternbild Jungfrau die Korn-Ähre darstellt und den Beginn eines weiteren platonischen Jahres anzeigt, bei dem ein neuer Schub Seelen empfangen und geboren wird.

Das ist eine kosmische Deutung der biblischen Prophezeihung: *„Siehe, eine Jungfrau wird schwanger sein und einen Sohn gebären, und sie werden seinen Namen Emmanu-El heißen, und das heißt: Gott mit uns"*. Was könnte ein typischeres Symbol für die Saat eines neuen Menschheitszyklus sein als die Konjunktion des Frühlingspunktes mit dem Fixstern Spica, der Korn-Ähre? Ist dies nicht ein Bild der aufgehenden Sonne an einem neuen Tag des Lebens?

Beide Tierkreise im Tempel von Denderah in Ägypten scheinen auf diese alte Wahrheit hinzuweisen, denn sie zeigen an diesem Punkt einen nackten Knaben in der Sonnenscheibe, und neben ihm stützt sich ein alter Mann auf einen Stab. Da die zeitlose Weisheit lehrt, daß die unreife Menschheit in ihren

Anfangsphasen von Gottmenschen geführt worden sei, könnte das wohl eine der fortgeschrittenen Seelen aus einem früheren Zyklus sein, die – nachdem sie „auf der Waage gewogen" wurde (im Waage-Zeitalter), sich als „gerecht, vollkommen und treu" erwiesen hat. Solche Menschen wären wie Sonnen-Götter, Christus-Wesen, die aufgrund ihrer großen Liebe zu Gottes Schöpfung auf Erden nach der 'Ernte' am Ende eines Zyklus noch hier blieben. Solchen Seelen, die vor Liebe strahlen wie die Sonne, verdankt die Menschheit die Mysterien-Lehren, die sich in den heiligen Schriften der ganzen Welt finden und ihr zeigen, wie sie ihr göttliches Geburtsrecht finden und in Anspruch nehmen kann. Diese Seelen, die nicht mehr ans Rad der Wiedergeburt gebunden sind, besitzen einen unsterblichen Körper, in dem sie sich frei in andere Teile des Kosmos begeben können, wenn sie es wünschen, denn sie verstehen sich den verschiedenen Zuständen und Bedingungen der Materie anzupassen. Sie gehören zur großen Bruderschaft des Himmels, die schon zu allen Zeiten als Sternen-Bruderschaft bekannt war. In diesem Zusammenhang ist es gewiß von Bedeutung, daß Saturn, der Planet des Alters und der Erfahrung sowie der Regent im Zeichen Wassermann, dem Zeichen der Brüderlichkeit, in Waage erhöht ist. Antike Sonnentempel, die in vielen Ländern der Erde zu finden sind, wurden errichtet als Monumente der Weisheit und Macht jener Lehrer; sie geben uns eine Vorstellung von jener wahren, inneren Religion, aus der alle äußeren Glaubensgebäude und Dogmen hervorgegangen sind, die im Vergleich zu ihrer Quelle wie Kerzen neben der Sonne erscheinen.
Unter weiterer Anwendung des Gesetzes der Entsprechungen können wir schließen, daß nach der 'Seelenernte' am Ende des platonischen Jahres eine Phase der Ruhe und Stille folgt, wie wir sie nach der jährlichen Ernteperiode genießen: eine Zeit, in der die Mutter Erde sich ausruht und ihre Kräfte erneuert. Diese Phase würde mit der Zeit übereinstimmen, in der der Frühlingspunkt sich in das symbolische zwölfte Haus weiterbewegt, wie in der folgenden Illustration angegeben.
Da das zwölfte Haus mit dem Wasser-Zeichen Fische assoziiert wird, könnte jene Phase mit einer weltweiten Reihe von Überflutungen und Katastrophen zusammengefallen sein, auf die die Sintflut-Überlieferungen zurückgehen, die wir in den Mythologien fast aller Völker finden.
In jedem Zeitalter ist das sich entfaltende Bewußtsein des Menschen dem Einfluß nicht nur der Konstellation unterworfen, die das jeweilige Zeitalter regiert, sondern auch dem des gegenüberliegenden Sternzeichens. Es baut sich in seinen Tempel (das Überbewußtsein, die Seele, die unsterblich ist und hinter den sich abwechselnden körperlichen Formen steht) die Einflüsse, die

es individuell vom Kosmos aufnehmen kann. In diesem individuellen Ansprechen auf die kosmischen Einwirkungen liegt das Geheimnis des freien Willens, das Geheimnis der unendlichen Vielfalt von Formen, Gestalten und Arten im Reich des Lebens, besonders aber im Menschen.

Aries
= Widder
Taurus
= Stier
Gemini
= Zwillinge
Cancer
= Krebs
Leo
= Löwe
Virgo
= Jungfrau
Libra
= Waage
Scorpio
= Skorpion
Saggitarius
= Schütze
Capricorn
= Steinbock
Aquarius
= Wassermann
Pisces
= Fische

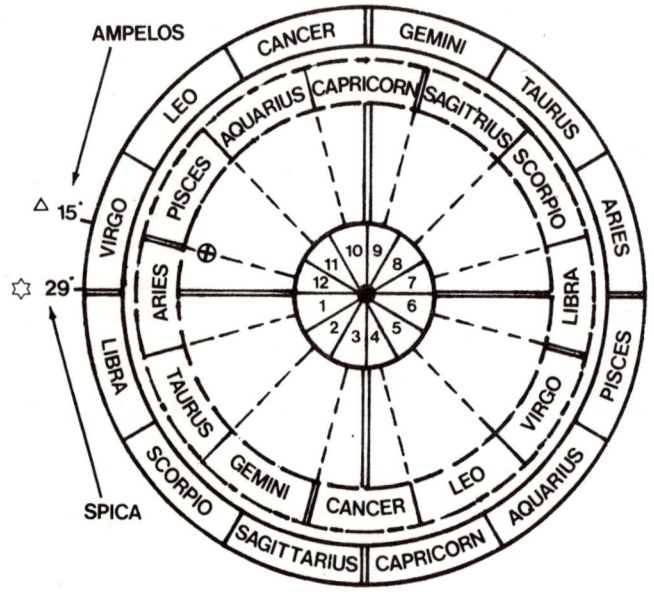

Legende:
äußerer Kreis = siderischer Tierkreis
innerer Kreis (gestrichelte Linien) = tropischer Tierkreis
0° Widder, Frühlingspunkt
Ampelos, der 'Traubensammler' oder 'schöne Knabe', auf 15°
im Zeichen Jungfrau
Spica, die 'Korn-Ähre', auf 29° im Zeichen Jungfrau

DAS JUNGFRAU-ZEITALTER (ca. 12635-10475 v. Chr.)
herrschender Planet: Merkur; Merkur erhöht
gegenüberliegendes Zeichen: Fische
(Herrscher: Jupiter; Venus erhöht)

Die zeitlichen Grenzen der verschiedenen Zeitalter sind schwierig festzulegen, aber man schätzt jedes Zeitalter auf eine Dauer von ungefähr 2160 Jahren, und wenn wir uns mit unserer Berechnung auf die Daten stützen, die Manly P. Hall für das Fische-Zeitalter angab *) wäre das Jungfrau-Zeitalter um 12635 bis 10475 v. Chr. anzusiedeln.
Im Zeitalter der Jungfrau also, da der Geist des neuen Seelen-Zyklus in jungfräulicher Materie empfangen wird, erleichtert dies das Wasser-Zeichen Fische, das die See, den Ozean darstellt – jene universelle, nebulöse, psychische und emotionale Kraft, die erfüllt ist von versteckten Strömungen und in ihrer unendlichen Fruchtbarkeit eine Vielfalt von Farben und Gestalten hervorbringt.
Wie herrlich ist dieses kosmische Mysterium doch in den Worten des Alten Testaments angedeutet: *„Und der Geist Gottes schwebte über den Wassern."* Dieses Überfluten und Verwandeln des Antlitzes der Erde dient einem zweifachen Zweck: es spült die unwillkommenen Überreste eines vorangegangenen Zyklus fort und läßt die Erde rein und fruchtbar für eine neue Menschheit zurück, für das 'Kind', dessen Ankunft bevorsteht. Da Wasser auch ein universelles Symbol der Seele ist, spielen die Überflutungs-Phasen eine wichtige Rolle für das Hervortreten eines neuen Zyklus; sie helfen der Beseelung des Geistes, denn *„das Wort ward Fleisch, und es wohnte unter uns."* Das Mysterium der Schöpfung übersteigt das Vorstellungs- und Fassungsvermögen des menschlichen Denkens; seine Schönheit und Heiligkeit läßt sich nicht in Worte fassen. Jenen aber, die eine gewisse Kenntnis der astrologischen Symbolik besitzen, kann dieses Aufgehen des hellen Sternes, die Korn-Ähre im Zeichen Jungfrau, vielleicht eine Ahnung vermitteln von dem, was unter der unbefleckten Empfängnis wirklich zu verstehen ist, die von orthodoxen Lehr-Autoritäten allzu buchstäblich auf die Geburt des großen Eingeweihten Jesus bezogen wird.
Jungfrau wird vom Planeten Merkur regiert, der traditionell das Denken repräsentiert, das Bewußtsein des Menschen. Seit alter Zeit heißt es, daß Merkur auf 15° Jungfrau erhöht sei. Das bedeutet, daß Merkur im siderischen Tierkreis dann erhöht ist, wenn er sich in Konjunktion mit einem wichtigen

---

*) A System of World Prophecy, 1964

Stern befindet, den die Ägypter Tsha Nefre nannten, den 'schönen Knaben'; die Römer bezeichneten ihn als Ampelos, den 'Traubensammler'. Cyril Fagan schreibt:

„In der Magier-Version der 'Sphera Barbarica', die von Teukros von Babylon aufgezeichnet wurde, ist der Aufgang der Jungfrau folgendermaßen geschildert: "Als nächstes steigt die erste Dekade von Jungfrau auf, der adra nedefa ('reine Jungfrau'). Sie hält in der Hand zwei Getreide' Ähren (Spica) und auf dem Arm ein Kind. Sie nährt ihn und gibt ihm die Brust. Sie zieht das Kind auf an einem Ort, der Abrie genannt wird (Hebräer-Land), und der Name des Kindes ist 'Isu' (Jesus)."

Die altvertraute und hübsche Geschichte von der Geburt Jesu in einem Stall bei Bethlehem und umgeben von lieben Tieren könnte für die Christen eine irdische Darstellung des fast unbeschreiblichen, kosmischen Mysteriums sein, der Geburt des Christus-Bewußtseins in jungfräuliche Materie, sowie das Hervorbringen eines neuen Menschheits-Zyklus, wenn der Frühlingspunkt durch das Sternbild Jungfrau zurückzieht. Eine Geburt, die von dem Stern 'Tsha Nefre' angekündigt wurde, dem 'guten und schönen Knaben', und die den Weg weist zu jener Einfachheit und Reinheit des Denkens, die erreicht werden muß, bevor eine Seele das Christus-Bewußtsein empfangen kann. „*Wer nicht das Reich Gottes nimmt wie ein Kind, der wird nicht hineinkommen.*"

Während des ganzen Evolutionszyklus, wird der Geist des Menschen von einem kosmischen Gesetz geführt, das jenseits seines Fassungsvermögens herrscht: vom Kleinkindesalter zur Adoleszenz, von der Adoleszenz zur Reife und dann durch Prüfungen und Versuchungen zur Einweihung und bis zum Erreichen des vollen, kosmischen Bewußtseins. Erst wenn der Geist die volle Herrschaft über die physische Materie erlangt hat, wird er vom Rad des Tierkreises frei. Im Laufe vieler Inkarnationen muß er in seine Seele die verschiedensten Facetten des Gottesbewußtseins einbauen, die im Buch der Offenbarung als die zwölf Tore des neuen Jerusalem beschrieben sind. Man kann diesen Begriff auch übertragen auf die zwölf Zeitalter des platonischen Jahres, und das Wissen der Astrologie vermittelt uns eine Vorstellung davon, wie der Mensch sich von einem dieser Zeitalter zum nächsten und weiterhin entwickelt.

DAS LÖWE-ZEITALTER (ca. 10475-8315 v. Chr.)
herrschender Planet: die Sonne
gegenüberliegendes Zeichen: Wassermann
(Herrscher: Saturn, auf höherer Ebene: Uranus)

Aus dem Zeichen Jungfrau geht der Frühlingspunkt weiter in das Zeichen Löwe. Es wäre besonders interessant, wenn wir historische Aufzeichnungen aus jener Zeit studieren könnten, da das Löwe-Zeitalter mit dem Zeitalter so eng verbunden ist, auf das wir jetzt zugehen: Wassermann steht dem Zeichen Löwe genau gegenüber. Leider sind bisher nur wenige Spuren aus jener fernen Zeit entdeckt worden. Gewisse alte Sonnentempel in verschiedenen Teilen der Welt scheinen in jenes Zeitalter einzuordnen zu sein, aber darüber ist nur wenig bekannt.
Löwe ist ein festes Feuer-Zeichen voll freudiger Schöpfungskraft, voll Vergnügen und Erholung, voller Kinder und voll Liebe. Regiert von Saturn, der Quelle alles Lebens und Lichtes, ist das Metall jenes Zeitalters das Gold: Gold, das nicht unbedingt aus unterirdischen Minen zu gewinnen sein muß, denn die Meister der Alchemie kennen das Geheimnis, es aus einem unedlen Metall zu erzeugen; dies mag der Grund sein, warum Gold in den Sonnentempeln der Antike in solcher Fülle Anwendung fand.
Löwe ist das Zeichen des echten Königtums, das von den Eigenschaften des Geistes abhängt, die von der Seele ausstrahlen und andere erleuchten, erheben und inspirieren. Die großen Menschheitslehrer, die universell als geistige Könige verehrt werden – Krishna, Buddha, Zarathustra, Osiris, Quetzalcoatl, Hermes (Ägypten), Jesus – sie alle besaßen jene Eigenschaften. Sie alle heilten die Kranken, weckten Tote auf und stellten ihre Herrschaft über die Elemente unter Beweis. Keiner von ihnen brauchte eine irdische Krone, denn sie alle waren von einer geistigen Kraft erleuchtet, die die Menge anzog. Diese Seelen schienen eine Krone goldenen Lichtes zu tragen, das aus der Mitte ihres Wesens hervorstrahlte. Die goldene Krone der irdischen Könige ist nur ein schwacher Ersatz für jene himmlische Ausstrahlungskraft, aber sie diente als Erinnerung an das goldene Licht der Großen, nachdem diese sich zur gegebenen Zeit wieder zurückzogen.
Wassermann, das polare Gegenüber des Zeichens Löwe, hat die innere Religion jener Zeit gewiß stark beeinflußt. Es ist wahrscheinlich, daß die Religion in den Händen der himmlischen Sternen-Bruderschaft lag, die weiter oben schon erwähnt wurde. Diese Bruderschaft wird gebildet aus Seelen, die im Dienst des Großen Weißen Lichtes stehen, sei es auf der Erde oder auf anderen Planeten. Zu jener Zeit war die interplanetare Kommunikation Teil

des normalen Lebens. Das Geheimnis der Einheit des Menschen mit dem Himmel wurde von den Führern des Menschengeschlechts verstanden. Bei jenen weisen und erleuchteten Königs-Eingeweihten, denen die Aufsicht über die neue Menschenrasse anvertraut worden war, handelte es sich um Angehörige der Bruderschaft. Ihr immenses geistiges und wissenschaftliches Wissen ermöglichte es ihnen, einen idealen Lebenszustand zu kultivieren und aufrechtzuerhalten, der im kollektiven Gedächtnis aller Völker der Welt als das goldene Zeitalter verankert blieb.

Mit jedem neuen Zeitalter kam einer oder mehrere dieser Hüter der Menschheit hervor, um den Menschen eine neue Darstellung der universalen Sonnen-Religion zu geben – des kosmischen Christus – und um zu zeigen, auf welche besondere Weise sich die Sonnenkraft im Inneren des menschlichen Wesens im Laufe des jeweils beginnenden neuen Zeitalters entfalten würde. Angesichts des Zieles der Inkarnation des Geistes in das Fleisch, nämlich der Entfaltung eines winzigen Funkens aus dem Gottesbewußtsein in ein ganz entfaltetes, reifes Individuum, scheint es möglich, daß die neuen, jungen Seelen sich in jenem Stadium kaum ihrer individuellen, ihrer separaten Identität bewußt waren. Sie lebten und empfanden wohl mehr als Gruppen, Familien oder Stämme, als kleine Gemeinschaften, die der weisen Führung ihrer eingeweihten Könige ganz und gar folgten. Vermutlich bestand eine breite Kluft zwischen den Führern und den Königen, den älteren Seelen, die eine Autoritäts-Position innehatten, und der Masse – ähnlich wie der Unterschied zwischen den Lehrern und den Schüler-Klassen der verschiedenen Stufen an der Schule. Es scheint berechtigt anzunehmen, daß nach einer Phase der Ruhe und der Stille Seelen verschiedenen Alters daran gingen, ihren eigenen neuen Zyklus zu beginnen, in verschiedenen Entwicklungsstadien zur Schule zurückzukehren, wenn die Umstände für sie gerade richtig waren.

Diese Phase können wir als die unschuldige Kindheit einer neuen Menschenrasse betrachten, als die Kindergartenzeit, die in fröhlich-glücklicher Gemeinschaft spielerisch verbracht wird – ein Zustand, in dem sich Geist und Materie so stark gegenseitig durchdringen, daß Himmel und Erde als eins erscheinen. Damals gingen die Engel wirklich unter den Menschen und sprachen mit ihnen, auf einfache, ganz natürliche Weise.

DAS KREBS-ZEITALTER (ca. 8315-6155 v. Chr.)
herrschender Planet: der Mond; Jupiter erhöht
gegenüberliegendes Zeichen: Steinbock
(Herrscher: Saturn, Mars erhöht)

Während das Löwe-Zeitalter allmählich dem Zeitalter des Krebses wich, nahm der Einfluß des Mondes immer mehr zu, und die jungen Seelen begannen infolge dessen immer mehr die Natur als die große Mutter Erde zu empfinden, die Quelle ihrer Nahrung und ihres Wohlbefindens. Ihre Führer lehrten sie die Kunst, ihre seelische Übereinstimmung mit den Jahreszeiten und den Mondphasen zu pflegen. Die Verbindung mit der Erde half ihnen, die Seelen in der Entwicklung zu einer umfassenderen Bewußtheit ihrer materiellen Umgebung zu bringen, obgleich dieses Gewahrsein wohl noch eher auf der ätherischen als auf der physischen Ebene existierte. Sie lernten über die Kraft des Mondes als dem großen, mütterlichen Einfluß und der Herrin der Magie, und sie wurden unterwiesen, die Gezeiten der okkulten und spirituellen Kraft zu nutzen, die in ihrem inneren Wechsel von Ebbe und Flut den Gezeiten des Meeres im Äußeren entsprachen. Sie lernten, sich auf diese Gezeiten der Lebenskraft einzustellen und mit ihnen zu kooperieren, um vollendete Ernten hervorzubringen.
Interessanterweise ist Jupiter im Zeichen Krebs erhöht – Jupiter, der das höhere Denken und den permanenten Seelenkörper regiert, den himmlischen Körper. Wahrscheinlich wurden in jenem Krebs-Zeitalter die Grundlagen des höheren Seelenkörpers angelegt – jenes Seelentempels, der im Laufe zahlreicher Inkarnationen noch entwickelt und vervollkommnet wird. Bei älteren Seelen, die sich in späteren Phasen ihrer Entwicklung befanden, läge nun, im Krebs-Zeitalter, noch mehr Gewicht auf dem Aufbau und der Stärkung des subtileren Körpers als auf dem physischen.
Steinbock ist das polare Gegenüber des Zeichens Krebs. Auf den inneren Ebenen wäre die Menschheit also immer stärker dem Sog des Saturn nach unten ausgesetzt, des großen Planeten der Zeit und der Einschränkung, der die Menschen an die praktischen, materiellen Angelegenheiten des Lebens bindet. Saturn regiert Fels und Gestein, ja das ganze Mineralreich. Er ist mit Wassermann verbunden und mit Steinbock, und im Laufe dieses und des vorangegangenen Zeitalters zog er die Menschenseele unerbittlich und immer tiefer in die Materie hinein.
Die Anführer und Priester der Menschen verstanden es zweifellos, Felsen und Steine mit magischen Kräften zu erfüllen und sie in eine bestimmte Anordnung und in Ausrichtung nach himmlischen Phänomenen zu setzen, so

daß sie Zentren des Lichtes und der Heilung wurden. Dieses Magnetisieren von Felsen und Steinen entspräche symbolisch der Erdung, der Verankerung des Geistes in der Materie. Man kann nicht umhin, als sich zu überlegen, ob viele der Steinkreise, die in früheren Zeiten errichtet worden waren, um Zusammenhänge von Sonne und Mond, Sonnenfinsternisse und andere Himmelserscheinungen anzuzeigen, tatsächlich aus jedem Zeitalter stammen, und ob sie von weisen Menschen aufgestellt wurden, um eine sich rasch entwickelnde Menschheit zu der Phase ihres Weges zu leiten, in der die Verdichtung des physischen Körpers ihnen die Sichtbarkeit der weisen Lehrer und Führer unmöglich machen würde.

Interessanterweise ist Mars, der Herrscher im Zeichen Widder, dem Kopf und physischen Gehirn unterstehen, in Steinbock erhöht. Mars, der Planet der Energie, der Unabhängigkeit und der Selbstbestätigung, regiert auch die schöpferischen Kräfte, die mit den Geschlechtszentren assoziiert werden, und arbeitet mit Saturn zusammen, um die Seele tiefer in die Materie zu ziehen.

Als sich das Krebs-Zeitalter seinem Ende nähert, erreicht die Menschheit einen der Wendepunkte im siderischen Jahr, die Krebs/Zwillinge-Spitze, die der Sommer-Sonnenwende im Erdenjahre auf der nördlichen Hemisphäre entspricht. Während sich so der Frühlingspunkt aus dem Sternbild Krebs hinausbewegt, beginnt die Menschheit den Einfluß des folgenden Zwillinge-Zeitalters zu spüren, in dessen Verlauf sich die Mentalkörper bilden. Mit diesem mentalen Erwachen beginnt eine große Ruhelosigkeit und ein Durst nach Wissen und der Macht, die es mitsichbringt. Diese Phase ist gut dargestellt in der Geschichte vom Garten Eden, der so typisch ist für das harmonische Leben der Löwe/Krebs-Zeitalter. Als das menschliche Dasein kommt und wacher wird, regt sich die Schlange (Mars, der Planet der schöpferischen Kraft, ist in Steinbock erhöht) und führt den Menschen in Versuchung, die verbotene Frucht vom Baum des Wissens zu essen – vom Baum des Wissens um die innewohnenden, göttlichen Kräfte. Es ist interessant, daß der Baum eines der uralten Symbole für die göttliche Mutter ist.

In der Genesis heißt es, nachdem Adam und Eva vom Baum gegessen hatten: *„Und Gott der Herr machte Adam und seinem Weibe Röcke von Fellen und kleidete sie. Und Gott der Herr sprach: Siehe, Adam ist geworden wie unsereiner und weiß, was gut und böse ist. Nun aber, daß er nicht ausstrecke seine Hand und breche auch von dem Baum des Lebens und esse und lebe ewiglich! Da wies ihn Gott der Herr aus dem Garten Eden, daß er das Feld baute, davon er genommen ist."*

Aus astrologischer Sicht ist dies ein höchst interessantes Gleichnis. Saturn (der Herrscher im Zeichen Steinbock) regiert die Haut, vermutlich, weil diese die Begrenzung des physischen Körpers bildet. Als der Mensch aus dem Garten Eden herausgeht – wo er eins mit Gott war, eins mit Eva, der anderen Hälfte seiner eigenen Seele, und eins mit jedem Lebewesen überhaupt –, erhält er eine weitere Haut aus Fell, die ihn restlos individualisiert und von allen anderen Lebensformen trennt. So beginnt die Entwicklung des äußeren Bewußtseins, des niederen Denkens im Menschen, das ihm helfen soll, all das Wissen zu sammeln, das er benötigt, um die Meisterung der Materie zu erlangen.

DAS ZWILLINGE-ZEITALTER (ca. 6155-3995 v. Chr.)
herrschender Planet: Merkur
gegenüberliegendes Zeichen: Schütze
(Herrscher: Jupiter)

Das Symbol für das Zeichen Zwillinge ähnelt zwei Torpfosten, den Zwillingssäulen am Eingang zum Garten Eden oder zum Tempel des Universums. Wie der Mensch sich seiner innewohnenden göttlichen Schöpfungskräfte gewahr wird, beginnt er auch die Trennung zu spüren, das Getrenntsein von Gott, seinem himmlischen Erzeuger, das Getrenntsein von seinen Mitmenschen und sogar das Getrenntsein von der anderen Hälfte seiner eigenen Seele. Er wird sich seiner Individualität bewußt und verlangt nun nach Selbstbestätigung.
In dieser Phase wäre es, obwohl er ein gewisses elementares Grundwissen besitzt, auch ein reges Denken, mit dessen Hilfe er seine Talente entfalten wird und Vernunft lernt, gefährlich für ihn, vom Baum der Unsterblichkeit zu essen, denn er bedarf immer wieder der Zeiten geistiger Erneuerung, die ihm der Tod des physischen Körpers einräumt. So verläßt er also den ewigen Garten auf der ätherischen Ebene und kommt, um das Land zu bebauen. Mit anderen Worten: er wird sich der Dualität seines eigenen Wesens bewußt. Während des Krebs-Zeitalters wurde er sich der Existenz der positiv/negativen Lebenskräfte bewußt, die rhythmisch Formen und Gestalten erschaffen und zerstören. Er nahm an Ritualen und religiösen Feiern teil, bei denen magische Kräfte angerufen wurden. Mit zunehmender Bewußtheit seiner eigenen mentalen Kräfte erlangte er auch das Wissen, daß er von diesen Mächten Gebrauch machen konnte, zur Erschaffung oder zur Zerstörung. Er beginnt, auf die Anziehungskraft der Erde anzusprechen und auf den Drang nach Selbstbestätigung und Sichgehenlassen. Bei der Befriedigung seiner egoistischen Wünsche und Begierden verletzt oder benachteiligt er häufig andere

und setzt damit das Karma-Gesetz in Aktion, das Gesetz von Aktion und Reaktion, das ihn wiederum veranlassen wird, Schmerzen zu erleiden, die er anderen auferlegt hat, bis schließlich die Erkenntnis dämmert, daß kein Mensch jemals vom Ganzen getrennt sein kann. In diesem Stadium ist vor allem die Priesterschaft von der Machtgier in Versuchung geführt – die älteren Seelen, die noch nicht vollkommen sind und nun den Impuls spüren, ihr Wissen über die Magie zu gebrauchen –, Denken und Fühlen der Jüngeren zu versklaven, so daß diese arbeiten wie Automaten, um die großen Tempel zu bauen, die Paläste und Grabanlagen und -denkmäler, die bis in unsere Zeit überdauert haben, und von denen manche Steine noch immer von jener okkulten Macht durchtränkt sind, die zu egoistischen Zielen eingesetzt worden war.

Das Gegenüber des Zeichens Zwillinge ist Schütze, regiert von Jupiter, dem Planeten des höheren Denkens und der Religion. Wir haben gesehen, wie der Mensch zuweilen das Gefühl eines Verlustes spürt und ein tiefinneres Bedürfnis nach Verbindung mit jenem himmlischen Zustand empfindet, der seine wahre Heimat ist. Er wird sich seiner Gedanken über den Tod des physischen Körpers sehr bewußt und sehnt sich nach Sicherheit in bezug auf das Danach. Schütze gibt ihm eine starke Sehnsucht nach Gott, ein Streben nach höheren Welten. Die Grundlage des höheren Denkens wurde in dem früheren Krebs-Zeitalter gelegt und schenkt eine Bewußtheit des Einsseins von Gott und Mensch. Im Zwillinge-Zeitalter jedoch erwacht im Menschen das Bedürfnis, Kirchen zu bauen, Tempel und Anbetungsstätten, wohin er sich aus dem Kampf mit den materiellen Problemen zurückziehen und die Kommunion mit den inneren Welten suchen kann. Von diesem Zeitpunkt an und bis der Mensch durch geistige Anstrengungen und Einweihungsprozesse die Geheimnisse der Materie beherrschte, die Geheimnisse der Elemente seines eigenen Wesens, ist er sich dauernd einer unüberwindlichen Barriere bewußt, die ihn von den inneren Welten und dem Weiterleben trennt, aber auch eines ständigen Kampfes zwischen seinem höheren Selbst und seinem niederen Denken. Jupiter, der Herrscher im Zeichen Schütze und über das höhere Denken des Menschen, war schon immer als der Gesetzgeber bekannt, der das spirituelle, das geistige Gesetz versteht und verwaltet.

Die biblische Geschichte sagt, daß nach der Vertreibung von Adam und Eva die Tore des Gartens Eden von Engeln bewacht worden seien, *„und mit einem flammenden Schwert, um zu bewahren den Weg zu dem Baum des Lebens."*
Dieser wichtige Punkt im Zyklus scheint eine klare Verbindung mit der biblischen Geschichte vom Sündenfall aufzuweisen, den man vielleicht genauer als seine vollständige Einsenkung in die Materie bezeichnen könnte, in seine

Haut aus Fellen, die ihn seine himmlische Heimat und Herkunft fast ganz vergessen ließen. In diesem Stadium geht der 'gefallene' Mensch in die Wildnis seines Denkens, verdammt, die Erde zu bebauen und sich mit den Problemen der grobstofflichen Materie abzumühen, bis er aus Erfahrung und Leiden lernt, die Welt zu überwinden und das magische Kennwort entdeckt, das ihm den Einlaß in den Garten wieder ermöglicht.

Soweit das biblische Gleichnis. – An diesem Punkte zogen sich die Eingeweihten-Könige allmählich zurück und ließen ihr Wissen in den Händen ausgebildeter Priester und Menschenführer, vermutlich auch bei weiter entwickelten Seelen aus früheren Zyklen, die aber noch nicht so qualifiziert waren, weshalb die Weisheit des goldenen Zeitalters eben im Laufe der Zeit verlorenging. Es wäre wohl genauer zu sagen, daß jene Lehrer für das normale Sehvermögen unsichtbar wurden, da die sterblichen Körper der Menschen immer irdischer, grobstofflicher wurden.

Um die reinen Lehren der zeitlosen Weisheitstradition für den Thron zu bewahren, war man noch auf die spirituellen Einweihungen angewiesen, nicht auf die Weitergabe an die nächste Generation wie durch Erbschaft. Die Ehe innerhalb der Familie, in der Regel zwischen Bruder und Schwester und unter sehr strengen Bedingungen und Auflagen, hielt das Blut rein und sorgte für Körper, die in höchstem Maße ansprechbar waren für spirituelle Kraft. Aber mit dem Herannahen des Stier-Zeitalters gelangte der Mensch mehr und mehr in die Gewalt seiner Sinne, und der geistige Grund für die strengen Gesetze geriet allmählich in Vergessenheit.

Das Zwillinge-Zeitalter brachte eine mentale Entwicklung, die nicht nur der Seele einen Drang nach Selbstausdruck und -bestätigung brachte, sondern auch ein Gefühl mentalen Getrenntseins entstehen ließ, das es notwendig machte, Gedanken in schriftlicher Form auszutauschen, nachdem die Kommunikation bisher telepathisch stattfand. Außerdem entzog der sich verdichtende physische Körper die geistigen Lehrer dem dereinst klareren Sehvermögen, und so ergab sich die Notwendigkeit, Aufzeichnungen der uralten Weisheit anzufertigen und zu bewahren, die als Richtschnur für die Seelen dienen konnten, die sich mehr und mehr in das erdenschwere Bewußtsein der physischen Welt verstrickten und von ihren Sinnen versklavt wurden. Zwillinge regiert Worte und Sprache, und interessanterweise scheinen die ältesten geschichtlichen Überlieferungen und Aufzeichnungen tatsächlich aus jener Zeit zu stammen. Als das Zwillinge-Zeitalter seinem Ende entgegenging und das Stier-Zeitalter herandämmerte, als dabei die Menschenseele noch weiter und tiefer in die Materie eintauchte, entwickelten sich Zivilisationen und

Kulturen, die großartige Bauwerke, Stadt- und Tempelanlagen errichteten und Kunstwerke großer Schönheit.

DAS STIER-ZEITALTER (ca. 3995-1835 v. Chr.)
herrschender Planet: Venus; Mond erhöht
gegenüberliegendes Zeichen: Skorpion
(Herrscher: Mars)

Stier, das feste Erde-Zeichen, ist das Zeichen der vollständig physischen Ausdrucksform, das Freude und Lust an jedem sinnlichen Vergnügen bringt. Sein Regent, Venus, der Planet der Schönheit, Kunst und Musik, übte in jener Zeit einen starken Einfluß auf das Denken der Menschheit aus und weckte in ihm einen Sinn für Schönheit und das Verlangen, Schönes in jeder Form zu bauen und zu erschaffen. Viele der großen Tempel des alten Ägyptens, Assyriens, Babylons, Indiens und Südamerikas sind Zeugen dafür, und überall finden wir in diesen Tempeln das Symbol des Stiers. Viele Kunstformen blühten auf, und die sinnliche Freude beherrschte die Tagesordnung.
Mars, der Herrscher im Zeichen Skorpion, das dem Stier gegenüberliegt, wurde in jener Zeit ebenfalls sehr mächtig, was neben der Ausbreitung von Schönheit zum Ausbruch großer Grausamkeit führte, und Grausamkeit erzeugt das schlimmstmögliche Karma. Das Wasser-Element Skorpion regte die psychischen Kräfte der Menschen an und reizte ihren Begierde-Aspekt. Wahrscheinlich degenerierte in jener Zeit die reine, weiße Magie des goldenen Zeitalters und wurde von Egoismus unterwandert. Die, die ein Wissen von der Magie besaßen, waren versucht, ihre Macht zu mißbrauchen, um andere zu knechten.
Auf diese Weise wurde sehr schweres Karma geschaffen. Mars und Venus regieren das Schmerz/Lust-, und Freude/Leid-Prinzip im Leben und sorgten für zutiefst emotionale Erfahrungen, die allmählich Kraft und Schönheit in der Seele aufbauten. Es sei wieder darauf hingewiesen, daß der Mond, der immer auch ein Symbol für die Seele ist, seine Erhöhung im Erde-Zeichen Stier erfährt.

Die innere Religion jener Zeit war weitgehend vom Zeichen Skorpion beeinflußt, das ein tiefes Interesse am Leben nach dem Tode weckte und an Mitteln zur Kommunikation mit jenen, die ihren Körper verlassen haben. Das ägyptische Totenbuch ist nur eine der bekannten Aufzeichnungen, die Aussagen über das Leben der Seele nach dem Tode macht; ohne Zweifel besaßen die

Priester jener Zeit noch okkulte Geheimnisse darüber hinaus und wußten wohl, wie die magischen Kräfte einzusetzen waren.

Als das Stier-Zeitalter dem Widder-Zeitalter Platz zu machen begann, wurde der Einfluß des Mars allmählich stärker, da dieser Planet nicht nur Skorpion regiert, das Gegenüber von Stier, sondern auch der herrschende Planet des Widder-Zeitalters war. Mars ist im wesentlichen der Planet von Krieg und Konflikt, aber auch von großer körperlicher Aktivität und Verwegenheit. Als der Frühlingspunkt in das Zeichen Widder weiterrückte, erreichte die Menschheit ein Stadium im siderischen Jahr, in dem die beiden Tierkreise deckungsgleich sind.

Der äußere Kreis in diesen Abbildungen zeigt den siderischen und der innere Kreis den tropischen Tierkreis. Letzteren nehmen wir, um die Stufen der Bewußtseinsentwicklung der ganzen Menschheit darzustellen, die Phasen beim Bau des Seelentempels, der im Kampf des Geistes mit der Materie allmählich erbaut und symbolisch skizziert wird als das neue Jerusalem im Buch der Offenbarung.

Am Anfang und am Ende des Zyklus ist das Gleichgewicht vollkommen; jeder der zwölf Abschnitte zeigt zwei sich polar gegenüberstehende Zeichen. Die erste Zeichnung ist eine Darstellung des vollendeten Menschen und zeigt die absolute Ausgeglichenheit von Materie und Geist, vom menschlichen und göttlichen Selbst. Die zweite Zeichnung zeigt den Zustand auf halbem Wege der Entwicklung, in dem in jedem Abschnitt ein Zeichen doppelt betont ist. Das ist eine Darstellung der totalen Involution, der Versenkung des Geistes in die Materie, der Kreuzigung des Geistes in der Materie.

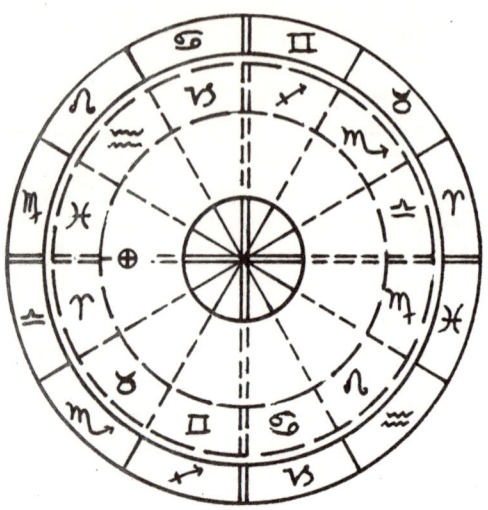

1. Der Frühlingspunkt am Beginn des platonischen Jahres

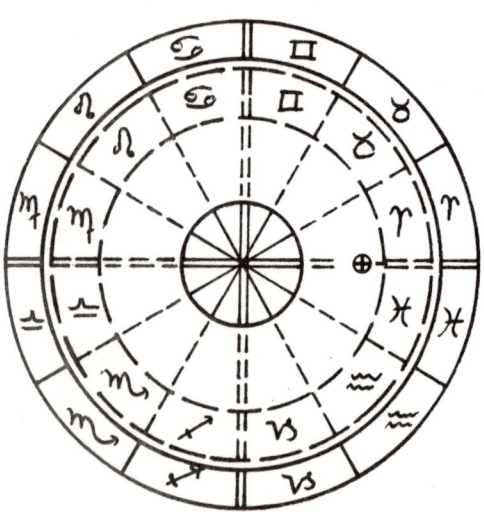

2. Der Frühlingspunkt nach der Hälfte des platonischen Jahres

DAS WIDDER-ZEITALTER (ca. 1835 v. Chr.-325 n. Chr.)
herrschender Planet: Mars; Sonne erhöht
gegenüberliegendes Zeichen: Waage
(Herrscher: Venus; Saturn erhöht)

Widder ist ein Feuer-Zeichen, das Symbol der Lebenskraft, die in der Materie zur vollen Entfaltung gelangt und eine Fülle von Energie, Eigenwillen und Enthusiasmus bringt. Widder ist das Zeichen der freudigen Lebenslust, der körperlichen Stärke und Vollkommenheit, das Zeichen, in dem die Sonne erhöht ist. Wenn also der Frühlingspunkt durch Widder zieht, ist nicht nur der Geist des Menschen ganz in die Materie eingetaucht und in ihr gekreuzigt, sondern es findet auch eine gewaltige Kraft-Ausstrahlung aus dem Geistigen statt, die den Geist anregt – wie die Sonnenstrahlen in der Natur der Erde den Frühling entlocken und bei Frühlingsanfang das neue Leben erwecken. Widder regiert Kopf und Gehirn, und im Widder-Zeitalter wurde denn auch das Denken des Menschen äußerst aktiv, wie sich an den Kulturen ablesen läßt, die der Kunst des Denkens größten Respekt zollten: Griechenland, Ägypten, Babylon und Persien, Indien, China und auch die antiken amerikanischen Zivilisationen.

Venus, Regent im Zeichen Waage, das dem Widder gegenübersteht, ist der Planet der Harmonie und Schönheit, und so galt der geistige Impuls jener Zeit einer Idealvorstellung von Schönheit und Vollkommenheit, die sich auch in der physischen Materie ausdrückte. Das beweisen die Werke der griechischen und römischen Kunst, auch das Motto vom gesunden Denken in einem gesunden Körper. Waage ist das Zeichen des Gleichgewichtes, und der spirituelle Hauptgedanke jener Zeit war das innere Verlangen, das Gleichgewicht in der Menschenseele wiederherzustellen. Der Geist, der nun ganz in die Materie eingetaucht ist, bedurfte der Ausstrahlung solarer Kraft, um die Verhältnisse zu verändern und dem Menschen den Impuls zu vermitteln, wieder den Weg zurück ins Himmelreich zu suchen. Die Zeit war gekommen, in der der verlorene Sohn sich auf die lange Reise zurück ins Vaterhaus begeben sollte. In den sechshundert Jahren vor Jesu Geburt kamen eine Reihe großer Lehrer auf die Erde – unter ihnen Buddha, Konfuzius, Lao-Tse und Zarathustra –, um die vollkommene Lebensweise zu zeigen und den Christus-Geist, der im Inneren des Menschen leuchtete, anzurühren und zu wecken. Jesus von Nazareth wurde geboren, als der Frühlingspunkt der Spitze des Zeichens Widder nahe war, dem Äquinoktialpunkt des siderischen Jahres. Er war das weitaus vollkommenste Instrument für den kosmischen Christus und hatte für diese Aufgabe schon eine Vorbereitung über unzählige Zeitalter hinter sich. Er repräsentierte den Großen Himmelsmenschen, den Inbegriff des ganzen Zyklus von Zeitaltern. Er wurde zu dem Zeitpunkt geboren, als Widder (der Kopf) und Fische (die Füße, das Verstehen) zusammenkamen, und sein Leben offenbarte in jeder Beziehung den nun vollendeten Menschen. Jetzt war das Vorbild vorhanden, durch das der Sonnenlogos, der in jedem Menschen leuchtet, schließlich in ganzer Vollkommenheit wachsen kann.

Es ist interessant, daß die Sonne, das Symbol des Geistes im Menschen, in Widder erhöht ist, während Saturn, der Planet der Vollendung, der Erdung des Geistes, in Waage erhöht ist, dem gegenüberliegenden Zeichen der Schönheit und Harmonie. Das ist gewiß ein Hinweis darauf, daß im Widder-Zeitalter die Seele des Menschen sich ganz individualisiert und nun lernen muß, von dem Tempel des Geistes, den ihr schöner Körper darstellt, Gebrauch zu machen. Bei der Kreuzigung Jesu kam es zu einer geistigen Taufe der Erde, die den Wendepunkt des ganzen Zyklus bedeutete: eine Taufe, deren Folgen die Menschheit erst jetzt langsam zu ahnen beginnt. Sie verursachte eine Regung des dem Menschen innewohnenden Geistes, wie die Sonne Leben in die im Boden liegenden Saatkörner bringt, und der lange Rückweg des Menschen zum Gewahrsein der inneren Welten Gottes – zum Garten Eden – nahm seinen Anfang.

DAS FISCHE-ZEITALTER (ca. 325-2485 n. Chr.)
herrschender Planet: Jupiter; Venus erhöht
Herrscher auf höherer Ebene: Neptun
gegenüberliegendes Zeichen: Jungfrau
(Herrscher: Merkur; Merkur erhöht)

Fische, das bewegliche Wasser-Zeichen, wird von Jupiter regiert, dem Planeten der Religion und des höheren Denkens und Trachtens. In diesem Zeitalter, das nun bald erfüllt ist, lag sehr viel Gewicht auf religiöser Lehrmeinung, und es herrschte sehr viel Verwirrung, Leid, Grausamkeit und Verfolgung im Namen der Religion.

Wie wir bereits feststellten, standen die beiden vorangegangenen Zeitalter unter dem Einfluß von Mars und Venus, die das Schmerz/Lust-Prinzip regieren. Es waren Zeitalter, in denen sich ein Sinn und Gespür für Schönheit entwickelte und man sich ganz dem physischen Vergnügen hingab. Der Mensch mußte die Möglichkeiten seines Körpers kennenlernen und alle Spielarten der Sinnenlust erleben, bis der Geist von seiner Fleischlichkeit im Irdischen ganz in den Hintergrund gedrängt war.

Die Jungfrau/Fische-Polarität steht in Verbindung mit Saat und Ernte. Seit der Taufe der Erde durch den kosmischen Christus zur Zeit der Kreuzigung kam es zu einem allgemeinen Erwachen des geistigen Lebens der Menschheit, und dazu gehört unausweichlich auch das Ernten der Früchte karmischer Saaten früherer Zeiten.

Die Menschheit, die von der Christus-Taufe aufgeweckt wurde, mußte sich nicht nur von den Leichentüchern des Materialismus befreien, die sich allmählich angesammelt hatten, sondern auch Kraft schöpfen, um das Leid und die Disziplin zu ertragen, die mit der Wiedergutmachung karmischer Schulden durch Grausamkeit und Machtmißbrauch auf sie zukamen. Diese Schulden werden nur dann vorgehalten, wenn die Seele genügend Reserven innerer Kraft und Liebe aufweist, um sich mit ihrer Tilgung zu befassen. Die Selbstdisziplin, die notwendig ist, um sich nun der weltlichen Freuden zu enthalten und um den Geist zu üben, das Fleisch zu überwinden, mußte erst erworben werden, und so strebten die Heiligen und Seher des Fische-Zeitalters die Wiederaufnahme ihrer geistigen Verbindung mit Hilfe von Askese, Kasteiung und Abtötung der fleischlichen Leidenschaften und Gelüste an. Viele Seelen haben sich in unserer gegenwärtigen Zeit freiwillig schwer karma-belasteten Inkarnationen gestellt, um rascher freizuwerden und der Menschheit auf dem Weg helfen zu können, ihre innewohnenden, göttlichen Kräfte wahrzunehmen.

Die Dualität des Zeichens Fische zeigt sich deutlich im orthodoxen Christentum des zu Ende gehenden Zeitalters, in dem der Unterschied zwischen der geistigen und der materiellen Welt so betont wurde, daß man jene, die einen geistigen Weg beschreiten wollten, drängte, sich in Klöster zurückzuziehen. Als dann im Mittelalter Europa von einfallenden Horden und Heeren überrollt wurde, waren die Klöster Bollwerke des Lichtes und des Friedens und konnten so manches von der Weisheit und den Schätzen früherer Zeitalter bewahren. Aus dem, was wir heute über die Geschichte der amerikanischen Völker erfahren, scheinen die dortigen Zivilisationen ein ähnliches Schicksal erlitten zu haben. Fische und das zwölfte Haus regieren alle Formen des Rückzuges in religiöse Ordensgemeinschaften, geheime Gruppierungen, Krankenhäuser, Institutionen oder Gefängnisse, aber auch Krankheiten des Körpers und der Seele sowie den Impuls, diese zu lindern und zu heilen.

In dem großen Wert, den man auf die Jungfräulichkeit als wesentlichen Aspekt des geistigen Lebens legt, erkennen wir den Einfluß des gegenüberliegenden Zeichens, des Erde-Zeichens Jungfrau, das von Merkur regiert wird. Als die Menschheit sich zu bemühen begann, die Verschiebung des Gleichgewichtes aus dem vorangegangenen Zeitalter wieder rückgängig zu machen, lernte sie langsam, wie das Denken den Körper regieren kann – und damit begann das Zeitalter der Vernunft, die Aufklärung.

Interessanterweise regiert Merkur nicht nur das Zeichen Jungfrau, sondern ist in ihm auch erhöht – und einige der hervorragendsten Menschen im Fische-Zeitalter waren die Alchemisten des Mittelalters. Einige von ihnen entdeckten tatsächlich das Geheimnis der Verwandlung eines unedlen Metalles in reines Gold; bei diesem Vorgang soll das merkurische Metall Quecksilber (lat. Mercurius) eine wichtige Rolle spielen. Entsprechend muß auch das merkurische Prinzip in der menschlichen Seele ganz zur Entfaltung gelangen, bevor der Mensch verstehen kann, wie die Atome des physischen Körpers vom kranken in den gesunden Zustand zu verwandeln sind, vom Tod zur Unsterblichkeit. Merkur und Jungfrau werden im Horoskop mit dem sechsten Haus, dem Haus der Gesundheit, assoziiert.

Die Erhöhung der Venus in Fische zeigte sich im Fische-Zeitalter ebenfalls durch das ruhige, beständige Wachsen des christlichen Ideals liebevoller Freundlichkeit und Mitgefühls; diese liebevolle Heilungsgnade offenbarten alle großen Heiligen. Das Ideal der Liebe und der Sorge für das Wohlergehen des anderen hat sich allmählich aufgebaut, parallel zu all der Gewalt und Grausamkeit, die im Namen der Religion geübt wurden. Interessanterweise sagt eine okkulte Tradition, daß Jesus eine Seele von der Venus sein, die gekommen ist, um den wahren Weg des Lebens zu lehren und die Menschheit zu retten.

DAS WASSERMANN-ZEITALTER (ca. 2485-4645 n. Chr.)
herrschender Planet: Saturn
Herrscher auf höherer Ebene: Uranus
gegenüberliegendes Zeichen: Löwe
(Herrscher: die Sonne)

Obwohl die genaue Zeit des Überganges ins Wassermann-Zeitalter weitgehend Vermutungen anheimgestellt ist, gibt es doch offensichtliche Anzeichen, daß die Menschheit bereits jetzt recht umfassend auf den Einfluß dieses neuen Zeichens anspricht, auf seinen Regenten Saturn und auch auf den Uranus, der den Wassermann auf einer höheren Ebene beherrscht.

Die gewaltigen gesellschaftlichen Veränderungen, die sich durch die Industrialisierung und die beiden Weltkriege vollzogen haben, durch die Entwicklung der Rundfunk-Kommunikationsmittel, der Wissenschaft und der Technik und durch die Erforschung des Weltraums, sind alle Anzeichen für die Anregung der mentalen Kräfte, die das Luft-Zeichen Wassermann dem Menschen bringt. Der Niedergang orthodoxer Religionen, die rastlose Unzufriedenheit der Menschen überall, die gesellschaftlichen und politischen Auseinandersetzungen, das Verlangen nach Freiheit und der fast universelle Hunger nach wirklich befriedigender, geistiger Kost und Wahrheit sind typisch für die Übergangsphase zwischen zwei Zeitaltern. In der früheren Phase des platonischen Jahres, als die Menschheit insgesamt noch unter der weisen Führung von Gottmenschen lebte, wurden solche Übergangsphasen bereits vorausgesehen, und man traf Vorbereitungen, um sie mit weniger Schwierigkeiten zu überwinden, als wir sie momentan erleben. Aber als die Menschheit mehr und mehr dem Materialismus zum Opfer fiel, ging das esoterische Wissen allmählich verloren, und die Übergangsphasen zwischen den Zeitaltern wurden zu problematischen Perioden tiefer Unruhe und Störungen, bis die neue Ordnung klar zum Vorschein kam.

Die Wiederentdeckung der Planeten Uranus, Neptun und Pluto gegen Ende des Fische-Zeitalters ist ein Zeichen, das uns darauf hinweist, daß die Menschheit nun die Bereitschaft und Voraussetzungen entwickelt, auf die inneren Welten und auf Realitäten anzusprechen, die jenseits der Reichweite der fünf physischen Sinne liegen. White Eagle sagte uns, daß diese drei Planeten in ferner Vergangenheit dem Menschen bereits bekannt waren, als dieser noch bereit und in der Lage war, auf ihre subtilen Einflüsse zu reagieren; sie spielten darüber hinaus eine wesentliche Rolle bei der Seelen-Erweckung, die nun im großen Maßstabe stattfindet. In jedem Zyklus kommt eine Zeit, in der die Seele des Menschen so tief in die Materialität verstrickt ist, daß sie unfähig ist, auf die subtilen Kräfte anzusprechen, die auf den inneren Ebenen des Lebens wirken. Wenn die Entfaltung seiner Denk- und Verstandeskräfte es ihm wieder ermöglicht, Instrumente herzustellen, die den Bereich seiner sinnlichen Wahrnehmung vergrößern, werden diese Planeten, die mit der Entwicklung der feineren Seelenhüllen des Menschen in Verbindung stehen, von neuem entdeckt und üben einen zunehmenden Einfluß auf die menschlichen Angelegenheiten aus.
Es ist interessant, daß besonders seit der Entdeckung Neptuns dem Menschen die Lehren des Spiritualismus, der Theosophie und der Christlichen Wissenschaft gegeben wurden und sich rasch verbreitet haben. Jede dieser Lehren wurde durch außersinnliche Wahrnehmung empfangen, und jede zeigt auf ihre Weise und beweist mit ihren Mitteln die Realität der inneren Welten, des Weiterlebens, und wie in der menschlichen Seele eine Kraft verborgen liegt, die physische Atome zu beherrschen und zu gestalten vermag.

All dies führt den Menschen zur Entdeckung und Erkenntnis der Macht des Denkens, die sich im kommenden Zeitalter bedeutend entfalten wird.

Wenn wir die Geschichte der Menschheit aus astrologischer Sicht untersuchen, fällt es nicht schwer, den Einfluß der Sterne auf vergangene Zeitalter festzustellen. Es sollte also möglich sein, zukünftige Trends im Zyklus des platonischen Jahres vorauszusagen, auf die gleiche Weise, wie wir auch die jahreszeitlichen Veränderungen in der Natur für verschiedene Gebiete der Erde vorhersagen können.

Wassermann, ein Luft-Zeichen, hat mit der Entwicklung des Mentalkörpers und des Nervensystems zu tun. Der Einfluß des Wassermanns wird dem Menschen gewiß ein wachsendes Verständnis seiner göttlichen, innewohnenden Kräfte bringen. Wassermann ist das einzige Zeichen des Tierkreises, dessen Symbol den reifen Menschen zeigt. Von den beiden anderen ausschließlich menschlichen Symbolen zeigt Zwillinge in der Regel zwei Kinder und Jungfrau ein junges Mädchen.

Viele befürchten, daß die derzeitige Beherrschung der Erde durch Wissenschaftler und Technokraten unweigerlich zur Vernichtung des Planeten führen wird, aber sie erkennen dabei nicht, daß dieser Zyklus des platonischen Jahres schon unzählige Male dagewesen ist. Unsere Generation ist nicht die erste, und sie wird auch nicht die letzte sein, die Zeuge der Entwicklung der Atomenergie ist.

Eines der grundlegenden Gesetze des menschlichen Lebens finden wir im Gleichgewicht der Kräfte, es stellt sicher, daß, sobald irgendeine Eigenschaft oder Funktion überbetont ist, eine Gegenkraft hervortritt. Neben dem wissenschaftlichen Absolutismus des Wassermanns und seiner kühlen Gefühllosigkeit und Tendenz zu Ameisenhügel-Organisationen, vollzieht sich auch ein Erwachen im Herzen des Menschen, ein Wärmen und Glühen des Geistes, das dazu beitragen wird, die Tendenz zur Herrschaft des niederen Denkens auszugleichen. Löwe, das Wassermann gegenüberstehende Zeichen, wird von der Sonne regiert und zeigt deutlich das Zunehmen und Aufsteigen der inneren Bereiche des Christuslichtes im Herzen des Menschen. Die Religion des neuen Zeitalters wird sich entfalten, wenn der Mensch anfängt, sich Kraft des Lichtes in seinem Herzen seiner geschwisterlichen Verbundenheit mit allen Menschen und allem Leben bewußt zu werden. Er wird zu lernen beginnen, wie die Sonnenkraft in seinem Herzen zu gebrauchen ist zur Heilung und Erhebung seines Nächsten.

Die echte Wassermann-Seele birgt viel Freundlichkeit und Großzügigkeit – wie auch der Löwe-Mensch unter dem Einfluß des gegenüberliegenden Zeichens, obwohl sich diese Eigenschaften hier kühler und weniger impulsiv zeigen. Der zunehmende Einfluß Saturns bringt dem Wassermann ein gewisses Gefühl der Verantwortung gegenüber dem Zustand seines Nächsten und in bezug auf die Zukunft. Saturn ist der Planet der Vorausschau und der weisen Vorsorge für zukünftige Bedürfnisse. Vielleicht hat es – soweit wir die geschichtliche Überlieferung kennen, noch niemals eine so allgemeine, weltweite Sorge um die Zukunft der Erde gegeben.

Die Kraft des Uranus vermittelt blitzartige Einblicke, die sich mit den Strahlen Saturns verbinden und die Vision, das Sehvermögen unserer Pionierdenker erweitern und beflügeln. Sie beginnen langsam zu erkennen, daß es eine innere Welt zu entdecken gibt, die bisher noch der Wissenschaft und ihren Mitteln unerreichbar ist. Wissenschaftliche Entwicklungen, die unsere Träume übersteigen, werden am Ende das Leben des Menschen verwandeln und die Welt zu einem weitaus friedlicheren Ort machen. Wir müssen bedenken, daß jedes Zeitalter rund 2160 Jahre dauert; es werden also noch mindestens 1000 Jahre vergehen, bis der Einfluß des Wassermanns sich umfassend bemerkbar macht; aber schon jetzt beginnt die Menschheit sich ihrer Reife zu nähern. Die inkarnierenden Seelen sind vielfach weit fortgeschrittene Wesen aus früheren Entwicklungszyklen, die auf diese Phase unseres Zyklus gewartet haben, um einen Körper zu erhalten, der fein genug ist für ihre Zwecke. Im weiteren Verlauf werden die Führer der Völker mehr und mehr aus den Reihen jener kommen, die schon in früheren Zeitaltern auf die Christuskraft ansprachen.

Saturn mit seinen geheimnisvollen Ringen wurde lange Zeit als der äußerste Planet unseres Systems betrachtet, als Planet der Vollendung, der Kristallisation in der Form. Man könnte die Schneeflocke fast als Symbol der saturnischen Kraft bezeichnen. Sie kristallisiert Wasser in einer vollendeten, sechseckigen Form. Wasser jedoch war schon immer als Symbol der menschlichen Seele bekannt. Die saturnische Kraft läßt die Seele sich in vollendeter Form offenbaren, um zu zeigen, daß ein geistiges Gesetz die Harmonie in der Materie bewirkt. Interessanterweise bildet diese Kristallisation des Wassers zu Schneeflocken immer einen sechszackigen Stern, das uralte Symbol des Christus-Menschen. In der griechischen Überlieferung galt das Zeitalter, das Saturn regiert, als das goldene. Zur Zeit nähert sich Saturn seinem eigenen Zeitalter; aber er ist ein strenger Lehrmeister. Der saturnische Mensch ist voller Selbstdisziplin; er hat gelernt, von seiner Willenskraft und Zielstrebigkeit Gebrauch zu machen. Er entwickelte ein waches Gespür für Pflicht und Gerechtigkeit und besitzt ein praktisches Verständnis der Probleme des Lebens in einer materiellen Welt.

Wenn die Kraft des Uranus den Einfluß des Saturn übersteigt, werden sich die Einschränkungen durch Saturn auflösen. Der Mensch wird seine volle Verantwortung für seinen Nächsten erkannt und die wahre Bedeutung von Freundschaft und Brüderlichkeit gelernt haben sowie bereit sein, voranzuschreiten und die Einschränkungen der physischen Materie hintersichzulassen. Er wird dann ohne Gefahr auf die anregende Kraft der Planeten jenseits von Saturn ansprechen können. Das wird vermutlich bedeuten, daß beim Herannahen des Steinbock-Zeitalters die unvermeidlichen Veränderungen und Verlagerungen des Bewußtseinsmittelpunktes deutlich vorauszusehen sind und Vorbereitungen getroffen werden, damit sich die Übergangsphasen viel leichter und harmonischer gestalten als die gegenwärtige Zeit.

DAS STEINBOCK-ZEITALTER (ca. 4545-6804 n. Chr.)
herrschender Planet: Saturn; Mars erhöht
gegenüberliegendes Zeichen: Krebs
(Herrscher: der Mond; Jupiter erhöht)

Im Zeitalter des Steinbocks wird der Einfluß Saturns zur Vollendung gelangen. Er wird die Ordnung und Harmonie eines goldenen Zeitalters bewahren. Steinbock ist ein Erde-Zeichen, und in seinem Zeitalter wird der Mensch die Fülle der Möglichkeiten der Erde und alles, was sie in sich birgt, erkennen. Mars, der Planet der Energie, ist in diesem Zeichen erhöht. Er beherrscht die Geschlechtskraft, jene schöpferische Sonnenkraft, die jetzt noch in den unteren Zentren des Menschen verschlossen liegt und auch unter Begriffen wie Schlangenkraft, Kundalini oder göttliche Energie bekannt ist. Wenn diese Kraft nach vorausgegangener, spiritueller Schulung freigelassen wird und zur Manifestation über alle Zentren gelangt, bildet sie eine Kraft, die dem Menschen die Beherrschung der Elemente und der atomaren Struktur seines Körpers und der Erde in die Hand legt. Saturn ist nicht nur der große Prüfer und Versucher, sondern auch der Einweihende. Bevor eine Seele zur vollen geistigen Vollendung gelangen kann, muß sie die Brücke Saturns überqueren. Sie muß den geraden und engen Pfad finden, der sie in das Himmelreich führt und auf dem sie ihre Verantwortung für geschwisterliches Verhalten gegenüber jeder anderen Seele erkennt. Dieser Bewußtseinszustand wird sich im Laufe des Wassermann-Zeitalters entfalten, aber auf dieser Erde erst im Steinbock-Zeitalter zur Blüte kommen, in dem Zeitalter, in dem der Mensch die Herrschaft über die Materie erlangt.

Das Gegenüber des Zeichens Steinbock ist das Wasser-Zeichen Krebs, regiert vom Mond, dem Symbol der großen, göttlichen Mutter und des Seelenlebens der Menschheit. Man kann annehmen, daß parallel zur physischen Vollendung im Steinbock-Zeitalter sich das Wissen von der inneren Welt, der Welt der Seele, wesentlich vertiefen wird. Es wäre nicht möglich, einem Blindgeborenen die ganze Herrlichkeit von Licht und Farben einer sonnendurchtränkten Landschaft zu schildern, in der sich das Licht auch auf Wasserflächen widerspiegelt.

Solche Dinge wären viel zu subtil und schön, um sie mit Worten ausdrücken zu können, obwohl es vielleicht möglich wäre, ein Gedankenbild zu übermitteln. Im Steinbock-Zeitalter, in dem das Seelenleben viel lebendiger wird, als es derzeit noch ist, wird die Menschheit mehr Freude daran finden, die verborgenen Kräfte der Natur zu verstehen, als man es sich jetzt vorzustellen vermag. Jupiter, der große Planet, der das höhere Bewußtsein regiert, ist in Krebs erhöht, und man muß das Gefühl haben, daß die Religion jenes Zeitalters über die Erweiterung des höheren Bewußtseins zu einem Erkennen des Lebens nicht nur im Sonnensystem, sondern weit darüber hinaus in den großen, kosmischen Zyklen führen wird. Die Seele des Menschen wird nicht länger mehr an die Grenzen ihres kleinen, sterblichen Bewußtseins gebunden sein. Sie wird endlich Flügel besitzen.

Während der Frühlingspunkt sich durch das Zeichen Steinbock bewegt, gelangt er zu einer weiteren Sonnenwende, zu 0° Steinbock – dem Zeitpunkt, an dem wir Weihnachten feiern. Er scheint also möglich, daß – gleichwie das Vorrücken des Frühlingspunktes über 0° Krebs den sogenannten Sündenfall des Menschen und seine Vertreibung aus dem Paradies mit sich brachte –, die Ankunft des Frühlingspunktes bei 0° Steinbock die Menschheit aus ihrem Zustand der Kreuzigung durch Wissen, Anstrengung und Selbstdisziplin jener großen Einweihung entgegenführt, die den Sieg des Christus-Geistes über die Materie und alle Grenzen des niederen Selbst bedeutet. Sie kennzeichnet den Höhepunkt des ganzen Zyklus – die Verwirklichung des Christus-Bewußtseins der Seele, die letzte Einweihung, die dem Menschen die Tore zum Garten Eden wieder öffnet. Dieser Einweihungspunkt ist zugleich die Spitze des Zeichens Schütze, des Feuer-Zeichens, das das höhere Denken und Bewußtsein regiert. Interessanterweise ist Jupiter, der Herrscher im Zeichen Schütze, in Krebs erhöht, dem polar gegenüberliegenden Zeichen. In diesem Zeitalter wird die Seele des Menschen also gewiß auf den bedeutenden Wendepunkt vorbereitet werden.

DAS SCHÜTZE-ZEITALTER (ca. 6805-8965 n. Chr.)
herrschender Planet: Jupiter
gegenüberliegendes Zeichen: Zwillinge
(Herrscher: Merkur)

Eines der Symbole für das Zeichen Schütze ist das Bild eines Reiters, und es ist interessant, daß Johannes, dessen Buch der Offenbarung eine gewaltige Symbolik des großen Zyklus der Seelen-Entfaltung birgt, sagt: *„Und ich sah den Himmel aufgetan, und siehe, ein weißes Pferd, und der darauf saß, hieß Treu und Wahrhaftig, und richtet und streitet mit Gerechtigkeit. Und seine Augen sind wie eine Feuerflamme, und auf seinem Haupte viele Kronen, und hatte einen Namen geschrieben, den niemand wußte, denn er selbst. Und war angetan mit einem Kleide, das mit Blut besprengt war, und sein Name heißt Gottes Wort. Und ihm folgte nach das Heer im Himmel auf weißen Pferden, angetan mit weißer und reiner Seide."*
Im nächsten Kapitel eine höchst interessante und bedeutsame Stelle: *„Und ich sah einen Engel vom Himmel fahren, der hatte den Schlüssel zum Abgrund und eine große Kette in seiner Hand. Und er griff den Drachen, die alte Schlange, welche ist der Teufel und der Satan, und band ihn tausend Jahre."*
Zeigt diese Passage nicht, daß es eine Phase im Zyklus gibt, in der das Tier im Menschen endlich seine Macht verliert: wenn die Menschheit, erlöst und gottgleich, Harmonie und Frieden des neuen Jerusalem in ihrer Fülle genießt? Wäre es möglich, daß die tausend Jahre (eventuell eine symbolische Zahl) der Freiheit von den Verheerungen des Tieres in jene Phase fallen, die zwischen dem Punkt der Sonnenwende und dem Ende des Zyklus kommt, wenn der Frühlingspunkt also durch das Zeichen Waage zieht und sich wieder dem Meilenstein, dem Sterne Spica und damit dem Beginn eines weiteren Zyklus nähert?
Schütze ist ein Feuer-Zeichen, das mit dem höheren Denken in Verbindung steht, und es ist auch das Zeichen der Freiheit, der Ausdehnung, der Reisen über weite Entfernungen. Sein Gegenüber, Zwillinge, ist das von Merkur regierte Luft-Zeichen. Merkur aber hält den Zauber wirkenden Merkurstab, der alle Zwietracht harmonisiert und eine vollendete Ausgeglichenheit zwischen positiven und negativen Lebenskräften herbeiführt. Beide Zeichen haben mit Ausbildung und mentaler Entwicklung zu tun, mit der Förderung des Wissens auf allen Daseinsebenen. Gewiß wird der Mensch, der dann auf einem vollkommenen und herrlichen Erdball leben wird, lernen, wie er durch Erweiterung seines Bewußtseins die Freiheit des Himmels erlangen kann. Die Weltraumfahrt wird dann nicht mehr auf komplizierte Maschinen ange-

wiesen sein, denn der Mensch wird gelernt haben, seinen Körper den verschiedenen Daseinsebenen anzupassen, die – vertreten durch die sieben planetaren Strahlen – den Kosmos durchziehen. In dieser strahlenden Zukunft wird es kein Raumgefühl und das Empfinden von Trennung mehr geben. Der Übergang zwischen den Zeitaltern wird reibungslos vollzogen, denn die menschliche Seele wird, da sie auf den göttlichen Plan eingestimmt ist, auf den Rhythmus des Zyklus ansprechen, ohne daß es sie irgendwie belastete.

DAS SKORPION-ZEITALTER (ca. 8965-11125 n. Chr.)
herrschender Planet: Mars
gegenüberliegendes Zeichen: Stier
(Herrscher: Venus; Mond erhöht)

Skorpion, das feste Wasser-Zeichen, das im Horoskop mit dem achten Hause korrespondiert, handelt vom Tode des Körpers und den Zuständen danach. Sein Gegenüber ist Stier, regiert von der Venus; hier ist der Mond erhöht, der immer schon als Symbol der Seele der Menschheit galt. Skorpion dürfte ein Zeitalter einleiten, in dem die beiden Welten so eng miteinander verbunden sind und sich dabei durchziehen, daß es buchstäblich keine Trennung zwischen ihnen gibt. Im Stier-Zeitalter – als die Zivilisation des alten Ägyptens ihren Höhepunkt erreichte –, hielt man den physischen Körper für so wichtig, daß die Leichen der Verstorbenen mumifiziert wurden. Im Zeitalter des (gegenüberliegenden) Skorpions wird der Tod des physischen Körpers vermutlich überwunden, und die Menschheit lernt, wie man einen physischen Körper an- und ablegt nach Bedarf; dieses Geheimnis ist heute nur Adepten und Meistern bekannt. Die Erhöhung des Mondes im gegenüberliegenden Zeichen Stier könnte andeuten, daß in jener Zeit der Begierde-Aspekt, der die Seele an die Schmerz/Lust-Erfahrungen körperlicher Inkarnationen bindet, überwunden wird. Der Seelentempel ist so vollkommen, wie es nach menschlicher Erfahrung möglich ist – das neue Jerusalem ist gebaut. Es besteht also kein Bedarf mehr nach der Erzeugung neuer physischer Körperhüllen, um notwendige Erfahrungen zu vermitteln. Ähnliches ereignet sich auch im Zyklus unseres irdischen Sonnenjahres, wenn eine Ruhephase eintritt, in der das Wachsen in der Natur zum Stillstand kommt. White Eagle sagte uns, daß die Atome der Erde belebt und verfeinert werden. Das Leben wird sogar mehr auf der ätherischen Ebene stattfinden als auf der physisch-materiellen. Der Mensch wird im Frieden mit seinem Schöpfer leben. Die Seele der

Menschheit wird sich weiter dem letzten Monat des platonischen Jahres entgegen entwickeln, der die letzte Prüfung bringt, das Wägen.

DAS WAAGE-ZEITALTER (ca. 11125-13285 n. Chr.)
herrschender Planet: Venus; Saturn erhöht
gegenüberliegendes Zeichen: Widder
(Herrscher: Mars; Sonne erhöht)

Im individuellen Horoskop handeln Waage und das siebte Haus von Partnerschaft und Ehe, von den Verbindungen mit anderen, die Harmonie und Ausgeglichenheit ins Leben bringen. Es kann kein Zweifel bestehen, daß auch das Waage-Zeitalter eine Phase großer Harmonie und Schönheit sein wird, in der die Zustände des Erdenlebens jenen immer ähnlicher werden, die auf der Venus-Ebene herrschen sollen, wie uns gesagt wird. An dieser Stelle heißt es tatsächlich Venus-Ebene, und nicht Planet, denn ich glaube fest, daß wir, wenn unser menschliches Denken von den Begrenzungen durch Zeit und Raum frei wird, beginnen werden zu erkennen, daß die Planeten, wie wir sie kennen, Brennpunkte sind, Zentren eines bestimmten Energie-Typs, der eine Bewußtseinsebene auf Planeten und in Systemen überall im Kosmos schafft: eine Bewußtseinsebene, auf der das Leben sehr real und umfassend ist für jene, die eine passende Seelenhülle von der Beschaffenheit entwickelt haben, die für das Leben unter solchen Bedingungen notwendig ist. Seelen, die auf der Venus-Ebene in unserem Sonnensystem leben, sind eingestimmt auf jene, die in anderen Sonnensystemen auf der gleichen Ebene existieren. Wenn der Zyklus sich seinem Ende nähert, werden die Seelen, die die erforderliche Entwicklungsstufe und Schulung erreicht haben, Körper ausbilden, die von ganz anderer Struktur sind als die, die wir zur Zeit kennen. Ja, angesichts der inneren Beschaffenheit des vorausgegangenen Zeichens Skorpion, der die Zeugungsorgane regiert, und seines Gegenübers Stier, der die Vollendung des Seelentempels markiert, ist es wahrscheinlich, daß die weiter entwickelten Mitglieder der Menschheit völlig mit ihren anderen Seelenhälften vereint werden. Nach unseren derzeitigen Begriffen ist eine solche Lebensart, die in den Mythen und Legenden überall auf der Erde immer wieder angedeutet wird, geradezu unvorstellbar; sie ist so weit entfernt von unserem gegenwärtigen Verständnis der Erzeugung menschlicher Körper und soviel schöner als wir es uns überhaupt vorstellen können, daß wir sie besser nicht durch mangelhafte Erklärungsversuche des Mysteriums berauben möchten, das sich uns zur gegebenen Zeit offenbaren wird. Könnte aber diese vollkom-

mene Einheit von Geist und Materie nicht auf seelischer Ebene das Vorspiel zur Geburt einer neuen Gruppe von Seelen sein, die ins Dasein treten, wenn das Jungfrau-Zeitalter wiederkehrt?
Es ist wohl wahrscheinlich, daß während des ganzen Zyklus, während des ganzen platonischen Jahres, Seelen, die eine gewisse Stufe ihrer Entwicklung erreicht haben, zur Inkarnation gelangen, wenn die kosmischen Bedingungen für sie richtig sind – wie in der Natur Pflanzen zu blühen beginnen, wenn ihre rechte Zeit gekommen ist. Im weiteren Verlauf des Jahres werden jene, die noch nicht für höhere Entwicklungsstufen bereit sind, in Körper geboren werden, die ihrer jeweiligen Stufe gerecht werden. Das menschliche Denken kann wohl kaum das Wunder des göttlichen Planes für die kontinuierliche Erschaffung von Gottmenschen und neuen, weiteren Universen fassen, die sich alle in den gewaltigen, zyklischen Rhythmen des Kosmos entfalten.
Das Gegenüber des Zeichens Waage ist Widder, das Feuer-Zeichen, in dem die Sonne erhöht ist. Vielleicht wird deshalb im Buch der Offenbarung des Johannes immer wieder auf das Lamm Gottes Bezug genommen und auf seine Hochzeit mit der sonnengekleideten Frau – der Seele, die alle Lektionen des Sonnenzyklus gelernt hat.
Saturn, der große Prüfer, ist auch in Waage erhöht, und im Laufe jenes Zeitalters wird es zur abschließenden Prüfung, zum letzten Wägen kommen – im Rückblick auf das Werk eines nun vollendeten Jahres.
Die Seelen, die bereit sind, werden weitergehen, frei von irdischen Inkarnationen, um sich anderen Tätigkeitsbereichen auf anderen Planeten und anderen Sternen zuzuwenden. Jene, die noch Lektionen zu lernen haben, werden auf die Gelegenheit warten, sich unter den für sie genau passenden Umständen im Laufe des nächsten platonischen Jahreszyklus von neuem zu inkarnieren. Wir müssen uns vor Augen halten, daß Zeit auf der Seelen-Ebene nicht existiert. Bei Gott sind tausend Jahre wie ein Tag. Die, die auf eine Reinkarnation warten, leben in einem friedvollen Warte-Zustand, ohne die Jahre wahrzunehmen, die nach unseren Begriffen in der Zwischenzeit verstreichen.
Jene aber, die bereit sind und von besonderer Liebe zur jungen Menschheit erfüllt, die Lehrer und Hüter der menschlichen Rasse, gehen voran, um ihre Arbeit im nächsten Zyklus aufzunehmen.

Das große White Eagle Heilungsbuch

Mit diesem lang erwarteten Werk liegen endlich die beiden wichtigsten Veröffentlichungen der White Eagle Loge zum Thema "Heilung" vor. Der erste Teil des Buches enthält die Lehren White Eagles über die Gesetzmäßigkeiten, die zur Aufrechterhaltung einer inneren und äußeren Gesundheit beachtet werden müssen. In klaren Worten weist White Eagle die Ursachen nach, die zur Erkrankung führen und zeigt den Weg zur Umkehr auf. Jeder Mensch kann sein eigener Heiler sein, wenn er die großen kosmischen Gesetze zur Anwendung bringt und dadurch in sich selbst wieder »heil« wird.

Der umfangreiche zweite Teil (verfaßt von Joan Hodgson) des "Heilungsbuches" wird sich als unentbehrlich für den Praktiker erweisen. In ihm werden bis ins Detail die Geschehnisse beim geistigen Heilen erklärt. White Eagle beschreibt die notwendigen Einstimmungsübungen; gibt Hinweise über die geeignete Auswahl des eigenen Heilungs-Sanktuariums; empfiehlt bestimmte Heilungs-Meditationen und Gebete und offenbart das wundervolle Wirken der Engel der Heilung.

Spezielle Beachtung wird dem Verhältnis Heiler — Patient beigemessen. Es wird deutlich, welche Entwicklungsmöglichkeiten, aber auch welche Gefahrenmomente, in dieser besonderen Beziehung liegen. Einmalig dürfte die Analyse der astrologischen Aspekte zwischen Heiler und Patient sein, unter besonderer Berücksichtigung der Heilungsmöglichkeiten bestimmter Krankheiten.

Ausführlich wird auf die Arbeit mit den Farben und den Heilungsstrahlen eingegangen, deren therapeutische Wirkung erst allmählich in ihrer ganzen Tragweite bekannt wird. In diesem Bereich eröffnen sich auch für den nicht heilerisch tätigen Leser konkrete Hinweise bezüglich der eigenen Lebensgestaltung. Dies kann sich von der Kleiderwahl bis hin zur Ausgestaltung eines Raumes erstrecken.

Das Besondere des White Eagle Heilungsbuches liegt in der Befähigung White Eagles, die Wirkung bestimmter Heilmethoden aus geistiger Sicht beurteilen zu können. Aufgrund seiner Wahrnehmungen setzt White Eagle seine Erdengeschwister in die Lage, mit großer Sorgfalt und erweitertem Bewußtsein heilend und helfend tätig zu werden — sei es als Arzt oder Heilpraktiker oder 'nur' zugunsten der eigenen Familienmitglieder.

Ein Buch, das man immer wieder als Ratgeber zur Hand nehmen kann. Ein zukünftiges Standardwerk über geistiges Heilen!

ISBN 3-922936-41-5

DIE WHITE EAGLE HEILUNGSPRAXIS
Das große White Eagle Heilungsbuch Bd. 2

Der zweite Band des "White Eagle-Heilungsbuches" ist nahezu ausschließlich der konkreten Heilungspraxis gewidmet. Im ersten Teil erfolgt eine ausführliche Analyse der spirituellen Hintergründe von Krankheiten. Es wird deutlich, daß Krankheit vorrangig im geistig-seelischen Bereich ansetzt, bevor sie sich als körperliches Leiden manifestiert. White Eagle zeigt aus seiner Sicht die Verbindungen zwischen Geist und Körper und Wege zur inneren Wandlung auf; unter besonderer Berücksichtigung des CHRISTUS-Geistes als universellem Heiler.

Der zweite Teil der "Heilungspraxis" enthält die Grundstruktur der Ausbildung zum Heiler, wie sie von White Eagle gelehrt wurde – und in England seitens der Heiler in aller Öffentlichkeit als religiöse Handlung praktiziert werden kann. Ausführlich geht White Eagle auf die Heilungsarbeit am Kranken ein, von der Reinigung der Aura bis hin zu Ernährungsfragen. Immer steht die konkret anwendbare Hilfsmöglichkeit im Mittelpunkt seiner Lehre.

Der dritte Teil enthält Fallstudien, aus denen deutlich wird, in welcher Weise Geistheilung auch bei schwersten Erkrankungen Hilfe schenken konnte. Diese bewegenden Kapitel werden sowohl dem Heiler als auch dem Patienten Ermutigung schenken. Abgeschlossen wird dieser Abschnitt durch eine kurze Darstellung der Heilungsarbeit, wie sie heute von der White Eagle-Gemeinschaft in England praktiziert wird.

Wie schon der erste Band des "White Eagle-Heilungsbuches", wird sich auch dieses Werk als unentbehrliches Handbuch für jeden an Geistheilung interessierten Menschen erweisen. Es ist ein Buch voller äußerst hilfreicher Ratschläge zur täglichen Anwendung geistiger Gesetze. Sowohl dem Heiler als auch dem Heilungssuchenden wird es ein wertvoller Wegbegleiter auf dem Pfad zu wahrer, gott-erfüllter Gesundheit werden.

ISBN 3-922936-54-7

WHITE EAGLE

DIE VERBORGENE WEISHEIT DES JOHANNES-EVANGELIUMS

In dieser vollständigen Kommentierung des Johannes-Evangeliums, der mystischsten Schrift des Neuen Testamentes, legt White Eagle das Fundament seiner Botschaft nieder. In seiner unnachahmlichen Güte und Weisheit erklärt er die Gleichnisse und Aussprüche Christi, die in seiner Auslegung eine neue Tiefe und Sinnhaftigkeit gewinnen.

White Eagle enthüllt die innere Bedeutung der Lehre vom "Vater in uns"; den Sinn des Leides; das Geheimnis der Auferstehung und die Verheißung des ewigen Lebens. Die Heilungen Christi enthalten in seiner Deutung eine völlig neue Dimension und Bedeutung für die Geistheilung in unserer Zeit.

Auch die 'dunklen' Passagen des Johannes-Evangeliums werden durch White Eagle erhellt, der den Verrat des Judas ebenso erläutert wie den verborgenen Sinn der Lehre von der Wiederkunft Christi.

Aus allen Auslegungen spricht ein Geist wahrhaft göttlicher Liebe, die frei von jedem Zwang und Dogma ist, und in ihrer Reinheit allein Gewähr bietet für wahres Verstehen.

Niemand, der sich um ein tiefes Eindringen in das Leben und die Botschaft Christi bemüht, wird dieses Buch ohne Gewinn und neue, beglückende Einsichten aus der Hand legen.

Das Christus-Geheimnis in der Deutung eines großen Wissenden!

ISBN 3-922936-44-X

Mit White Eagle durch das Jahr

Vor vielen Jahren wurde von den Freunden WHITE EAGLES der Wunsch geäußert, die Essenz seiner Lehren in einer kleinen Schrift zu veröffentlichen – so entstand das Büchlein „In der Stille liegt die Kraft". Niemand konnte zu diesem Zeitpunkt ahnen, welchen Siegeszug es antreten würde. Inzwischen in alle großen Weltsprachen übersetzt, zählen die Menschen nach Hunderttausenden, die aus diesem Weisheitsquell schöpfen durften.

Mit dem vorliegenden Buch wird diesem Schatz eine neue Perle hinzugefügt. „Mit WHITE EAGLE durch das Jahr" enthält, wie „In der Stille liegt die Kraft", grundlegende Aussprüche und Lehren von WHITE EAGLE, die als unbezahlbarer Wegbegleiter durch den Alltag für jeden Sucher dienen können.

Auch das vorliegende Buch können Sie zur Hand nehmen, um einen Leitgedanken für den Alltag daraus zu schöpfen, eine Inspiration, um ein Problem zu lösen. Sie können es aufschlagen, wie ein Orakel, um – geleitet von Ihrem höheren Selbst – die Antwort auf eine Sie bewegende Frage zu finden.

ISBN 3-922936-71-7

WHITE EAGLE BÜCHER

IN DER STILLE LIEGT DIE KRAFT (The quiet mind)
Auslese der markantesten Worte von White Eagle
55 Seiten, DM/Sfr. 12.-, 9. Auflage

WUNDER DES LICHTES (Morninglight)
Über das Woher, Wohin und Warum des Menschen
64 Seiten, DM/Sfr. 12.-, 4. Auflage

VOM LEBEN JENSEITS DER TODESPFORTE (Sunrise)
Ein Buch, das Trost spendet und wahres Wissen vermittelt
64 Seiten, DM/Sfr. 12.-, 5. Auflage

GEBETE IM NEUEN ZEITALTER (Prayer in the new age)
Gebete und Invokationen
95 Seiten, DM/Sfr. 14.-, 3. Auflage

WEISHEIT VON WHITE EAGLE (Wisdom from White Eagle)
Vermittelt das Weltbild des neuen Zeitalters und erklärt das
geistige Gesetz und seine Auswirkungen
95 Seiten, DM/Sfr. 14.-, 4. Auflage

UNSER GEISTIGER BRUDER SPRICHT (The gentle Brother)
Geistige Ratschläge für den Alltag
80 Seiten, DM/Sfr. 14.-, 1. Auflage

DER GEISTIGE PFAD (Spiritual Unfoldment I)
Geistige Entwicklung und Entfaltung der Seelenkräfte des
Menschen
125 Seiten, DM/Sfr. 18.-, 5. Auflage

NATURGEISTER UND ENGEL (Spiritual Unfoldment II)
Das verborgene Leben der Naturgeister und Engelwesen
84 Seiten, DM/Sfr. 14.-, 3. Auflage

DIE STILLE DES HERZENS (The Still Voice)
Ein Buch für stille Stunden
106 Seiten, DM/Sfr. 18.-, 2. Auflage

MEDITATION (Meditation)
Theorie und Praxis der White Eagle-Meditation
118 Seiten, DM/Sfr. 18.-, 4. Auflage

WARUM? (Joan Hodgson)
Ein White Eagle Buch über den Sinn des Erdenlebens
136 Seiten, DM/Sfr. 18.-, 5. Auflage

WER IST WHITE EAGLE (von Walter Ohr)
48 Seiten, DM/Sfr. 10.-, 3. Auflage

DIE GOLDENE ERNTE DER LIEBE (Golden Harvest)
Der Weg der geistigen Erfüllung
64 Seiten, DM/Sfr. 14.-, 2. Auflage

DIE WHITE EAGLE HEILUNGSPRAXIS
Das große White Eagle Heilungsbuch Bd. 2
309 Seiten, DM/Sfr. 38.-, 1. Auflage

DAS GROSSE WHITE EAGLE HEILUNGSBUCH
(The White Eagle Lodge Book of Health and Healing)
180 Seiten, DM/Sfr. 32.-, 3. Auflage

DIE VERBORGENE WEISHEIT DES JOHANNES-
EVANGELIUMS (The Living Word)
240 Seiten, DM/Sfr. 38.-, 2. Auflage